GOLDRAUSCH

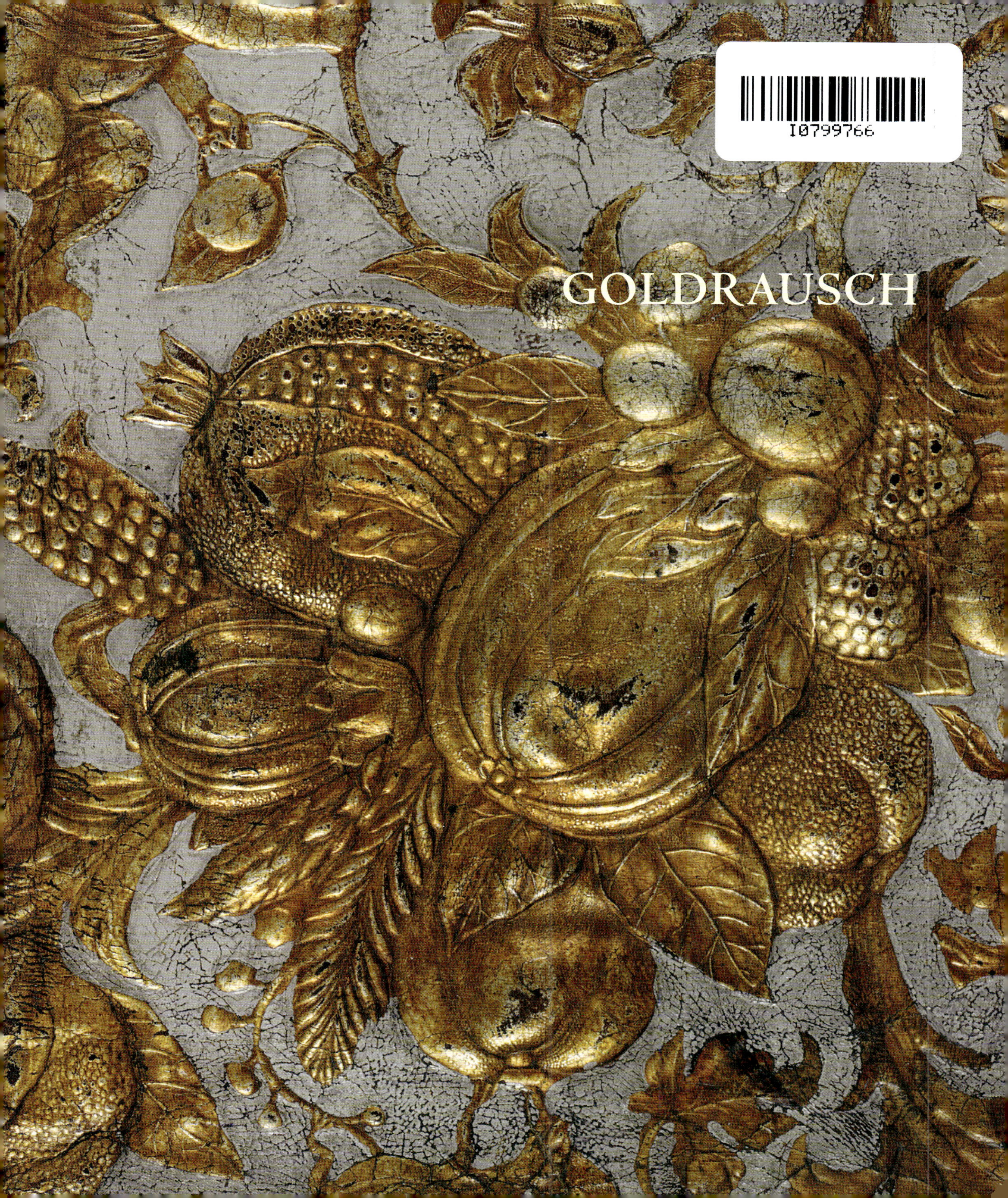

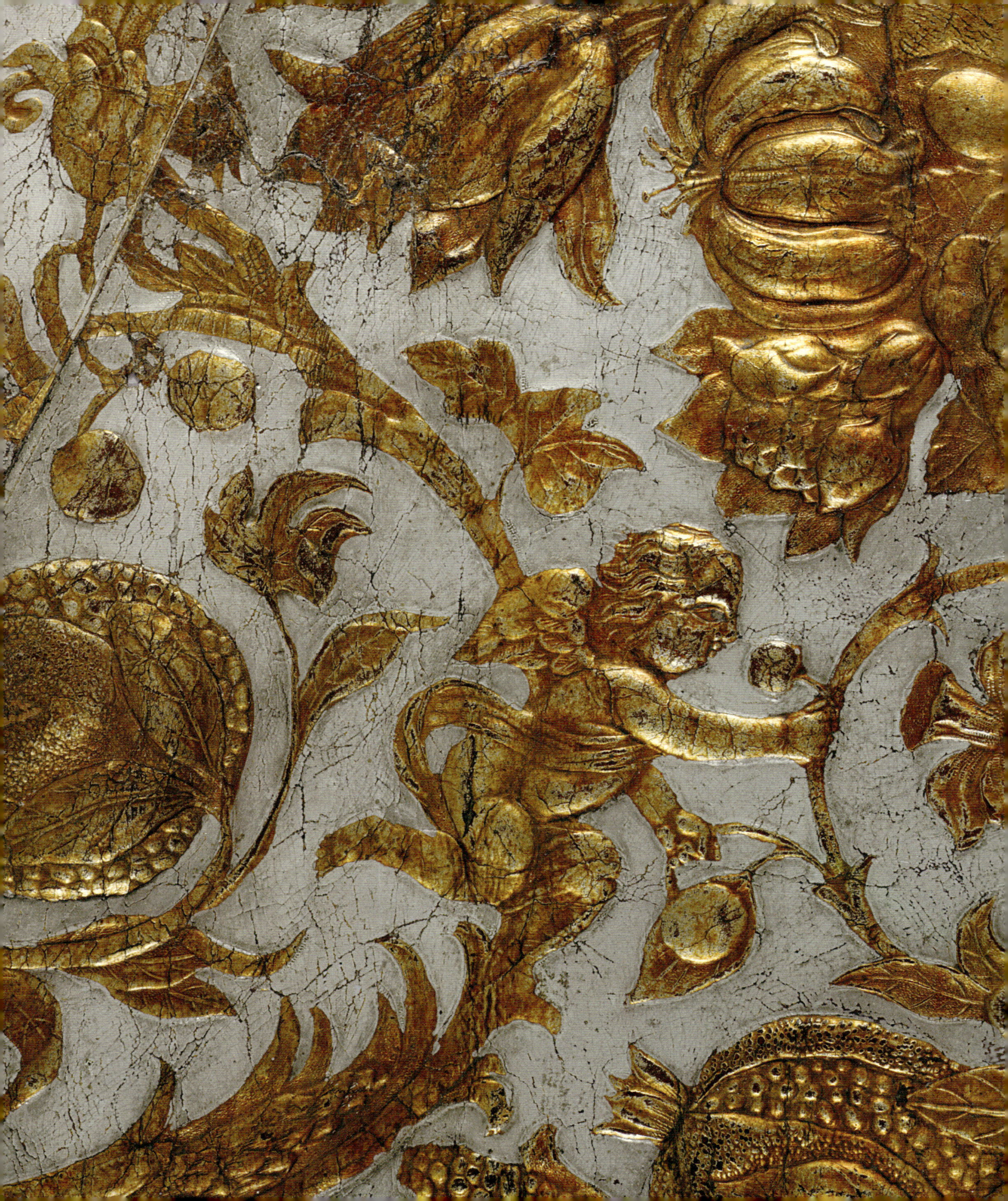

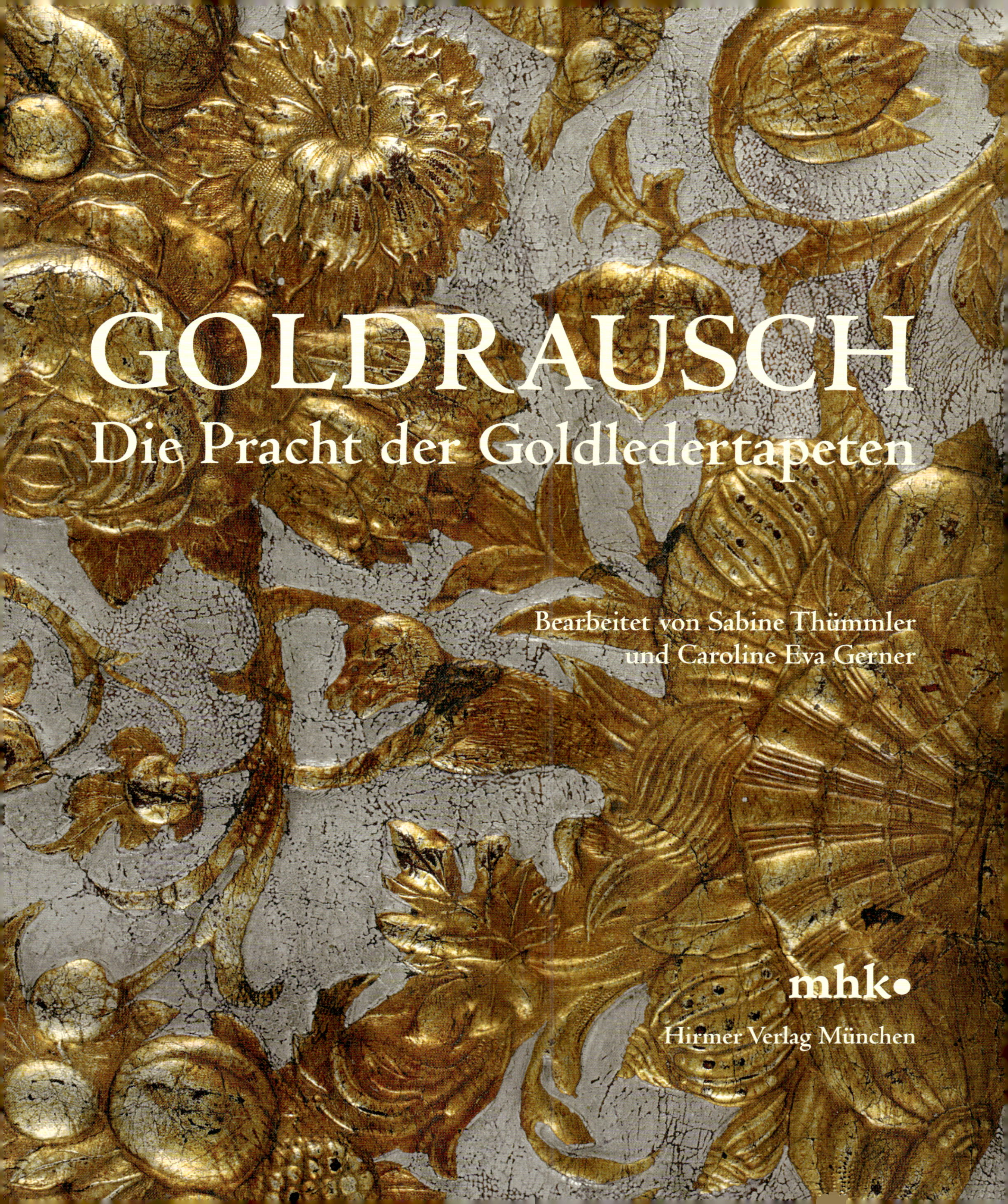

GOLDRAUSCH

Die Pracht der Goldledertapeten

Bearbeitet von Sabine Thümmler
und Caroline Eva Gerner

mhk•
Hirmer Verlag München

Der Katalog erscheint anläßlich der Ausstellung
Goldrausch. Die Pracht der Goldledertapeten

museumslandschaft hessen kassel,
Deutsches Tapetenmuseum
7. Dezember 2006 bis 25. März 2007
im Museum Schloß Wilhelmshöhe

Kataloge der museumslandschaft hessen kassel, Bd. 37
(bis Bd. 35: Kataloge der Staatlichen Museen Kassel)

Herausgeber
museumslandschaft hessen kassel, Michael Eissenhauer
Projektbetreuung
Christina Haak

Konzeption und Durchführung der Ausstellung
Sabine Thümmler, Caroline Eva Gerner
Bearbeitung und Redaktion des Kataloges
Sabine Thümmler, Caroline Eva Gerner
Restauratorische Betreuung
Julia Dummer, Anne Becker, Beate Demolt, Claudia Kluger, Annegret Philipsen

Umschlagabbildung: Blumengebinde und Äffchen, Niederlande, 2. Hälfte 17. Jahrhundert, Motiv nach Kat. 16
Seite 1 bis 3: Goldledertapete mit der Allegorie der *Fünf Sinne*, Niederlande, um 1660, Detail aus Kat. 18
S. 36/37: Goldledertapete mit grotesker Maske, Italien, um 1700, Detail aus Kat. 7
S. 38: Goldledertapete mit Akanthusmotiven in Spitzovalbändern, Italien, um 1560, Detail aus Kat. 4
S. 42: Gonzales Coques, *Der junge Gelehrte und seine Frau*, Antwerpen, 1640, Detail aus Kat. 3
S. 52: Goldledertapete mit Phantasieblüten auf rotem Flock, Niederlande (?), um 1700, Detail aus Kat. 6
S. 58: Goldledertapete mit »Chinesen«, Italien, um 1725, Detail aus Kat. 12
S. 78: Goldledertapete mit Ranken und Vogelmotiven, Niederlande, 2. Hälfte 17. Jahrhundert, Detail aus Kat. 17
S. 98: Goldledertapete mit Vasenmotiv, Niederlande, um 1703–1730, Detail aus Kat. 30
S. 120: Goldledertapete mit der Theaterfigur einer »türkischen Bäuerin«, Avignon, um 1680–1700, Detail aus Kat. 36
S. 126: Goldledertapete mit chinoisen Tierdarstellungen, England, um 1730–1740, Detail aus Kat. 39
S. 134: Goldledertapete mit Drachen, Niederlande, um 1745–1760, Detail aus Kat. 42
S. 142: Holzmodel, Belgien, um 1860–1900, Detail aus Abb. 25

Bibliographische Information
Der Deutschen Nationalbibliothek
Die Deutsche Nationalbibliothek verzeichnet diese Publikation in der Deutschen Nationalbibliographie; detaillierte bibliographische Daten sind im Internet über <http://dnb.ddb.de> abrufbar.

Projektmanagement Verlag
Kerstin Ludolph
Lektorat
Isabelle Kirgus, Berlin
Gestaltung, Satz und Produktion
Katja Durchholz
Lithographie
Reproline Genceller, München
Druck und Bindung
Printer Trento S.r.l.

ISBN-10 3-7774-3285-7
ISBN-13 978-3-7774-3285-4

Für die großzügige Unterstützung
von Ausstellung und Katalog danken wir:

VEREIN
DEUTSCHES
TAPETENMUSEUM E.V.

Die museumslandschaft hessen kassel
ist eine Institution des Landes Hessen

mhk museumslandschaft hessen kassel

HESSEN

Inhalt

Vorwort

Seit 1993 gehört das Deutsche Tapetenmuseum zu den vielfältigen und traditionsreichen Sammlungen der **mhk•**. Bereits in den vergangenen Jahren konnten wichtige Teile seiner umfangreichen Bestände gezeigt werden. Der Ausstellung zu deutschen Papiertapeten des 19. Jahrhunderts, die 1998 dem Kasseler Tapetenfabrikanten Johann Christian Arnold gewidmet war, folgte im Jahr 2000 die Präsentation französischer Papiertapeten von 1730 bis 1960. Seit langem schon bestand der Wunsch, einen weiteren bedeutenden Aspekt der Tapetengeschichte anschaulich zu machen. Dieser ist mit dem Phänomen Goldleder verbunden und erstreckt sich von der Renaissance über Barock und Rokoko bis zum Historismus. Goldleder – heute unbekannt und fast vergessen – gehörte über fast dreihundert Jahre zu den begehrtesten und prestigeträchtigsten Wandbekleidungen Europas.

Ausgangspunkt und Gelegenheit zum Ausstellungsprojekt boten die in der letzten Zeit geglückten Neuerwerbungen. Der Bestand der Goldledertapeten hier im Haus umfaßt das vollständige Spektrum, und bereits in den ersten Jahren der Sammeltätigkeit war er bewußt auf Vielfältigkeit hin angelegt worden. Aber dennoch gab es Lücken, die erst durch gezielte Erwerbungen in den Jahren 1997, 1999, 2002 und 2005 geschlossen werden konnten. Hier soll auf zwei Ankäufe von Objekten aus der Zeit der Renaissance verwiesen werden: Mit dem spanischen und dem italienischen Leder aus der Zeit um 1560 handelt es sich um die beiden ältesten Objekte, die für die Sammlung des Deutschen Tapetenmuseums erworben wurden, und die zugleich den Auftakt des Kataloges und der Ausstellung bilden. Als jüngste Erwerbung kam eine italienische Tapetenwand aus der Zeit um 1700 ins Haus, so daß nun exemplarisch die ornamentalen Dimensionen und die Prachtentfaltung dieser glanzvollen Epoche erfahrbar werden. Bisher war diese Phase der Goldlederkunst nur durch einzelne Tafeln vertreten, welche die äußerst großzügig angelegten Rapporte nicht erkennen ließen. Den Höhepunkt stellt natürlich der Erwerb eines niederländischen Kabinetts aus der Zeit um 1745 bis 1760 dar, das als begehbarer Raum in der Ausstellung präsentiert wird. Es konnte von der **mhk•** mit Unterstützung des Vereins Deutsches Tapetenmuseum e.V., der bereits die Erwerbung des spanischen Goldleders mit zu finanzieren half, und der A.S. Création Tapetenstiftung angekauft werden.

Die genannten Objekte werden mit einer repräsentativen Auswahl von Goldledertapeten, die bisher im Depot verborgen waren und sich nach ihrer Restaurierung in neuer Pracht zeigen, der Öffentlichkeit vorgestellt. Da die **mhk•** mit dem Deutschen Tapetenmuseum über eine der größten Sammlungen von Goldleder überhaupt verfügt, ist es eine besondere Freude, die herausragenden Objekte mit einer Ausstellung zu würdigen. Die Geschichte des Goldleders, seine Herstellungsweisen und mannigfachen Dessins ebenso wie seine Wirkung im Innenraum, werden sich vor den Augen der Betrachter entfalten.

Erster Dank gilt dem Verein Deutsches Tapetenmuseum e.V., der auch diese Ausstellung wieder großzügig unterstützt hat. Selbstverständlich gilt mein Dank auch den Leihgebern, die dazu beigetragen haben, der Ausstellung den gebührenden Glanz zu verleihen. Zu ihnen gehören S. K. H. Moritz Landgraf von Hessen und die Hessische Hausstiftung, Kronberg i. T., das Deutsche Ledermuseum – Schuhmuseum Offenbach, die Staatlichen Kunstsammlungen Dresden/Kunstgewerbemuseum und der Kunsthandel Glass in Essen.

Konzept und Durchführung der Ausstellung sowie die Bearbeitung der Katalogtexte lagen in den Händen von Sabine Thümmler und ihrer Projektmitarbeiterin Caroline Eva Gerner. Ihnen sei für die hervorragende gemeinschaftliche Arbeit und ihr Engagement herzlich gedankt. Ausdrücklich ist Julia Dummer für die aufwendigen Restaurierungsarbeiten unter ihrer Leitung zu danken, ebenso wie Gabriele Bößert, die mit größter Sorgfalt die Goldledertapeten ablichtete. Eberhard Brüger ist für die Schreinerarbeiten zu danken. Großer Dank gilt dem Hirmer Verlag in München, und hier insbesondere Kerstin Ludolph und Katja Durchholz, die für einen reibungslosen und termingerechten Ablauf der Katalogherstellung sorgten. Zusammen mit den Mitarbeiterinnen und Mitarbeitern der **mhk•** und den Ausstellungsgestaltern Dieter Fuchs und H. P. Tewes sowie Ralf Mahr vom Designbüro bluFORM haben alle gemeinsam mit großem Einsatz zum Gelingen der Ausstellung beigetragen, die viele Besucher faszinieren möge.

Michael Eissenhauer

Zur Sammlung der Goldledertapeten

Sabine Thümmler

Das Sammeln von bedeutenden Goldledertapeten gehörte seit der Gründung des Deutschen Tapetenmuseums in Kassel 1923 zum erklärten Erwerbungsziel. Nicht nur Tapeten aus Papier, die heute allgemein mit dem Begriff Tapete assoziiert werden, sondern gerade auch deren Vorläufer galt es, in herausragenden Beispielen zusammenzutragen. Bereits in den Anfangsjahren des Museums konnten für die Abteilung Goldledertapeten spektakuläre Erwerbungen getätigt werden. Doch gerade weil die Sammlung in so vielversprechender Form zusammengestellt worden war, fielen die Verluste, die im Verlauf ihrer Geschichte zu verzeichnen sind, um so herber aus. Bei den Bombardements Kassels in den Jahren 1941 und 1943 wurde der gesamte Sammlungsbestand erheblich geschmälert. Das Archiv mit seiner Photokartei und das Inventar gingen verloren. Allein ein Eingangsbuch der Jahre 1937 bis 1944 mit den nachträglichen Kennzeichnungen der verbrannten Objekte blieb erhalten. Der Verlust des Inventars macht es nur sehr schwer möglich, die Entwicklung des Bestandes gerade während seiner Anfangsphase genau aufzuzeigen, und bis heute sind in vielerlei Hinsicht Probleme damit verbunden.

Erste Erwerbungen

Anhand von Museumsbeschreibungen und Inventarkarten, auf welchen die vormaligen Direktoren Heinrich Apell und Josef Leiß nach 1945 etliche Daten aus dem Gedächtnis nachgetragen haben, wurde versucht, eine Chronologie der ersten Ankäufe zu rekonstruieren und dabei aufzuzeigen, welche Exponate sich bereits vor 1945 im Besitz des Museums befunden haben.

Bereits drei Jahre nach der Eröffnung war eine Schrift mit ausführlichen Beschreibungen der Museumsräume und der dort präsentierten Objekte erschienen: »Gleich im ersten der 18 großen Säle hängen die wertvollsten Stücke der Sammlung – einige weltberühmte, köstliche Ledertapeten aus Cordoba in Spanien, die im eigentlichen Sinne überhaupt die ersten Tapeten waren.«[1] Doch welche Objekte genau fand der Autor dieser Zeilen vor? Mit Sicherheit befanden sich darunter fünf Goldledertapeten, die nachweislich 1926 Teil der Sammlung waren: Noch vor seiner Gründung[2] überließ 1922 der Inhaber der Marburger Tapetenfabrik, Bertram Schaefer, dem Museum ein geprägtes und bunt bemaltes Fragment mit Blumenranken und

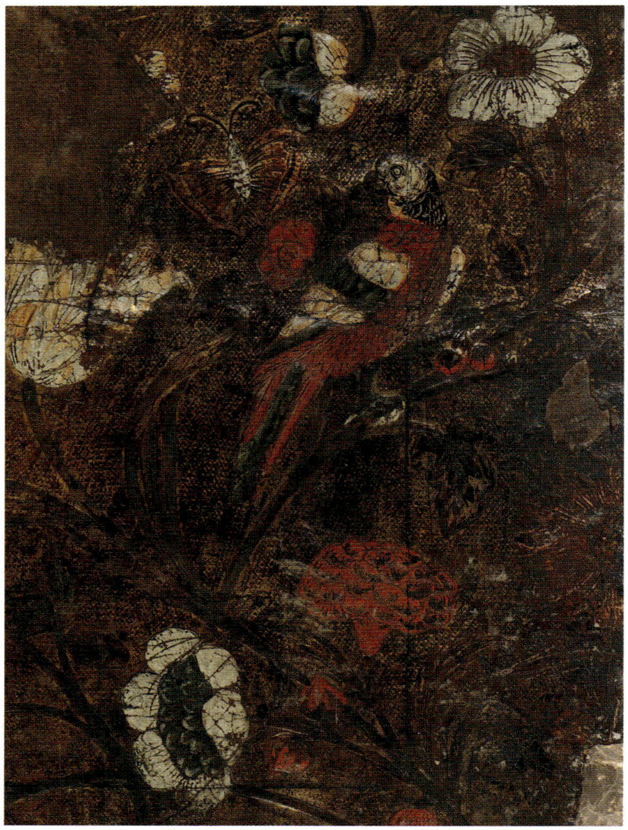

Abb. 1 Goldledertapete, Flandern, um 1750, Detail (Kat. 38)

Papageien aus den Niederlanden (Abb. 1, Kat. 38).[3] Die in die Mitte des 18. Jahrhunderts zu datierende Tapete stammte aus einem Amsterdamer Abrißhaus und war dort unter mehreren Lagen Papiertapete entdeckt worden. 1925 stiftete der Berliner Tapetenhändler Franz Lieck ein geprägtes Goldlederpaneel, das dem Amsterdamer Stück motivisch sehr ähnlich ist, da es ebenfalls großformatige Blumenranken und Papageien zeigt,[4] sich aber im Gegensatz zur ersten Erwerbung in sehr gutem Zustand befand. Lieck glaubte, dem Museum ein holländisches Stück von 1720 bis 1730 zu überlassen, doch stellte sich später heraus, daß es sich um eine historistische Arbeit aus der Zeit um 1880 handelte.[5] Ein ähnliches Dessin besaß auch ein drittes Leder, welches im selben Jahr in die Sammlung aufgenommen wurde.[6] Dabei handelte es sich um eine südniederländische Tapete mit Blütenranken aus der Mitte des 18. Jahrhunderts, die einstmals den Festsaal eines Bremer Patrizierhauses geschmückt hatte. Als weitere Erwerbung des Jahres 1925 wurde ein vermutlich französisches Fragment mit einem stark stilisierten Blatt- und Blütenmuster aus der Zeit um 1650 aufgelistet, das vom Deutschen Ledermuseum abgegeben worden war.[7] Weiterhin zeigte die erste Hängung der Schausammlung noch eine geprägte niederländische Bordüre mit blütenbesetzter Akanthusranke aus der Zeit um 1660 bis 1670[8] und ein Fragment mit der Darstellung einer höfischen Jagdszene aus den Niederlanden um 1700.[9] Anhand dieser Aufstellung wird deutlich, daß entgegen der zitierten zeitgenössischen Beschreibung in den ersten Jahren nachweislich kein spanisches Stück zur Sammlung zählte, nicht einmal Objekte in spanischer Manier, wie sie aus Italien bekannt waren. Offensichtlich ist die Bezeichnung *Leder aus Cordoba* oder *Corduanleder* hier, wie auch generell in der Literatur jener Zeit, als Synonym für das Phänomen Goldleder benutzt worden.

1927 wurde dem Museum eine bedeutende Schenkung von der Verwaltung des Hauses Wettin übergeben und diese

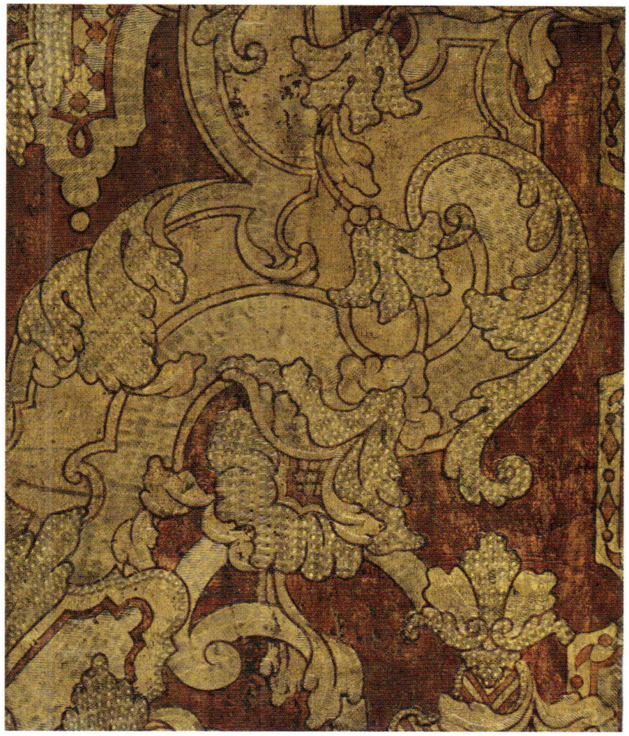

Abb. 2 Goldledertapete, Italien, um 1725 (Kat. 9)

in der Tapetenzeitung wie folgt vermerkt: »15 Stck. v. alten Ledertapeten (17. Jahrhundert aus der Moritzburg).«[10] Zu den schönsten Stücken dieses Konvoluts zählten zweifelsohne punzierte italienische Stücke aus dem ersten Viertel des 18. Jahrhunderts, die wahrscheinlich in Venedig gefertigt wurden: so etwa eine Ledertafel mit einem großzügigen, phantasievollen Rapport aus Kartuschen, Akanthusvoluten und Posamenten in Gold und roter Lasurfarbe (Abb. 2, Kat. 9) oder die sogenannte *Chinesentapete* mit ihrem grotesken Figurenschmuck (Kat. 13).[11] Neben den punzierten Tapeten enthielt die Schenkung aus dem sächsischen Moritzburg auch geprägte Tapeten, zu deren berühmtesten die sogenannte *Vogeltapete* nach einem Entwurf von Daniel Marot (1661–1752) gehört (Kat. 25–27). Die Tapete wird der Werkstatt von Carolus Jacobs (1663–1723) aus Mechelen zugeschrieben und zwischen 1703 und 1725 datiert.[12] Aus dieser Werkstatt stammt vermutlich noch ein zweites Exemplar, welches als

Dekor ein Vasenmotiv unter einem Baldachin aufweist.[13] Mit dieser Schenkung waren folglich neben Tapeten aus den führenden Werkstätten Venedigs ebenso Beispiele aus dem flämischen Mechelen, einem weiteren legendären Zentrum der Goldlederherstellung, in die Sammlung gelangt. Diese »alten Ledertapeten« erweisen sich bei näherer Betrachtung als ausgezeichnete Beispiele der italienischen und südniederländischen Goldlederkunst des frühen 18. Jahrhunderts.

Aus ehemals fürstlichem Besitz konnten noch weitere Objekte aufgenommen werden. Beispielsweise überließ die Verwaltung Schlösser und Gärten Berlin in den 1930er Jahren einige Objekte an das damals preußische Kassel, darunter ein großes, punziertes Goldleder-Panneau (287 x 216 cm) mit einer chinesischen Szenerie.[14] Dieses gehört zu einer um 1730 in England entstandenen Serie, die schon früher Teil der Kasseler Schloßausstattung gewesen war,[15] allerdings ist bis

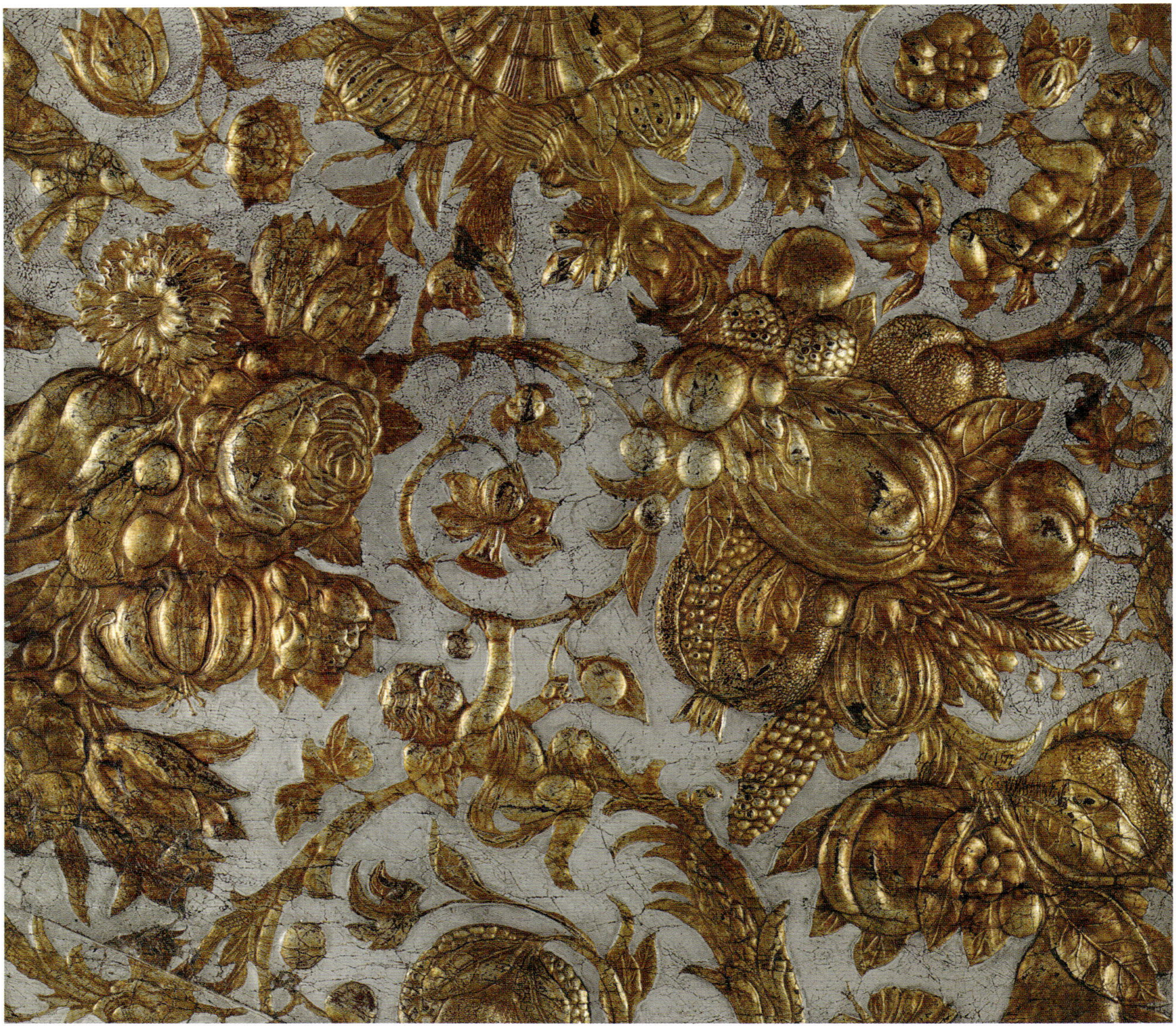

Abb. 3 Goldledertapete mit der Allegorie der *Fünf Sinne*, Niederlande, um 1660 (Kat. 18)

heute ungeklärt, für welchen Raum es ursprünglich gedacht war. Ein weiteres Beispiel aus dem Besitz des landgräflichen Hofes stellt eine Tapete aus dem ehemaligen Schloß Haydau bei Altmorschen dar.[16] Ihr geprägtes, symmetrisch aufgebautes Goldleder aus der Zeit um 1720 weist wiederum auf die Werkstatt des Carolus Jacobs; sie zeigt eine große, mit Akanthusblättern und Blüten geschmückte Kartusche mit Füllhörnern und einer Palmette.

Durch diese und zahlreiche weitere Schenkungen und Ankäufe wuchs der Bestand des Tapetenmuseums im ersten Jahrzehnt seines Bestehens erheblich, so daß 1934 eine vergrößerte Schausammlung eröffnet werden konnte. Allein für die Abteilung Goldleder konnten über 30 Objekte hinzugewonnen werden. Einen Eindruck dieser Neueinrichtung vermittelt ein 120seitiger, maschinengeschriebener und mit zahlreichen Fotografien illustrierter Band aus dem Jahr 1945. Der damalige Direktor Heinrich Apell und sein Mitarbeiter Friedrich Machmar haben darin den Zustand vor der Zerstörung von 1941 mit detaillierten Beschreibungen festgehalten. Demnach waren dem Goldleder zwei Räume vorbehalten. Gleich im ersten Raum des Museumsrundgangs, der zugleich als Sitzungszimmer und Büro genutzt wurde, hingen ringsum fünf Felder einer gemalten Ledertapete, die ursprünglich aus einem oberitalienischen Schloß stammte.[17] Der Vorstandsvorsitzende des Museumsvereins, Gustav Iven (1868–1964), hatte sie 1931 im Kunsthandel erworben. Die wahrscheinlich um 1730 in Italien gefertigte Wandbekleidung stellt großfigurige Szenen mit *Antonius und Kleopatra* dar. Das bereits damals stark nachgedunkelte und grob gemalte Werk wird in den Aufzeichnungen von Apell zu Recht als eine »mehr handwerksmäßige als künstlerische Leistung« bezeichnet.[18] Aber als Ledertapetenbild stellt sie dennoch eine Rarität dar, da von dieser Gattung nur noch wenige Exemplare bekannt sind, wozu auch die berühmten Beispiele im Monströsen- und Billardsaal auf Schloß Moritzburg zu zählen sind. Im folgenden Raum kamen, neben den bereits

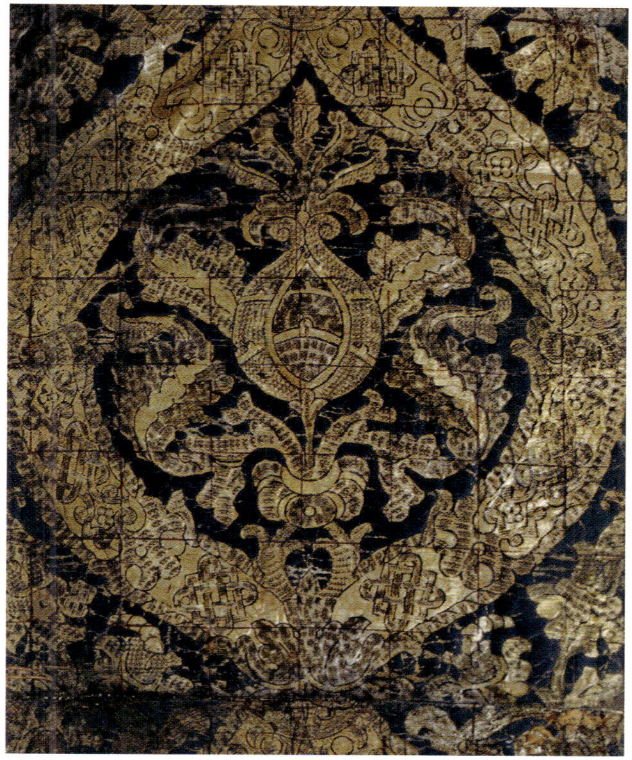

Abb. 4 Goldledertapete, Spanien, um 1560, Detail (Kat. 1)

erwähnten Exponaten aus Moritzburg und den beiden hessischen Schlössern, noch zwölf weitere Goldledertapeten zur Aufhängung. Darunter befanden sich zwei Ledertafeln, eine geprägte niederländische Tapete aus der Mitte des 18. Jahrhunderts[19] und eines jener seltenen Stücke mit Flockauftrag (Kat. 6),[20] die im Tausch mit dem Deutschen Ledermuseum in Offenbach ins Haus gelangt waren.

Eine weitere großzügige Spende verdankt das Museum der Lederwerkstatt des Hamburgers Georg Hulbe. Zur Zeit des Historismus schuf Hulbe (1851–1917) mit großem Erfolg historistische Ledertapeten, meist im Stil der Neorenaissance. Er reüssierte auf verschiedenen Weltausstellungen und konnte seinen Erfolg mit einer Goldmedaille auf der Pariser Weltausstellung des Jahres 1900 krönen. Als Vorlagen für eigene Arbeiten sammelte Hulbe historische Ledertafeln, von denen mindestens zehn in den 1930er

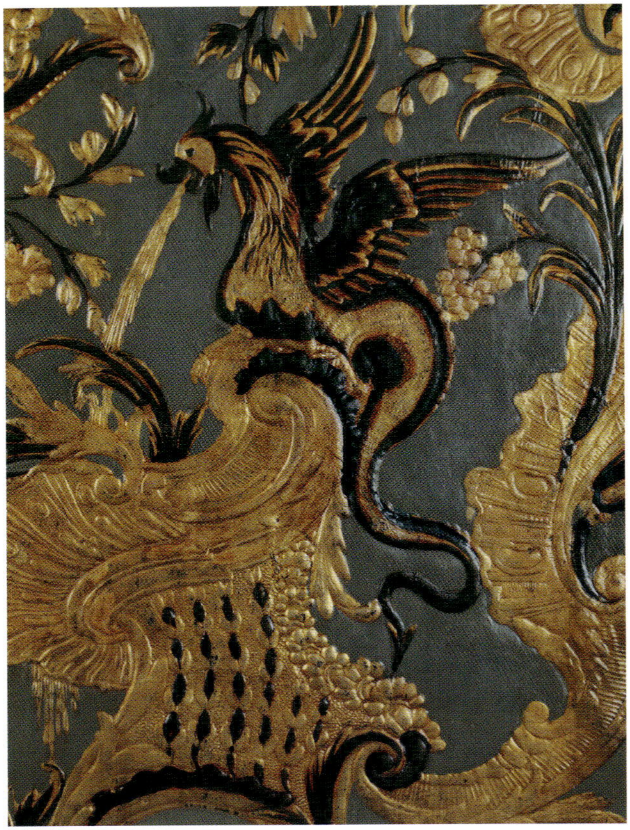

Abb. 5 Goldledertapete, Niederlande, 1745–1760, Detail (Kat. 42)

Jahren sein Sohn Christoph dem Museum überließ. Darunter befanden sich berühmte Stücke, wie beispielsweise eine niederländische Ledertafel aus den Jahren 1663/64 mit der Darstellung der *Fünf Sinne* (Abb. 3, Kat. 18).[21]

Nach den ersten Kriegsverlusten im Jahr 1941 trugen die Vorstandsmitglieder des Vereins größere Geldspenden zusammen, um en gros historische Tapeten in Paris und Brüssel zu kaufen. Aus dem Eingangsbuch geht hervor, daß darauf geachtet wurde, möglichst nicht nur Einzelteile zu erwerben, sondern größere Mengen, um ganze Wände einheitlich mit einer Goldledertapete bedecken zu können. Zu den Erwerbungen bei der Brüsseler Kunsthandlung Ch. & H. van Hove zählten unter anderem 41 Tafeln einer beliebten Tapete, die der Werkstatt Carolus Jacobs' in Mechelen zugeschrieben werden und ins erste Viertel des 18. Jahrhunderts zu datieren sind.[22] Ihr Dekor stellt ein baldachinbekröntes Vasenmotiv im Stil Louis V. vor. Noch ein weiteres bekanntes Ledertapetenmotiv wurde in hoher Stückzahl angekauft, die sogenannte *Vogeltapete*, von der bereits 1927 ein Exemplar aus Schloß Moritzburg ins Haus gekommen war. Damals konnten sogar 72 Teile erworben werden (Kat. 25).[23] Diese, wie auch die anderen Ankäufe, fielen tragischerweise zu großen Teilen den weiteren Kriegseinwirkungen wieder zum Opfer.

Neueste Ankäufe für das Museum

Die Sammeltätigkeit des Museums wurde in den 1950er Jahren wiederaufgenommen, wobei das Hauptaugenmerk allerdings auf Papiertapeten lag. Erst für die vergangenen zehn Jahre sind wieder Ankäufe im Bereich des Goldleders zu verzeichnen. Zunächst gelang es, mit zwei Objekten aus der Renaissancezeit die bisher ältesten Stücke für die Sammlung zu erwerben, darunter ein seltenes spanisches Goldleder (Abb. 4, Kat. 1),[24] dessen rückwärtige Stempel auf eine Entstehung in Cordoba um 1560 verweisen. Die Tapete wurde als sogenannter Brocado in der Art zeitgenössischer Textilien dekoriert und imitiert in erstaunlicher Art und Weise die optische Wirkung von Seidenbrokaten oder Brokatsamten, wie sie zu jener Zeit in Spanien und vor allem in Italien gefertigt wurden. Das zweite, etwa gleichaltrige Stück stammt wahrscheinlich aus Italien (Kat. 4).[25] Auch diese Ledertafel imitiert einen glitzernden Brokatstoff. Im Jahr 2002 glückte der Ankauf eines kompletten Goldlederkabinetts (Abb. 5, Kat. 42), so daß nun wieder ein vollkommener Eindruck eines solchen Interieurs dokumentiert werden kann.[26] Jedes der geprägten und bemalten Paneele zeigt einen flügelschlagenden Drachen, der am Rand eines aus Gitterwerk und C-Schwüngen gebildeten Brunnens hockt. Als bisher letztes Stück kam im Dezember 2005 ein außergewöhnliches italienisches Tapetenpanneau aus der Zeit um 1700 ins Haus (Kat. 8).[27] Das ausladend-üppige Ornament, dessen Rapport sich über vier Tafeln erstreckt, gibt eine Vorstellung vom ausgesucht raffinierten Prunk der Interieurs jener Epoche.

Insgesamt umfaßt die Kasseler Sammlung das vollständige Spektrum der Goldledertapeten durch die Jahrhunderte, ein Bestand, der in seiner Vielfältigkeit bereits in den ersten Jahren des Museums angelegt worden war. Die Sammlung enthält spanische Stücke aus der Zeit um 1560 bis hin zu historistischen Tapeten und solchen aus der Zeit des Jugendstils. Ergänzend beherbergt das Museum noch eine Kollektion von Japanleder und Prägetapeten, die sich zum Teil sehr konkret auf die historischen Vorbilder beziehen, sowie Paravents aus dem 18. und 19. Jahrhundert. Bemerkenswert ist überdies die Tatsache, daß ein großer Teil des Bestandes trotz der wirtschaftlich schwierigen Lage in den 1930er Jahren zusammengetragen werden konnte, wobei zwei Drittel davon über den Kunsthandel angekauft wurden und ein Drittel als Schenkung ins Haus kam. Nur wenige Stücke gelangten im Tausch zur Sammlung. Zu verdanken ist dies alles der Initiative und Vision des Hamburger Tapetenfabrikanten Gustav Iven, der seine Branche und alle Freunde der Tapete für das Museum begeistern konnte.

Anmerkungen

1 Norbert 1926, S. 665.
2 Bereits 1920 war der Verein Deutsches Museum gegründet worden.
3 Inv. Nr. DTM 19/19.
4 Inv. Nr. DTM 8/8.
5 Vgl. Bender 1992, Abb. S. 42.
6 Inv. Nr. DTM 11/11.
7 Inv. Nr. DTM 41/41.
8 Inv. Nr. DTM 103/103.
9 Inv. Nr. DTM 2/2. Ein Vergleichsbeispiel befindet sich in Schloß Oranienbaum (Sachsen-Anhalt).
10 Tapeten-Zeitung, Jg. 1928, Heft 1, S. 20.
11 Darunter befindet sich auch die Inv. Nr. DTM 27/27, Kat. 9. In Schloß Moritzburg hat sich ein Paravent erhalten, der dasselbe Ornament aufweist; vgl. Schulze 1997, S. 231. Chinesentapete: Inv. Nr. DTM 33/33, Kat. 12 und 13.
12 Inv. Nr. DTM 26/26.
13 Inv. Nr. DTM 35/35; 1703–1725 entstanden.
14 Inv. Nr. DTM 21/21; gestiftet am 15.4.1933 von der Verwaltung Schlösser und Gärten Berlin.
15 Vgl. Huth 1937, S. 25–35.
16 Inv. Nr. DTM 10/10.
17 Inv. Nr. DTM 14/14.
18 Vgl. Apell/ Machmar 1945.
19 Inv. Nr. DTM 60/60.
20 Inv. Nr. DTM 1/1.
21 Inv. Nr. DTM 58/58.
22 Inv. Nr. DTM 6/6.
23 Inv. Nr. DTM 5/5.
24 Inv. Nr. DTM 109/109; 1999 Ankauf aus dem Kunsthandel.
25 Inv. Nr. DTM 105/105; 1997 Ankauf aus dem Kunsthandel.
26 Inv. Nr. DTM 112/112; 1745–1760 entstanden, Ankauf aus dem Kunsthandel; es handelt sich um ein Ensemble aus 57 Einzelpaneelen, die zusammen eine Fläche von etwa 12 x 2 Meter bedecken.
27 Inv. Nr. DTM 113/113.

Zur Geschichte der Interieurs mit Goldlederausstattung

Sabine Thümmler

Zu den effektvollsten Wandbekleidungen, die jemals hergestellt wurden, zählen zweifelsohne die Goldledertapeten. Doch läßt sich heute kaum noch erahnen, welche hohe Bedeutung das Goldleder über fast drei Jahrhunderte hinweg für die Innenraumgestaltung spielte, denn zum einen ist die Zahl der überlieferten Objekte gering, und zum anderen kann anhand der erhaltenen Stücke die einstige Prachtentfaltung nur eingeschränkt wahrgenommen werden. Das gründet in dem sichtbaren Alterungsprozeß, dem diese Tapeten sogar bei gutem Erhaltungszustand ausgesetzt sind. Die organische Hauptsubstanz verändert sich unwiederbringlich, das Leder dunkelt nach, verhärtet sich und ist zum Teil gewellt. Im Gegensatz zu Porzellan, das sein Aussehen und seine Farbigkeit behält, ähnelt historisches Goldleder alten, blinden Spiegeln, deren einstige strahlende Wirkung im Raum gebrochen ist.

Doch leitet sich unser Wissen über Interieurs mit Goldledertapeten nicht nur von den noch erhaltenen Räu-

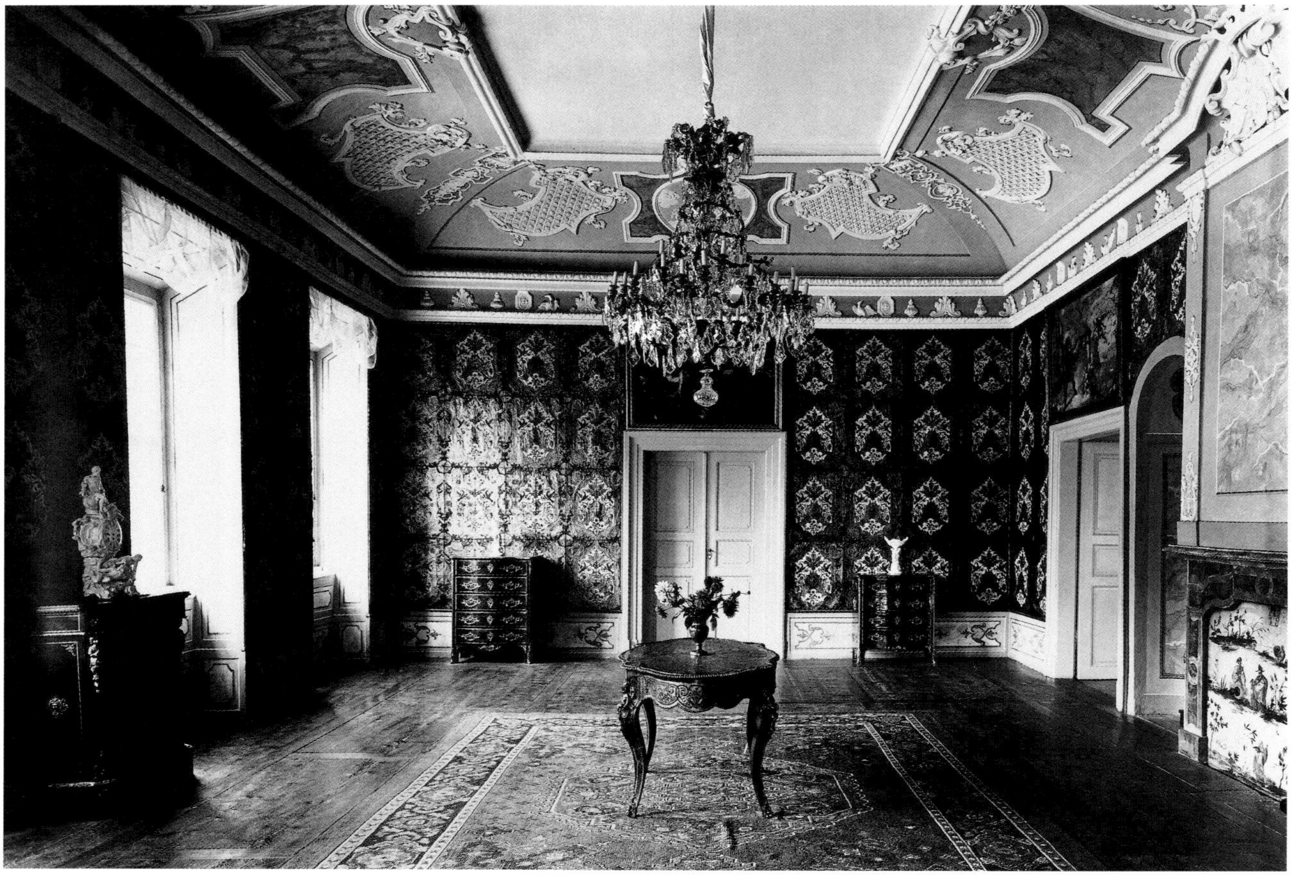

Abb. 6 Schloß Weesenstein bei Dresden; um 1730 wurde der Speisesaal des Schlosses mit niederländischen Goldledertapeten ausgeschlagen, wobei eines der erfolgreichsten Dessins der Zeit nach einem Textilentwurf von Daniel Marot verwendet wurde.

men ab, auch Darstellungen auf Gemälden (Abb. 6) und Graphik vermitteln detaillierte Informationen, wie dies auch historische Akten oder Inventare tun, welche auf den Einsatz von Goldleder verweisen. Letztere verzeichnen oft minutiös die Ausstattungen von Schlössern über die Jahrhunderte. Da Goldledertapeten aufgrund ihres Materials und der äußerst aufwendigen Herstellungsweise zu den Luxusgütern zählten, waren sie folglich nur in fürstlichen Gebäuden und sehr wohlhabenden bürgerlichen Haushalten anzutreffen. Dort dienten sie repräsentativen Zwecken und unterstrichen den Status der Besitzer. Wie verbreitet diese Art der Wandbekleidung war, bezeugen vielerorts noch einzeln erhaltene Säle, wozu etwa jene im Schloß Weesenstein bei Dresden, im Brühler Schloß Augustusburg, im Wasserschloß Glücksburg oder in der Kapelle des Schlosses Veitshöchheim zu zählen sind.[1] Den heute noch umfangreichsten Bestand beherbergt Schloß Moritzburg bei Dresden. Allein in elf museal genutzten Räumen sowie in einigen nicht öffentlich zugänglichen Zimmern sind barocke Ledertapeten zu finden.[2]

Erste Innenräume mit spanischem Goldleder im 16. Jahrhundert

Als dekoratives Element in der Raumgestaltung waren Goldledertapeten bereits am Ende des 15. Jahrhunderts etabliert. Die Entwicklung ging von der Iberischen Insel aus, denn die Goldlederherstellung war schon seit dem 9. Jahrhundert in Andalusien beheimatet. Sowohl das Goldleder, das in Spanien bis heute mit dem Begriff *guadameci* bezeichnet wird, als auch seine Verarbeitungstechnik verbreitete sich sehr schnell über Europa. Dabei war für das spanische Goldleder die Punzierung mit Hilfe kleiner Metallstempel charakteristisch, die den Dekor hervorhoben und im Licht glitzernde Effekte hervorriefen.

Bedauerlicherweise sind ausgerechnet in dem Land, wo die erste Blütezeit des Goldleders stattfand und dessen Werkstätten die feinsten Punzierungen ins Leder getrieben hatten, nur noch wenige Beispiele erhalten. Dabei haben die renommierten spanischen Guadameci-Manufakturen, wie die Archivalien berichten, namhafte Kunden im In- und Ausland beliefert. Zu den Abnehmern gehörte das spanische Königshaus ebenso wie die portugiesischen Herrscher oder die Päpste im Vatikan.[3] Aus den schriftlichen Quellen wird darüber hinaus ersichtlich, daß Goldleder in erster Linie zur Ausschmückung von Prunk-, Staats- und Kirchenräumen diente. Eine sehr frühe Verwendung läßt sich beispielsweise für das Rathaus von Cordoba nachweisen: Im Jahr 1502 wurde Goldleder für Sitzbezüge des Ratssaales bestellt, 1540 folgte eine Order über Türvorhänge und Tischdecken für einen weiteren Saal des gleichen Gebäudes und in den Jahren 1552/53 wurden die Sitzbezüge des Ratssaales durch neue ersetzt.[4] Interessant an diesen Nachrichten ist nicht nur die Tatsache, daß das Leder über eine Dauer von fünfzig Jahren auf Sitzgelegenheiten seinen Dienst tat, sondern daß es auch in Form von Vorhängen und Möbelbezügen Verwendung fand.[5] Nicht umsonst wurde Goldleder in Spanien als *brocados de guadamecies* tituliert, da es auf täuschende Art und Weise Brokatsamte zu imitieren vermochte. Aufgrund der Bearbeitungstechnik hatte das spanische Goldleder weiche und schmiegsame Eigenschaften, und erst später büßte es durch den Alterungsprozeß diesen Charakter ein.[6] In diesem Zusammenhang verwundert es nicht, daß der Herzog von Arcos bei der Neueinrichtung seines Palastes im andalusischen Marchena im Jahr 1587 Goldleder für die Portieren, Fenster- und Türbehänge bestellte – üblicherweise sind für diese Zwecke eher Textilien zu vermuten.[7] Dementsprechend gibt es auch Nachrichten über Ausstaffierungen von Betten mit Goldleder, und noch heute haben sich Kissenbezüge aus Leder erhalten.

Anhand der erwähnten Bestellungen des Vatikans oder des spanisches Hofes, die einen großen Umfang annehmen konnten, wird deutlich, daß repräsentative Räume in der obligaten Wandaufteilung mit Sockel, gerahmtem Wandfeld und oberen Abschlußfriesen komplett mit Goldleder dekoriert werden konnten. Die noch erhaltenen Fragmente bezeugen diese Vielfalt. Zur Auswahl standen Sockelfriese mit Baluster-, Säulen- und Pilastermotiven, Bordüren und Friese sowie zahlreiche weitere, rapportierende Wandmotive. Besonderer Beliebtheit erfreuten sich neben den geometrischen maurischen Ornamenten Granatapfelmuster, die ihre Vorbilder in Textilien, wie Brokaten, Damasten und Samtgeweben fanden. Die in der Renaissance geschätzten Grotesken wurden ebenso verwendet wie gemalte figürliche Szenerien und Landschaftsdarstellungen als Nachahmungen von Tapisseriemotiven.

In dem stark von der katholischen Kirche geprägten Spanien wurde Goldleder natürlich auch im sakralen Zusammenhang eingesetzt, wobei hier an erster Stelle Altarantependien und Retabeln zu nennen sind. Doch schließt die vorliegende Betrachtung den sakralen Bereich, der späterhin in Italien und in Frankreich eine große Rolle spielte, in Gänze aus, da er einer gesonderten Untersuchung bedürfte.[8]

Goldleder zur Zeit der Renaissance in Italien

Die frühen mit Goldleder ausgeschlagenen Räume in Italien standen noch ganz unter spanischem Einfluß. Erste Erwähnungen finden sich im 15. Jahrhundert in Verbindung mit Kirchenausstattungen und vereinzelt auch bezogen auf Interieurs.[9] So sind etwa Nachrichten über die spanischen *brocados de guadamecies* überliefert, die Lorenzo de'Medici (1492–1519) in seiner Villa in Fiesole anbringen ließ, »facto in Spangna e lavorati con hopere d'orpelle alla brochato«[10]. Bei dieser Ausführung war das Leder über einer Holzpaneelierung angebracht und höchstwahrscheinlich noch nicht mittels Holzrahmen auf der Wand verspannt, sondern hing lose herab. In gleicher Weise wie die textilen Wandbehänge, etwa Seidengewebe oder Tapisserien, wurde das Goldleder, nachdem die einzelnen Ledertafeln auf Stoß mit verzogenem Stich zu entsprechend großen Panneaux zusammengenäht waren, in der Regel nur entlang der oberen Kante an die Wand montiert. Die dazugehörigen Portieren aus Goldleder wurden glatt am oberen Türrahmen auf einer Rolle befestigt, an der sie nach oben gezogen werden konnten. Denn bis weit in die Renaissancezeit war es üblich, die kostbaren Wandbehänge abzunehmen, wenn der Raum nicht benutzt wurde. Die Wände blieben dann nackt oder wurden mit einem weniger teuren Material behängt.[11]

Interessant erscheint in diesem Zusammenhang der archivalisch überlieferte Wert der Tapeten. So hatte beispielsweise Lorenzo de'Medici die erwähnte Tapete für 180 Lire erworben, während er für Botticellis Gemälde *Primavera*, welches den gleichen Raum zierte, lediglich 100 Lire ausgegeben hatte.[12]

Unter dem Eindruck des spanischen Goldleders wurden in Italien zur Zeit der Renaissance zahlreiche Werkstätten gegründet, die in der Tradition der *guadamecileros* arbeiteten. Spätestens seitdem sich in Italien eine Goldlederproduktion mit Venedig als Zentrum etabliert hatte, waren im Veneto, in Rom und Neapel vom 16. bis ins 18. Jahrhundert die Häuser der reichen Patrizier und Adligen mit Goldleder ausgestattet. Zu den berühmten, aufwendig dekorierten Häusern dieser Zeit zählte beispielsweise der Regierungssitz der Medici, der Palazzo Vecchio, in Florenz.[13] Auch der Palazzo del Te, der den Gonzaga in Mantua als Sommerresidenz diente, war um 1530 mit venezianischem Goldleder ausstaffiert, und in den Jahren 1582 bis 1631 verzierte Goldleder alle repräsentativen Räume des Palazzo Ducale von Urbino.[14] Zu den renommierten Kunden dieser exklusiven Ware gehörten beispielsweise auch die Prokuratoren von St. Markus in Venedig, die 1591 bei den Werkstätten vor Ort Wandbehänge *a brocadi* und *alla grotesca* bestellten.[15]

Die Wandbehänge mit grotesker Motivik waren, wie ihre Vorbilder in der Wandmalerei, in Paneele mit von Pilastern

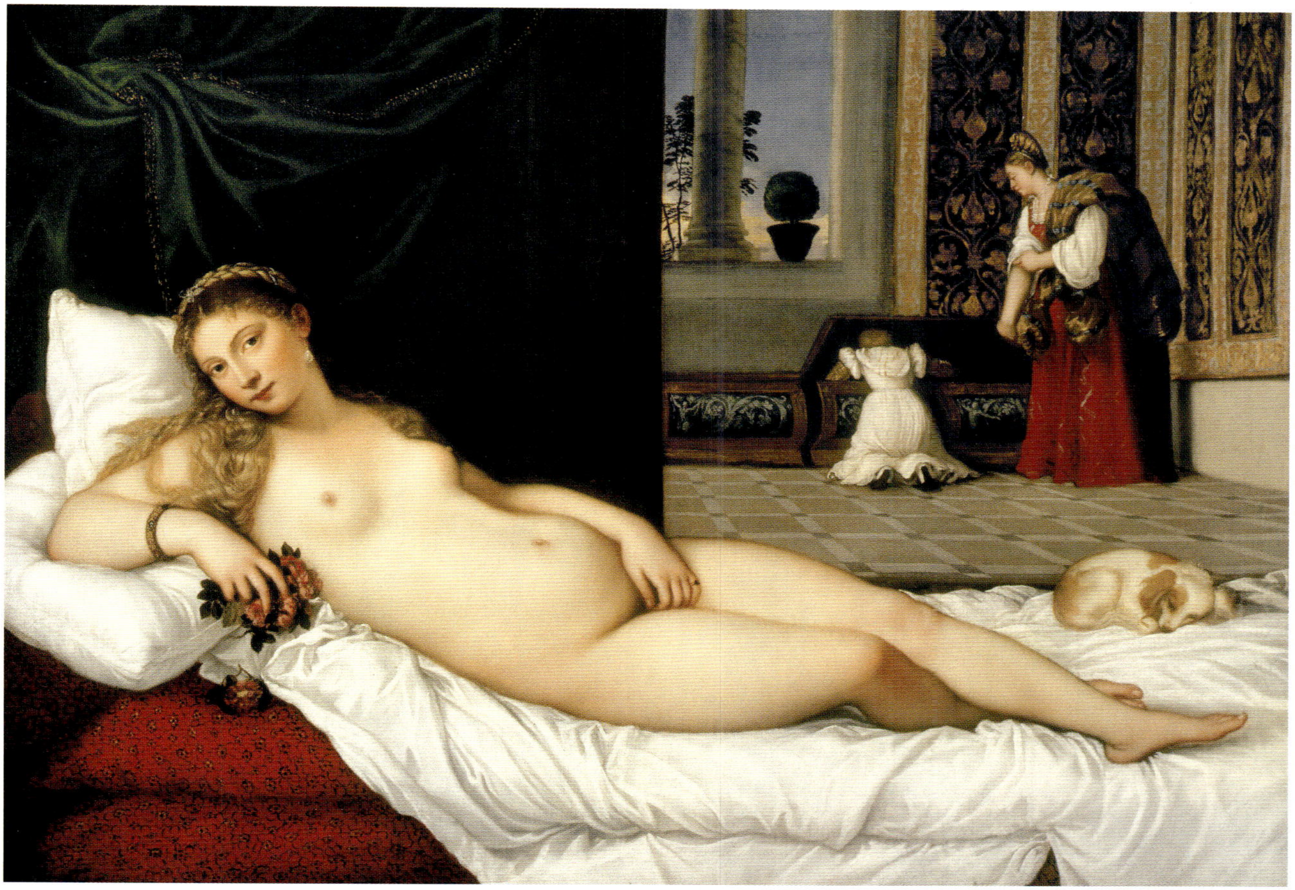

Abb. 7 Tizian (1477/88–1576), Venus von Urbino, Öl auf Leinwand, um 1583, Florenz, Uffizien. Tizian gab diesem Gemälde durch die Wiedergabe von damals hochmodischen Goldledertapeten einen glanzvollen Hintergrund. Als Wandbehang arrangiert, hängen diese Kante an Kante um die Ecke des Raumes.

bzw. Bordüren gerahmten Feldern aufgeteilt. Die *a brocadi*-Behänge imitierten mit Vorliebe Brokate bzw. Brokatsamte, wobei die Wandfläche mit Säulendarstellungen aus dem gleichen Material unterteilt werden konnte. Ein schönes Beispiel hierfür hat sich in einem Exemplar aus dem 16. Jahrhundert im Turiner Museo Civico erhalten. Oberhalb eines breiten, ornamentalen Sockelfrieses erheben sich kunstvoll verzierte, gedrehte Säulen, wobei die Füllungen von rapportierenden Mustern gebildet werden.[16] Ein anderes Beispiel, welches die Unterteilung in Rahmen und Füllung zeigt, ist im Hintergrund der berühmten *Venus von Urbino* Tizians aus der Zeit um 1538 zu sehen (Abb. 7).[17] Spitzovalmuster auf dunklem Fond werden von hellen Bordüren gerahmt und hängen flach, Kante an Kante stoßend, in der Ecke des Raumes.

Sehr anspruchsvoll geplante und ausgeführte Gebäude erforderten neben namhaften Architekten in gleicher Weise berühmte Künstler zur Gestaltung der Innenräume. Im Zuge solcher Maßnahmen entstand eine Reihe von Ausstattungen mit von Künstlern ausgeführten Goldledertapeten. Meist handelte es sich um figürliche Fassungen im Charakter von Tapisserien. Paolo Veronese (1528–1588) etwa fertigte eine Serie von sieben großen Goldlederpaneelen mit mythologischen Darstellungen für die *Fondaco dei Tedeschi* (die

Handelsniederlassung der Deutschen in Venedig),[18] und der Überlieferung nach soll Tintoretto (1560–1635) Ledertapeten mit den *Vier Jahreszeiten* bemalt haben.[19]

Die aufwendigen und luxuriösen Ausstattungen gerade der venezianischen Palazzi wurden von Reisenden immer wieder mit Erstaunen registriert. So beschrieb etwa Thomas Coryate (1577–1617) im Jahr 1611 fasziniert die Wohnungen der Kurtisanen von Venedig: »[...] when you come into one of their Palaces [...] you seeme to enter the Paradise of Venus. For their fairest roomes are most glorious to behold, the walles round about beiing adorned with some sumptuous tapestrys and gilt leather [...]«[20] Gegen diesen überhandnehmenden Luxus versuchte die Regierung der Republik Venedig scheinbar erfolglos anzugehen, indem sie die Verwendung kostbarer Materialien bei Einrichtungsgegenständen und Kleidung reglementierte. 1562 erließ der *Magistrato alle pompe*, der für die Luxusgesetze zuständig war, eine Verordnung über die Höchstmaße von Tapisserien und verbot Wandteppiche mit figürlichen Darstellungen sowie Goldledertapeten.[21] Doch scheint niemand so recht diesen Anweisungen Folge geleistet zu haben. Aber auch von anderer Seite ist Kritik an den Goldledertapeten laut geworden. Alvise Cornaro ging in seinem fragmentarisch gebliebenen Architekturtraktat von 1556 auch auf die Gestaltung der Wände ein und kam dabei zu dem Schluß, daß Landschafts- und Groteskenmalereien weniger Arbeit machten und geringere Kosten verursachten als Wandbehänge oder Ledertapeten; zudem seien diese dauerhafter.[22] Dennoch konnten Reglementierung und Kritik der Begeisterung für Goldleder über Jahrzehnte keinen Abbruch bereiten.

Frühe Goldledertapezierungen in Deutschland

Auch in Deutschland, wo im Gegensatz zu Spanien und Italien keine nennenswerte Goldlederherstellung beheimatet war, fand diese Form der Wandbekleidung ebenso wie im Süden ihre Liebhaber und war weit verbreitet. Doch haben sich auch für diesen Raum, obwohl die klimatischen Bedingungen weitaus günstiger sind, bis auf kleine Reststücke keine der frühen Ledertapezierungen erhalten. Die herben Verluste dieser ersten Goldlederbestände aus Herrenhäusern und Schlössern sind vor allem in den verheerenden Auswirkungen des Dreißigjährigen Krieges zu sehen. Deutliche Rückschlüsse auf die einstigen Ausstattungen kann hier wieder die Inventarforschung geben. Für die 1570er und 1580er Jahre lassen sich verstärkt Hinweise auf Tapezierungen mit Goldleder finden,[23] da diese Form der Wandbekleidung zur damaligen Zeit zum guten Ton einer herrschaftlichen Ausstattung gehörte und den entsprechenden Status des Besitzers unterstrich.

In Sachsen legte Kurfürst August I. (1526–1586) bei der Inneneinrichtung und Möblierung des neuerrichteten Residenzschlosses in Dresden sehr viel Wert darauf, an den Standard anderer europäischer Höfe anzuschließen: Zur Ausstattung zählten neben über 230 teils golddurchwirkten Tapisserien rund 40 Goldledertapetenbehänge.[24] Auch der Schwarzenburger Graf Günther XLI., der als bedeutender Heerführer in Diensten Kaiser Karls V. und König Philipps II. von Spanien zu Ruhm gekommen war, hinterließ auf seinem Residenzschloß Neideck in Arnstadt eine ansehnliche Ausstattung. Das nach seinem Tod 1583 aufgestellte Inventar listet für das Prinzengemach sechs Goldlederbehänge auf, die mit gelbem Tuch an der Wand kombiniert waren und auch als Sitzmöbelbezüge Verwendung fanden.[25] Im Nachfolgeinventar von 1588 werden die sechs Goldlederbehänge wiederum aufgeführt und zusätzlich für die »Jegerstube [...] 6 stücke lederne Tapezerey ann der wandt herumb« vermerkt, zu welchen in der »Kammer neben der Rasselkammer« neben einigen Betten mit Zubehör noch »5 lederne Küssen« kommen.[26] Auch hieraus ist wieder der Hinweis zu entnehmen, daß es während der Renaissance üblich war, Goldleder sowohl als Wandbehang als auch zur Ausstaffierung von Betten zu verwenden.

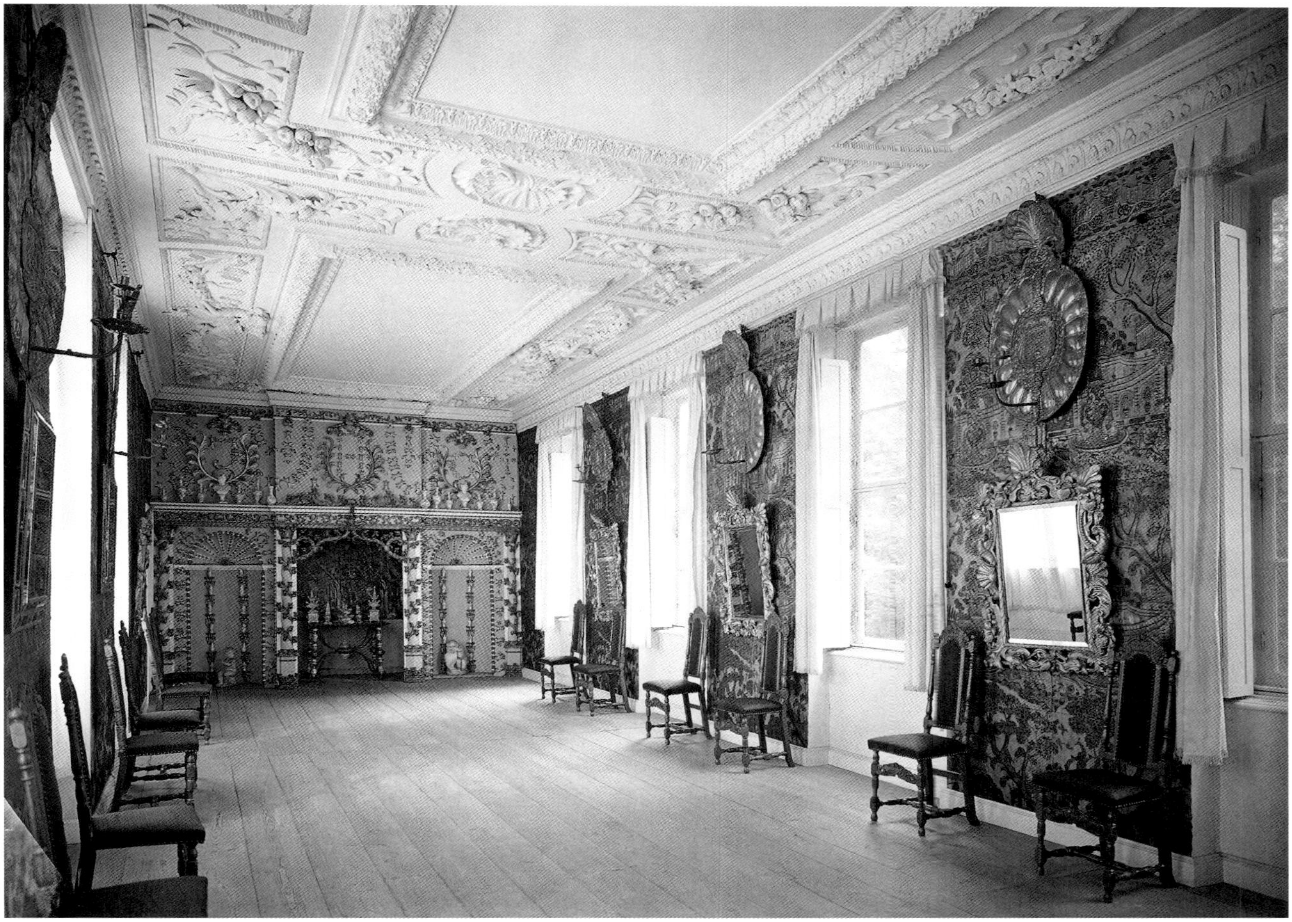

Abb. 8 Schloß Oranienbaum bei Dessau. Im Festsaal des Schlosses hängen Goldledertapeten der 1660er Jahre aus den Niederlanden. Hervorzuheben sind die erhaltenen alten Schlaufen, an denen die Tapeten ursprünglich aufgehängt waren.

Daß die Innenausstattung der Räume an Fürstenhöfen ein Thema war, über das reger Austausch geführt wurde, demonstriert etwa der Briefwechsel des hessischen Landgrafen Wilhelm IV. (1532–1592). Dieser beriet sich zunächst mit dem Kurfürsten Ludwig VI. von der Pfalz (1539–1583) über Ausstattungsfragen, bevor er im Jahr 1582 bei seinem in Frankfurt zur Fastenmesse weilenden Kammerschreiber Otto Gleim eine Bestellung von Ledertapeten für 326 brabantische Thaler aufgab.[27] Dabei sollte nach einem Musterstück von »Lidderner vergultter Tapetzerey so dem Churfürsten zuständig, [...] etzlich stuck zu Zierung unsers langen Dantz-Sahls zu Cassel geferttigt habenn wollten«.[28] Nach Aussage des Kurfürsten stammten die in Augsburg gehandelten Tapeten aus Venedig, und der Kammerschreiber sollte sich nach dem besten Preis erkundigen.[29] Bestellt wurden dann 19 Teile mit weißem Fond und hessischem Wappen in der Mitte des Musters. Der Kasseler *Dantz-Sahl* erhielt in der Folge gerade aufgrund dieser Goldledertapeten und seiner goldenen Deckendekoration den Namen *Goldener Saal* und wurde vor allem in der Reiseliteratur des 17. und 18. Jahrhunderts stets gerühmt.[30] Welchen Stellenwert der Saal in der Hierarchie der Schloßräume besaß, bezeugt dessen gesamtes Ausstattungsprogramm unter Wilhelm IV. Denn der Saal erhielt zusätzlich eine umfangreiche Porträtgalerie christlicher Herrscher mit dem Verweis auf Jesus Christus als König der Könige und bezeugt damit letztlich Wilhelms Machtanspruch und Herrschaftsideal.

Die hochrangige Funktion von Goldledertapeten innerhalb der Raumfolge jener Epoche wird auch bei der Ausstattung des neuen Repräsentationsgebäudes in Dresden für Kurfürst Christian I. von Sachsen (1560–1591) untermauert. In dem 1586 begonnenen fürstlichen Stallhof befanden sich im ersten Obergeschoß zwei Prunkgemächer, deren Fußböden mit schwarz-weißem Marmor ausgelegt und deren Decken zum Teil vergoldet und mit allegorischen Malereien verziert waren – an den Wänden hingen selbstverständlich Goldledertapeten. Zur Möblierung gehörten Serpentinstühle mit Jaspiseinlagen und Betten aus Marmor mit holzgeschnitzten Himmeln, die ebenfalls auf Serpentinsäulen ruhten. Die Repräsentationsfunktion dieser beiden Gemächer wurde überdies durch die Aufstellung jeweils eines Schaubüffets für je 20 vergoldete Becher und Trinkgeschirre sowie die Anordnung von je 22 großen Hirsch- und 33 Rehgeweihen unterstrichen.[31] Die Formulierungen in den Inventaren, wie zum Beispiel *aufhenge*[32] oder *behengt*[33] lassen auf die Anbringungsweise des Goldleders als Wandbehänge schließen. Interessanterweise zählt das Inventar von 1565 nicht nur die Anzahl der Tapisserien und Ledertapeten auf, sondern vermutlich auch die Anzahl der Hängeleisten, die als *51 Abgenge* beschrieben werden.[34] Die Tapeten weniger als fixierten Wandschmuck denn als mobilen Behang zu behandeln, war bis ins 17. Jahrhundert hinein üblich, wie auch das Beispiel aus Schloß Oranienbaum bei Dessau beweist (Abb. 8). Für dieses Schloß wurden in den 1660er Jahren Ledertapeten aus Holland bezogen. Von den ursprünglich zahlreichen Räumen des Corps de Logis, die mit Goldleder ausgestattet waren, hat sich nur noch die Goldledertapetenausstattung im sogenannten Teesaal des Hochparterres im Nordflügel erhalten. Bei den 2001 begonnenen Restaurierungsarbeiten trat die erste Form der Hängung zutage: Am oberen Rand weisen die Lederpanneaux kleine genähte Schlaufen auf, und an der Wand wurden schmiedeeiserne Haken auf hölzernen Leisten in dazu passenden Abständen entdeckt, an denen die Tapete einst aufgehängt wurde. Daß die mobile Aufhängung von Ledertapeten lange Zeit gängige Konvention war, legen auch die Beobachtungen des schwedischen Gesandten Daniel Cronström nahe. Dieser schrieb im Jahr 1695 aus Paris nach Stockholm, daß dort das Goldleder nicht das ganze Jahr über aufgehängt wäre, sondern im Sommer durch einen anderen Behang ersetzt werden würde.[35] Hinter diesem französischen Brauch steckt noch die alte Gewohnheit, kostbare Ausstattungsstücke aus der Winterresidenz zum Sommersitz mitzunehmen, aber auch der Wunsch, die Gemächer den Jahreszeiten entsprechend umzudekorieren.

Einrichtung im 17. Jahrhundert und Innovationen aus den nördlichen Niederlanden

Nachdem die golden glänzenden und mit üppigen Mustern verzierten Ledertapeten während des 16. und in der ersten Hälfte des 17. Jahrhunderts vor allem dazu gedient hatten, in erster Linie die repräsentativen und in der zeremoniellen Raumfolge wichtigsten Räume zu betonen, vollzog sich durch die Entwicklung des *Style Royale* am Hofe Ludwigs XIV. eine entscheidende Veränderung. Dieser Stil war aus dem Bedürfnis der absolutistischen Herrscher zu prunkvoller Selbstdarstellung entstanden und setzte neue Prioritäten. Die nach vollendeter Repräsentation strebende Fürstenkultur fand im architektonischen Bereich ihre Entsprechung in symmetrisch geordneten Raumdispositionen sowie in strikt regulierten Raumabfolgen und Nutzungsordnungen. Es galt als angemessen, in Entsprechung zur Hierarchie der Räume vergleichbare Materialien für die Wandgestaltung auszuwählen: In der repräsentativsten Variante kamen

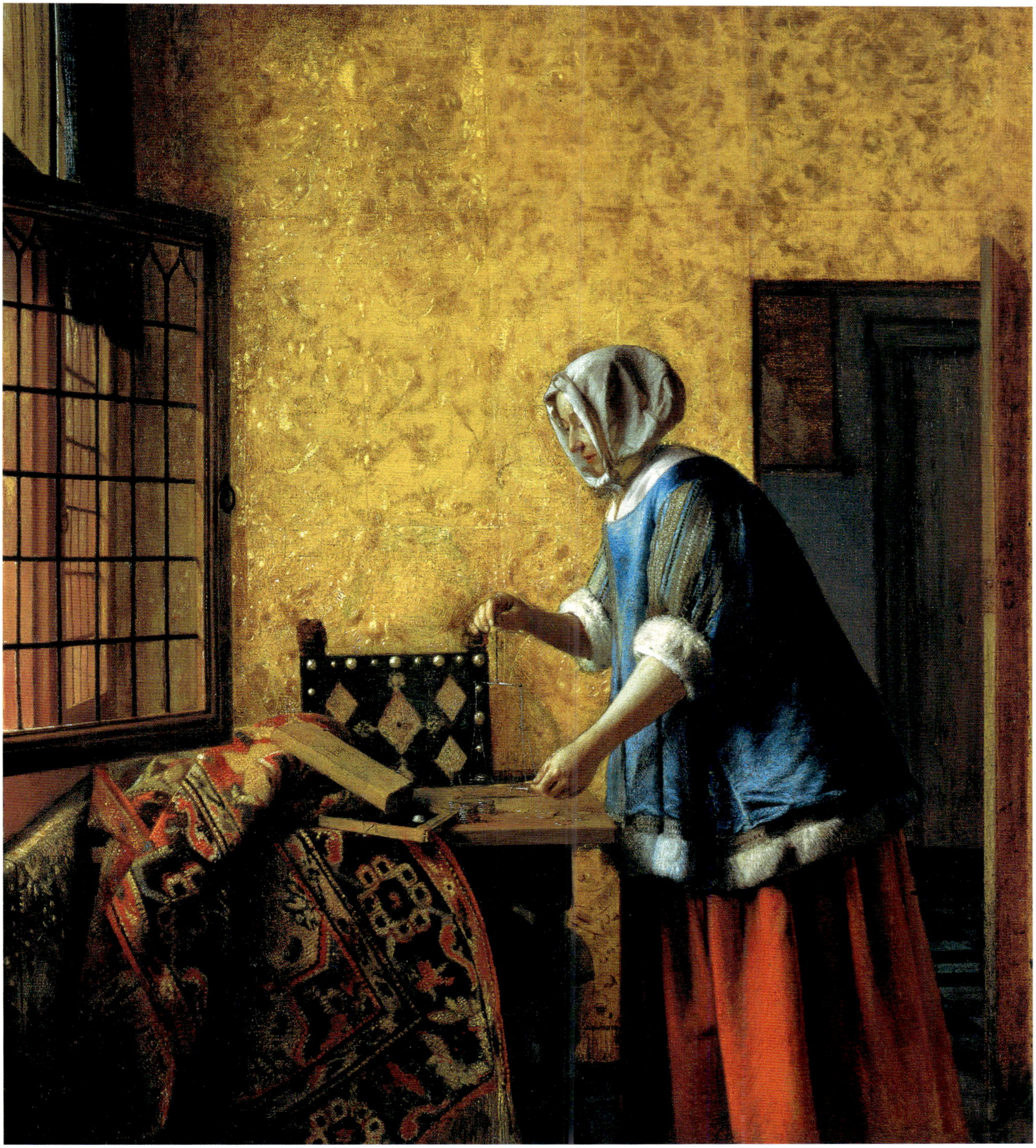

Abb. 9 Pieter de Hooch (1629–1670), Die Goldwägerin, Öl auf Leinwand, um 1664, Staatliche Museen zu Berlin, Gemäldegalerie. Im Raum der Goldwägerin sind die Wände, in die eine Tapetentür eingelassen ist, vollständig mit Goldleder bekleidet.

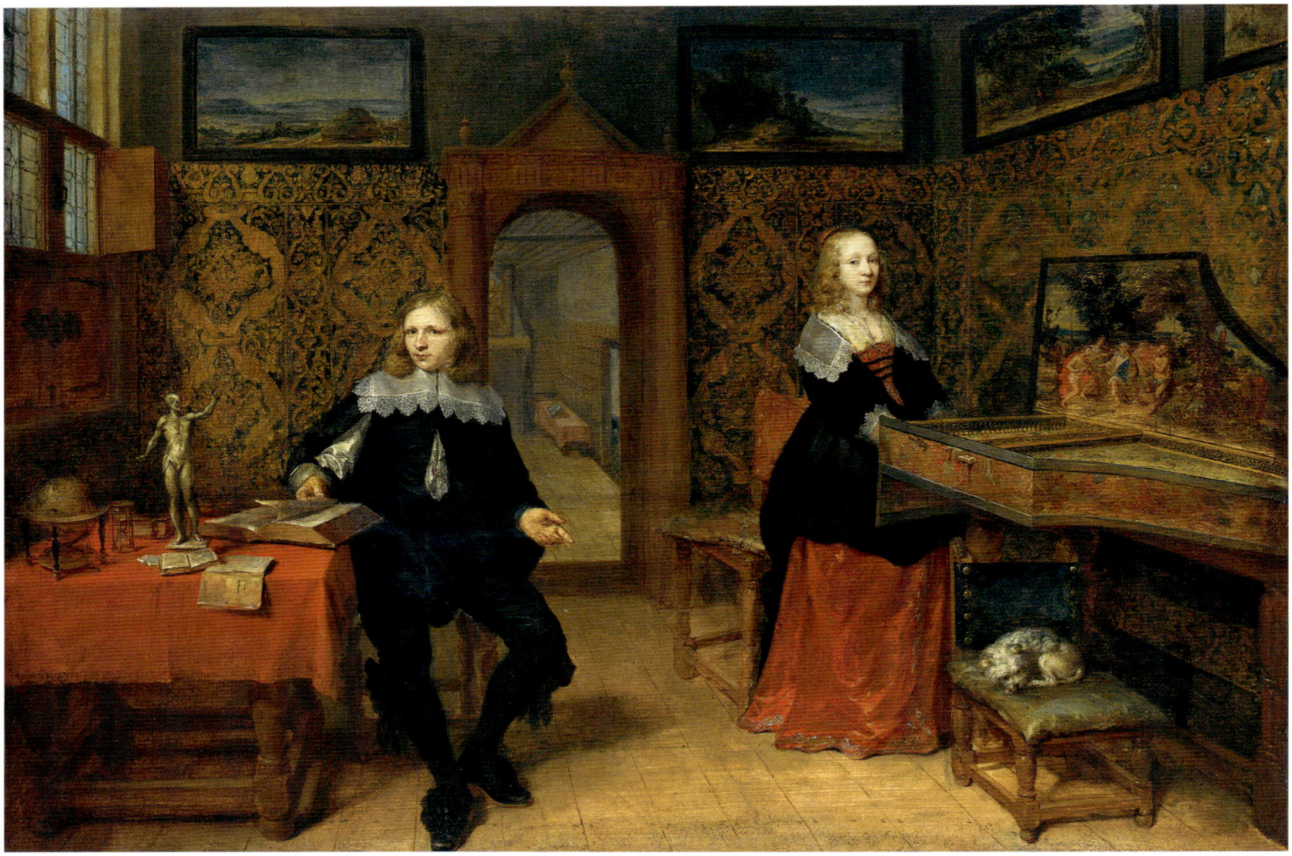

Abb. 10 Gonzales Coques (1614/18–1684), Der junge Gelehrte und seine Frau, Öl auf Eichenholz, 1640, mhk· Gemäldegalerie Alte Meister, Kassel. Ein reich ausgestattetes privates Zimmer ist ringsum mit Goldledertapeten bespannt, die bis in Höhe des Türsturzes reichen.

Marmorverkleidungen und Spiegel zur Verwendung, gefolgt von Wandteppichen. Auf einer nächstniedrigeren Dekorationsebene wurden Seiden- und Samtbrokate, vorzugsweise aus Lyon, gewählt, zu denen als weitere Möglichkeit der Wandverkleidung Goldledertapeten traten, von denen im 17. Jahrhundert nach wie vor ein extensiver Gebrauch gemacht wurde. Die einfachste Wandbekleidung bestand aus schlichten, schmucklosen Stoffen, und allein unbedeutende und bescheidene Räume wurden schlicht getüncht. Die veränderte Wertigkeit von Goldleder läßt sich beispielsweise bei der Neuausstattung von Schloß Lichtenburg in Sachsen 1685 unter Wilhelmine Ernestine von Dänemark beobachten: Während das Vorzimmer mit »schwarz güldenem Ertzleder« ausgekleidet wurde, kam dem Audienzzimmer eine Verkleidung mit rotem Samt zu.[36] Garderobe und Schlafgemach besaßen allerdings weiterhin eine Ausstattung mit Goldleder.[37]

Einen wesentlich neuen Impuls erfuhr die Goldledertapetenproduktion im zweiten Viertel des 17. Jahrhunderts, die zudem neue Käuferschichten erschloß: Goldleder aus den nördlichen Niederlanden sollte im Zeitalter des Barock eine herausragende Rolle spielen (Abb. 9).

Im Zuge der Verbreitung der Goldlederherstellung von Spanien aus hatten sich auch in den nördlichen Niederlanden Werkstätten etabliert, die zwar erst seit den 1610er Jahren produzierten, sich aber in der Folge sehr rasch ent-

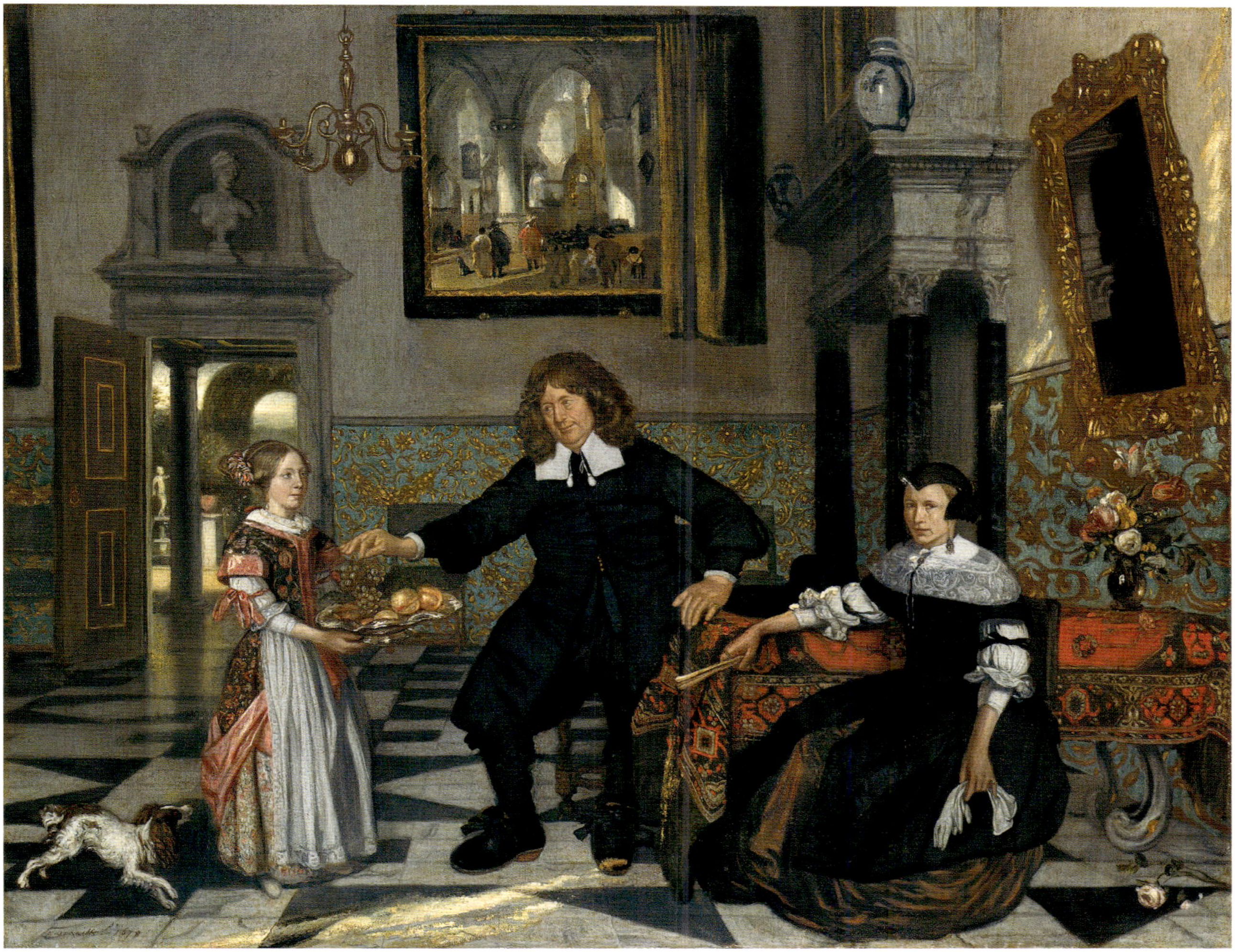

Abb. 11 Emanuel de Witte (1616/18–1692), Familienbildnis, Öl auf Leinwand, 1678, München, Alte Pinakothek. Die Goldledertapete ist nur im unteren Drittel der Wand angebracht und zeigt ein für den Barock typisches Muster mit üppigen Festongehängen auf blauem Fond.

wickelten.[38] Die entscheidende Neuerung, die den zweiten Siegeszug der Goldledertapete über ganz Europa bis hin nach Japan auslöste, war Jacob Dircxz. de Swart (vor 1594–1633) in Den Haag gelungen. Er hatte es verstanden, die seit dem Mittelalter angewandte Technik des gekochten und hochgeprägten Leders auch auf die Goldlederproduktion anzuwenden. Für diese neuartigen geprägten Goldledertapeten *en relief* erhielt Swart ein Patent für 8 Jahre, das er sich 1632/33 mit seinem Kompagnon Hans le Marie in Amsterdam teilte. Diese neue Prägemethode anstelle der in Spanien entwickelten Punzierung kam dem Geschmack der Barockzeit sehr entgegen, denn Fülle und Glanz waren hier vereint. Die plastische Ausformung der Oberfläche mit ihren Lichtreflexen zog eine Vielfalt neuer Ornamentmotive nach sich. Nunmehr orientierten sich die Werkstätten weniger an Textilmustern, sondern richteten ihr Augenmerk vielmehr auf Vorbilder aus der Goldschmiedekunst und auf entsprechende ornamentale Vorlageblätter, nach denen die Motive kopiert, abgewandelt oder frei weiterverarbeitet wurden. Verschiedenste Variationen von Blumenranken und

Fruchtfestons in Kombination mit Putten, Tieren und Insekten ziehen sich auf diesen Entwürfen in dichten, vom *horror vacui* der Zeit geprägten, großflächigen Mustern hin, deren Rapporte sich über sechs Tafeln erstrecken konnten.

Demgegenüber läßt sich eine Parallele zu den geprägten Goldledertapeten wiederum im textilen Bereich finden. Stickereien stellten einen wichtigen Bestandteil der Innendekorationen der während des Barock neuerbauten bzw. eingerichteten fürstlichen und bürgerlichen Häuser dar.[39] Nach zeitgenössischen Beschreibungen sollen vor allem mit Gold oder Silber bestickte Wandbehänge aus Seide von unglaublicher Schönheit gewesen sein.[40] Überhaupt galten Textilien mit Gold- und Silberfäden als das Höchste, was die Textilkunst hervorzubringen wußte, und in plastischen Gold- und Silberstickereien auf rotem Samt sah man den größten zu erreichenden Luxus. Die ebenfalls erhaben gearbeiteten Goldledertapeten hingegen waren zwar ebenfalls kostspielig, aber ein dennoch erreichbarer Luxus. Wer es sich in den Niederlanden leisten konnte, umgab sich damit: Adelige, Patrizier und Bürger tapezierten Goldleder in Stadtpalästen, Landvillen, Rathäusern und sogar in Gasthäusern. Von dieser weiten Verbreitung des Goldleders zeugen zahlreiche Inventare und Reisebeschreibungen aus Holland.[41] So schreibt beispielsweise Filips von Zesen über einen Amsterdambesuch im Jahr 1664:

»In den Sählern und Prunk-Zimmern sein die Wände rund herum mit überaus kostbahren Prunk-Tüchern, darein zu weilen ganzen Geschichten auf das Künstlichste mit allerhand Farben gewürket, behangen, zuweilen mit vergüldetem oder versilbertem Leder, darein allerhand Obst, Blumen, Vogel und dergleichen Dinge in ihren eigenen Farben, entworfen, überzogen. Und also scheinen diese Häuser eher fürstliche, ja königliche, als Kaufmanns-Wohnungen zu sein.«[42]

Goldleder geriet folglich schnell zum begehrten Statussymbol. Es war überdies in verschiedenen Preisklassen erhältlich, wobei die Preise von 2,2 bis 6 *Gulden* variierten.[43] Weniger Betuchte konnten ihre Tapeten im florierenden »Second Hand«-Handel günstiger erwerben. Natürlich wurde zunächst die *beste kamers* der Bürgerhäuser mit Goldleder dekoriert, aber auch drei oder vier Zimmer mit Goldlederdekoration waren keine Seltenheit.[44] Meistens waren der große Saal (d. h. die *beste* bzw. große Kammer), das Eßzimmer und das Kabinett damit ausgeschlagen. Zahlreiche niederländische Interieurbilder jener Epoche vermitteln davon einen anschaulichen Eindruck.

Auf den Gemälden wird ablesbar, wie sich die Art und Weise der Tapezierung ganz nach den individuellen Ansprüchen und pekuniären Möglichkeiten richtete. Als teuerste Variante hat natürlich die Verkleidung der ganzen Wand bis unter die Decke mit Goldleder zu gelten. Es war nun üblich geworden, die Tapeten wandfest anzubringen, wofür das Goldleder nach Maß zugeschnitten, mustergerecht aneinandergelegt auf Paneele genäht und anschließend mittels Holzrahmen auf die Wand gespannt wurde. Porträts von wohlhabenden Kaufleuten in den Niederlanden, die sich als Ganzfigur innerhalb ihres Interieurs darstellen ließen und damit die teuerste Variante der Porträtkunst beanspruchten, zeigen dies sehr anschaulich. Auch können die reichen Tapetenornamente, deren großflächige Rapporte sich über bis zu sechs Paneele erstreckten, mit der übrigen Raumausstattung korrespondieren. Dies zeigt beispielsweise Eglon van der Neer in dem Gemälde *Ehepaar in Goldlederraum* von um 1660.[45] Der dargestellte Raum zeichnet sich durch eine ganz besondere Pracht aus und demonstriert damit den Wohlstand des porträtierten Ehepaares. Mit Schwarz-weißem Marmor ist der Fußboden belegt, Marmorsäulen stützen den Kaminsims, über welchem wiederum ein großes Ölgemälde mit einer Venusdarstellung hängt. Auf dem Tisch ist ein feiner türkischer Teppich ausgebreitet, und die Wand wird vollständig von einer großgemusterten Goldledertapete bedeckt, deren unteren Rand ein breiter Fries

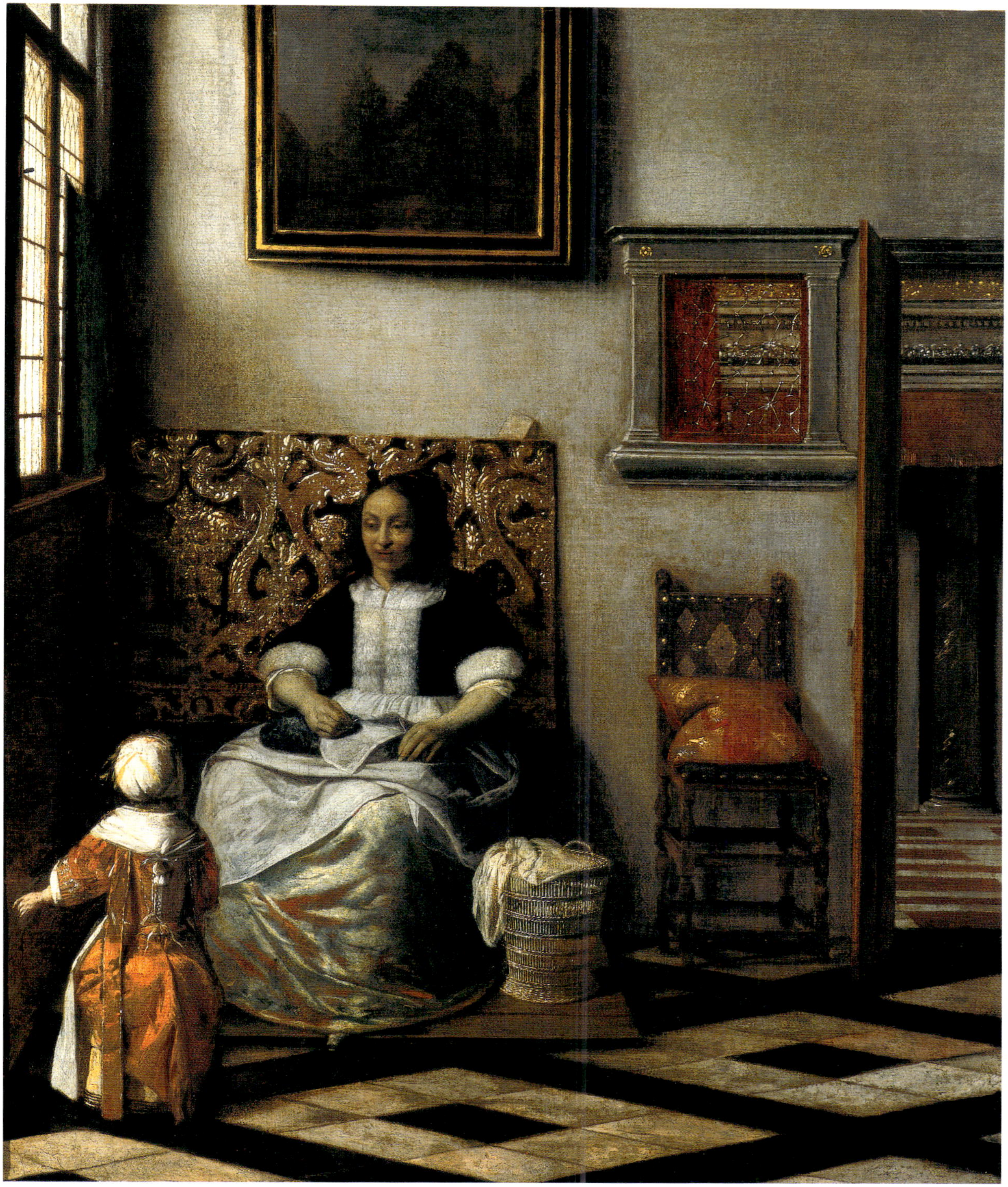

Abb. 12 Pieter de Hooch (1629–1670), Frau mit Handarbeit und Kind, Öl auf Leinwand, um 1662–1668, Madrid, Museo Thyssen-Bornemisza. Das Gemälde zeigt die bescheidenste, dabei zugleich aber sehr beliebte Verwendung von Goldleder, das wie ein Behang hinter der Sitzgelegenheit angebracht ist.

bildet. Es war nicht zwangsläufig so, daß Goldlederfriese den oberen bzw. unteren Abschluß einer Wandverkleidung bildeten. Auch war es durchaus üblich, die Tapete direkt von der Scheuerleiste ab bzw. oberhalb einer flachen, einfachen Holzlambris bis zur Decke hin anzubringen.

Eine andere Möglichkeit der Anbringung bestand darin, die Wand dreiviertelhoch bis zum Türsturz zu tapezieren, das obere Drittel der Wand jedoch für Gemälde freizuhalten. Auch konnte somit in dieser Höhe auf umlaufenden Borden das damals begehrte ostasiatische Porzellan plaziert werden. Ein Beispiel für diese Tapezierweise gibt der flämische Maler Gonzales Coques (1618–1684) auf einem Ölgemälde wieder, das einen Gelehrten mit seiner Frau in häuslicher Umgebung darstellt (Abb. 10, Kat. 3). Hier ist die mit großflächigen Spitzovalen dekorierte Ledertapete nur bis zur Türhöhe angebracht, und das getünchte obere Drittel der Wand wurde mit Landschaftsbildern dekoriert. Die Tapete wiederum wird von abschließenden Bordüren eingefaßt und durch aufsteigende Bänder vertikal gegliedert, die wie Pilaster zwischen die einzelnen Bahnen des Hauptmusters eingefügt sind. Diese Tapezierweise war auch bei den geprägten nordniederländischen Goldledertapeten gebräuchlich, was wiederum Interieurbilder – die *Musizierende Gesellschaft* (1632–1635) von Willem Dyster (1599–1635)[46] oder Pieter de Hooghs (1629–1670) Gemälde *Vier Menschen an einer Tafel mit einem Besucher* von um 1663/65[47] – beweisen. Auf letzterem Gemälde ist die Tapetenfläche oben und unten mit einer passenden Goldlederbordüre abgeschlossen. Den oberen Rand markiert zudem ein Eierstab.

Eine noch einfachere, kostengünstigere Variante des Einsatzes von Goldledertapeten war die Anbringung lediglich in der unteren Wandzone, wie dies auf einem Familienporträt Emanuel de Wittes (1616/18–1692) von 1673 zu sehen ist (Abb. 11).[48] Hier wird wiederum ein sehr reich ausgestatteter Innenraum mit den typischen Merkmalen präsentiert: ein schwarz-weißer Marmorboden, ein hoher Kamin mit Säulen, auf dessen Sims die damals in Mode gekommenen ostasiatischen Vasen stehen, ein Orientteppich auf dem Tisch, darüber ein Spiegel mit schwerem Goldrahmen, im Hintergrund ein Gemälde mit der Darstellung eines Kircheninterieurs, das von einem Vorhang verdeckt werden kann, und schließlich Goldleder im unteren Drittel der Wand. Diese Form der Tapezierung geht vermutlich auf die seit dem Mittelalter gebräuchliche Sitte zurück, im unteren Wandbereich, insbesondere hinter und auf Höhe von Sitzgelegenheiten, Stoffe aufzuhängen, um damit den Sitzenden rückwärtig vor der kalten Wand zu schützen.

Auch die bescheidenste Möglichkeit, Goldleder im Wohnbereich zu verwenden, ist auf niederländischen Interieurbildern dokumentiert: In manchen bürgerlichen Wohnungen waren die kostbaren Goldledertapeten lediglich als kleine Fläche meist hinter den Sitzgelegenheiten in Form eines Behanges angebracht (Abb. 12). Diese Variante der Tapezierung *goudleer achter de sitplaets* wird in verschiedenen Inventaren aus den Jahren 1640 bis 1700 vermerkt und war wohl sehr verbreitet.[49] Dabei war es üblich, vor dem Fenster ein Plateau für die Aufstellung eines Stuhles zu errichten. Dieser erhabene Sitzplatz isolierte den Sitzenden sowohl nach unten gegen die Kälte und ermöglichte zugleich auch bessere Lichtverhältnisse, so daß an einem solchen Ort angenehmer gelesen bzw. gearbeitet werden konnte. An der Wand dahinter wurde ein Paneel befestigt, das aus Goldleder oder Textil sein konnte.

»Sine Cerere et Baccho friget Venus«

Unter den zahlreichen Raumtypen eines Schlosses waren die Speisezimmer ein bevorzugter Ort, um Goldleder wirkungsvoll einzusetzen. Bereits Kaiser Rudolf II. (1552–1612) ließ 1587 im Speisesaal der Prager Burg Ledertapeten aufhängen,[50] und knapp einhundert Jahre später schrieb der gutsituierte Londoner Tagebuchautor Samuel Pepys (1633–1703): »This morning my dining-room was finished with

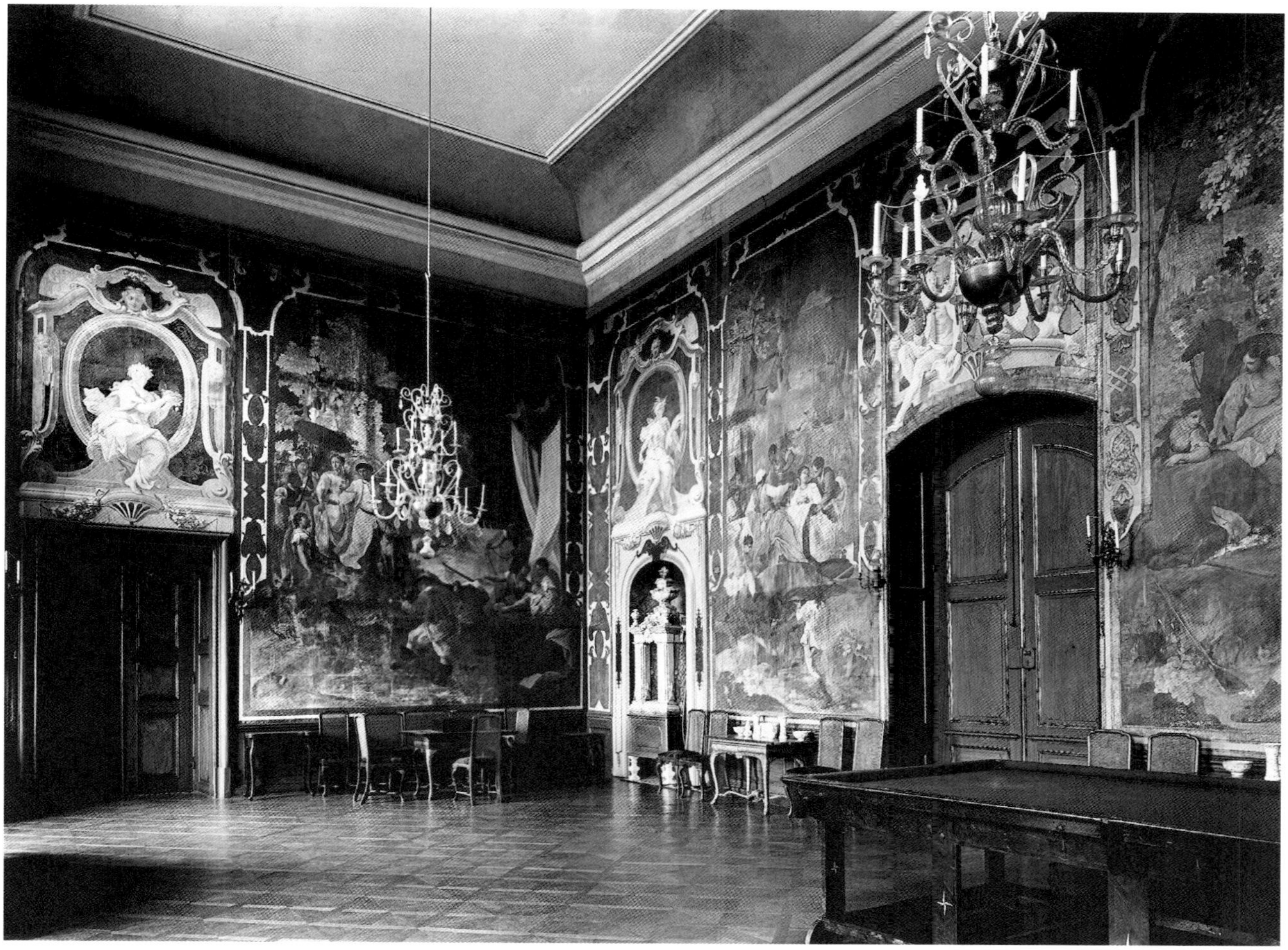

Abb. 13 Schloß Moritzburg bei Dresden. Die vor 1733 datierten, bemalten Ledertapeten des Billardsaals zeigen Szenen aus dem Leben Augusts des Starken.

green serge and gilt leather, which is very handsome.«[51] Noch heute haben sich zahlreiche Ledertapeten in den Speisezimmern adeliger Häuser erhalten, wie beispielsweise in Schloß Ehreshoven bei Engelskirchen, Schloß Weesenstein bei Dresden, Schloß Vollrads in Oesterich-Winkel oder im friesischen Schloß Gödens.

Gerade der Motivschatz der nordniederländischen Goldledertapeten weist konkrete Bezüge zu Eßräumen auf bzw. deren figürliche Ornamentik transportiert bestimmte Sinngehalte. In der Barockzeit war es in verschiedenen Bereichen üblich, Allegorien, Sinnsprüche und Embleme anzuwenden, die von der damals gebildeten Schicht gelesen werden konnten. In der Tafelmalerei, etwa bei Interieurbildern oder Stillleben, tauchten sie auf, um den Betrachter nicht nur zu erfreuen, sondern ihn auch zu belehren und ihm damit den rechten Weg der Tugend zu weisen. Entsprechende Verwendungen bei Goldledertapeten können folgendermaßen dechiffriert werden: Viele Tapetendekore thematisierten das römische Motto *Sine Cerere et Baccho friget Venus* (ohne Ceres und Bacchus friert Venus), welches sich von einem Zitat des Terenz herleitet.[52] Bei einem Beispiel aus den Jahren um 1670/80 (Kat. 19) treiben zwischen üppig besetztem Rankwerk Putten und Affen, begleitet von Schmetterlingen und Libellen, ihr fröhliches Unwesen. Dabei können die Putten als allegorische Figuren gelesen werden: Jener, der eine Kornähre hält, stellt Ceres, die Erntegöttin, dar, während der mit Trauben bekränzte Putto den Weingott Bacchus meint. Eine andere Goldledertapete aus den Jahren zwischen 1640 und 1660 zeigt Darstellungen von Meleager und Atalante (Kat. 23): Zwischen breiten, golden ornamentierten Wellenbändern mit Jagdszenen stehen sich unter Blütengirlanden Meleager und Atalante mit ihrer Gefährtin gegenüber. Meleager hat gerade den Kaledonischen Eber erlegt und überreicht den Tierkopf als Siegestrophäe der an der Jagd beteiligten und von ihm angebeteten Atalante. Diese der Mythologie entnommene Jagdszene war, in gleicher Weise wie die Anspielung auf das antike Terenzzitat, eine passende Dekoration für ein Speisezimmer oder die Appartements eines Jagdschlosses.

Die Ausstattungen im 18. Jahrhundert

Zu Beginn des 18. Jahrhunderts erlebte das Goldleder eine letzte Blütezeit. Zwar büßte um 1700 das nordniederländische, hochgeprägte Goldleder seine marktbeherrschende Stellung ein, nicht zuletzt ausgelöst durch die Finanzkrise von 1672, doch erhielt dadurch das Goldleder aus den südlichen Niederlanden, Frankreich, England und Italien eine größere Bedeutung. Die Moden der rasch wechselnden französischen Stile Louis XIV., Louis XV. und Louis XVI. wurden auch in der Goldlederproduktion mit der erneuten Hinwendung zu Stoffmustern nachvollzogen.

In der Ausstattung von Landhäusern, vor allem von Jagdschlössern, erfuhren die Ledertapeten eine neue Bedeutung. Eines der eindrücklichsten Beispiele dafür ist das vollständig mit Ledertapeten ausstaffierte Jagdschloß Moritzburg bei Dresden (Abb. 13). Der sächsische Kurfürst August der Starke (1670–1733) hatte es zwischen 1723 und 1733 von seinem Hofarchitekten Matthias Daniel Pöppelmann (1662–1736) großzügig ausbauen und mit prächtigen Ledertapeten, die eigens im Inventar von 1733 aufgeführt sind, auskleiden lassen.[53] Eine erste Tapezierung mit Goldleder ist bereits für den Vorgängerbau während des 17. Jahrhunderts nachzuweisen. Diese wurde jedoch beim augustäischen Umbau nicht wiederverwendet, sondern die 60 mit Leder ausgestatteten Räume sollten in neuem Glanz erstrahlen.[54] Dabei wurde die gesamte Variationsbreite der zeitgenössischen Ornamentmotive genutzt und alle drei zur Verfügung stehenden Ledertapetentypen eingesetzt: Die je zwei Säle der Obergeschosse wurden mit bemalten figürlichen Ledertapeten dekoriert, die zwölf Raumgruppen des Hauptbaus jeweils mit unterschiedlich punziertem Goldleder tapeziert, und den Raumpaaren der Türme kam geprägtes Leder zu. Für die 36 Räume des Hauptbaues wurde nicht nur die erforderliche Anzahl an Tapetenstücken, einschließlich der ergänzenden Friesstücke, erworben, sondern zusätzlich im jeweils passenden Tapetenmotiv die Bezüge für zwei Dutzend Stühle bestellt.[55] Für den Bezug der Stühle verwendete man folglich nicht, wie allgemein üblich, überzählige Tapetenkarrees, sondern eigens für diesen Zweck hergestellte Goldlederstücke (Kat. 14), die das Hauptmotiv der Tapete in einer meist verkleinerten Variante wiedergaben.

Im sogenannten Monströsen- oder Audienzsaal von Schloß Moritzburg, der seinen Namen den auf vergoldeten Tierköpfen angebrachten abnormen Hirschgeweihen verdankt, zeigen die wandhohen Bespannungen mythologische Szenen mit Diana, der Göttin der Jagd, nach Entwürfen des Hofmalers Louis de Silvestre (1675–1760), während die ledernen »Tapisserien« im gegenüberliegenden Billardsaal Darstellungen aus dem Leben des sächsischen Kurfürsten präsentieren. Diese seltene Variante einer Ledertapete mit großfigurigen Darstellungen war schon in Spanien während des 16. Jahrhunderts bekannt und zieht sich durch die gesamte Ledertapetenhistorie. Erwähnt wurden bereits die

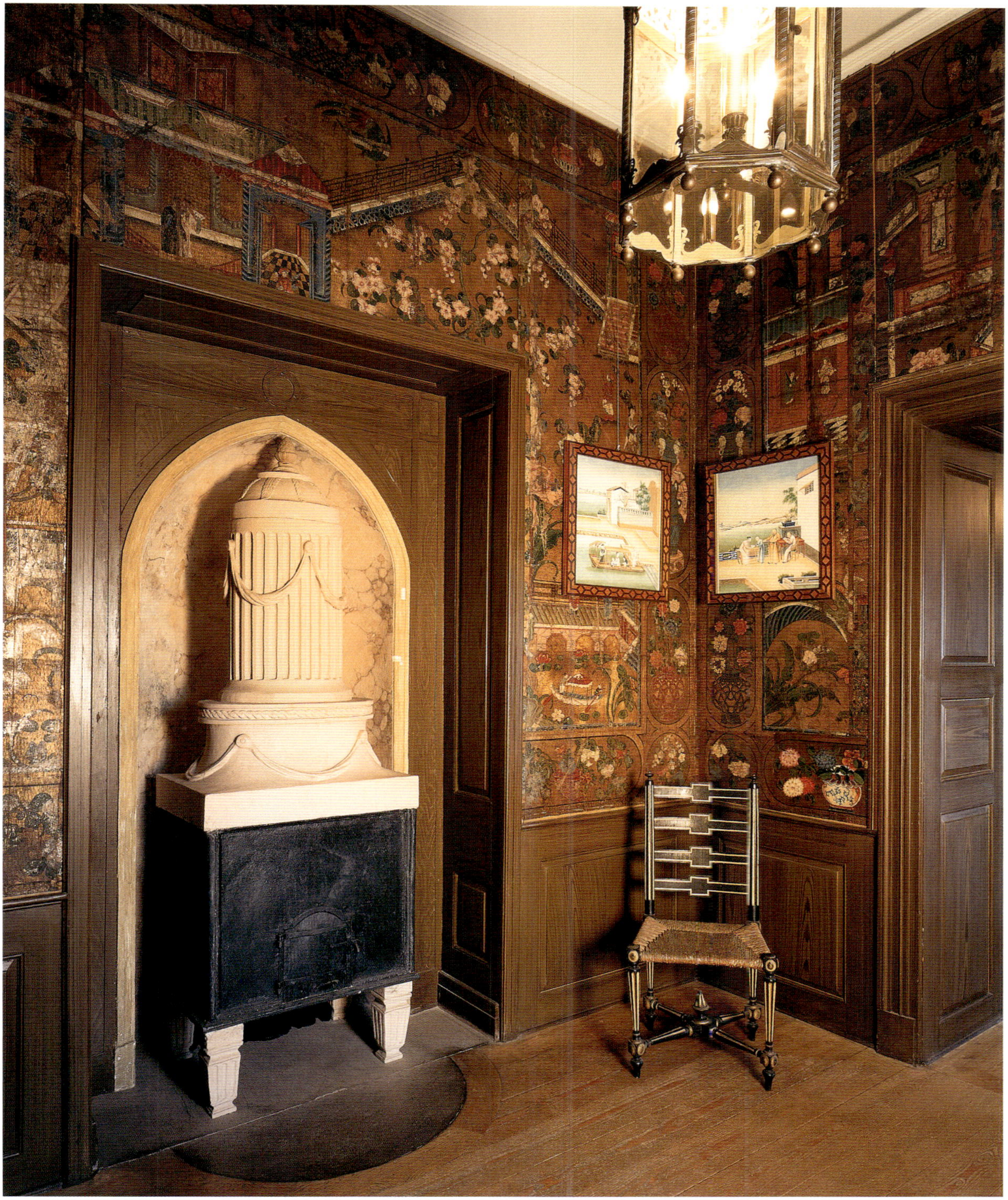

Abb. 14 mhk· Löwenburg im Park von Schloß Wilhelmshöhe, Kassel. Die Garderobe der Ritterwohnung ist mit einer englischen Goldledertapete im Stil asiatischer Lackparavents, die um 1730 entstanden ist, ausgekleidet.

großen bemalten Ledertapeten aus der Zeit der italienischen Renaissance von Paolo Veronese oder Tintoretto. Grundsätzlich lassen sich zwei verschiedene Typen unterscheiden: Der erste Ledertapetentypus wurde aufgrund seiner Materialeigenschaften als haltbarere Version gegenüber den empfindlichen Tapisserien angeboten. Das Hôtel Lambert in Paris beispielsweise besitzt eine berühmte Folge von sechs Panneaux mit der Darstellung des *Triumphzug des David*, die aller Wahrscheinlichkeit nach aus den Niederlanden (Mitte des 17. Jahrhunderts) stammt und sich in Aufbau und Darstellungsweise an Bildteppiche anschließt.[56] Besonders in Belgien, wo die Bildwirkerei eine große Tradition besaß, scheint dieser Typus von Ledertapeten besonders beliebt gewesen zu sein, wie die vielen, heute noch existierenden Beispiele belegen.[57]

Mit dem zweiten Typus figürlicher Goldledertapeten, die ebenfalls seit der Renaissance nachweisbar sind, ließen sich Landschaftszimmer gestalten. Auf den spanischen Exemplaren befinden sich Landschaftsdarstellungen zwischen Pilastern, wodurch quasi ein Ausblick ins Freie suggeriert wurde; sowohl Landschaft als auch Pilaster bestanden aus bemaltem Goldleder.[58] Da jedoch die illusionistischen Darstellungsmöglichkeiten des Goldleders recht begrenzt sind, stellen damit ausgeschlagene Landschaftszimmer doch eher eine Ausnahme dar. Im Kunsthandel befindet sich zur Zeit eine bemalte englische Ledertapete mit einer Serie von vier Szenen, die ländliche Vergnügungen vom Pferderennen bis zur Hirschjagd zeigen.[59] Diese Tapete wurde 1723 von der Londoner Manufaktur Joseph Flechters hergestellt und hing ursprünglich im Landhaus Longnor Hall, Shropshire.

Eine englische Spezialität des 18. Jahrhunderts waren zudem Tapeten mit chinoisen Themen (Abb. 14). Gerade Goldledertapeten bildeten aufgrund ihrer opaken Farbigkeit und des schimmernden Goldlacks einen passenden Hintergrund für an der Wand aufgestellte Gegenstände des Fernen Ostens. Derart eingerichtete Interieurs stellten sich unmittelbar in die Tradition der Lackkabinette. Die Ledertapeten übernahmen sogar die Dekorationsweise, indem sie Darstellungen ostasiatischer Paravents imitierten, die während des 17. Jahrhunderts zerlegt und in die Wandvertäfelung der Lackkabinette eingesetzt wurden.[60] Für den Kasseler Hof war eine um 1730 in England entstandene Serie von Goldlederpanneaux, die figürliche, höfische Szenen zeigt, angeschafft worden.[61] Auf dem punzierten und farbig ausgelegten Goldleder sind die höfischen Szenen innerhalb einer übereinandergetürmten Häuserlandschaft mit unzähligen Figuren dargestellt. Ganz in der Tradition der chinesischen Kunst ist die Darstellung ohne Perspektive und Lichtmodellierung wiedergegeben, vielmehr rein flächig mit Betonung der Kontur aufgefaßt. Die Panneaux sind, wie dies auch bei den großen chinesischen Lackparavents üblich war, von einer breiten Bordüre mit chinesischen Vasen und Blüten gerahmt.

Den zweiten großen Themenkreis neben figürlichen Szenerien stellen Tapeten mit Blütenbäumen, Vögeln und Insekten dar, die motivisch unter dem Einfluß der importierten chinesischen Rollbilder oder der chinesischen Papiertapeten standen (Kat. 39).[62] Die Blütenbaummalereien auf Leder wurden ähnlich den Lackarbeiten in die damaligen Gliederungs- und Dekorationssysteme der Wände, wie etwa die reich verzierten Holzvertäfelungen, integriert.

Eine dritte Möglichkeit, einen Raum im chinesischen Geschmack zu gestalten, erlaubte eine Gattung von Goldledertapeten, die vornehmlich in den Ateliers auf dem Kontinent hergestellt wurde und sich an berühmten französischen Vorlagen orientierte. Denn im Zeitraum zwischen 1730 bis um 1750 war in Frankreich eine phantastische Richtung der Chinamode entstanden, die durch eine bizarre Ornamentik charakterisiert ist. Watteau, Boucher, Pillement oder Peyrotte, um nur die berühmtesten Künstler zu nennen, entwarfen exotisch-verspielte Motive, die als gedruckte Ornamentstichfolgen schnell in ganz Europa populär wur-

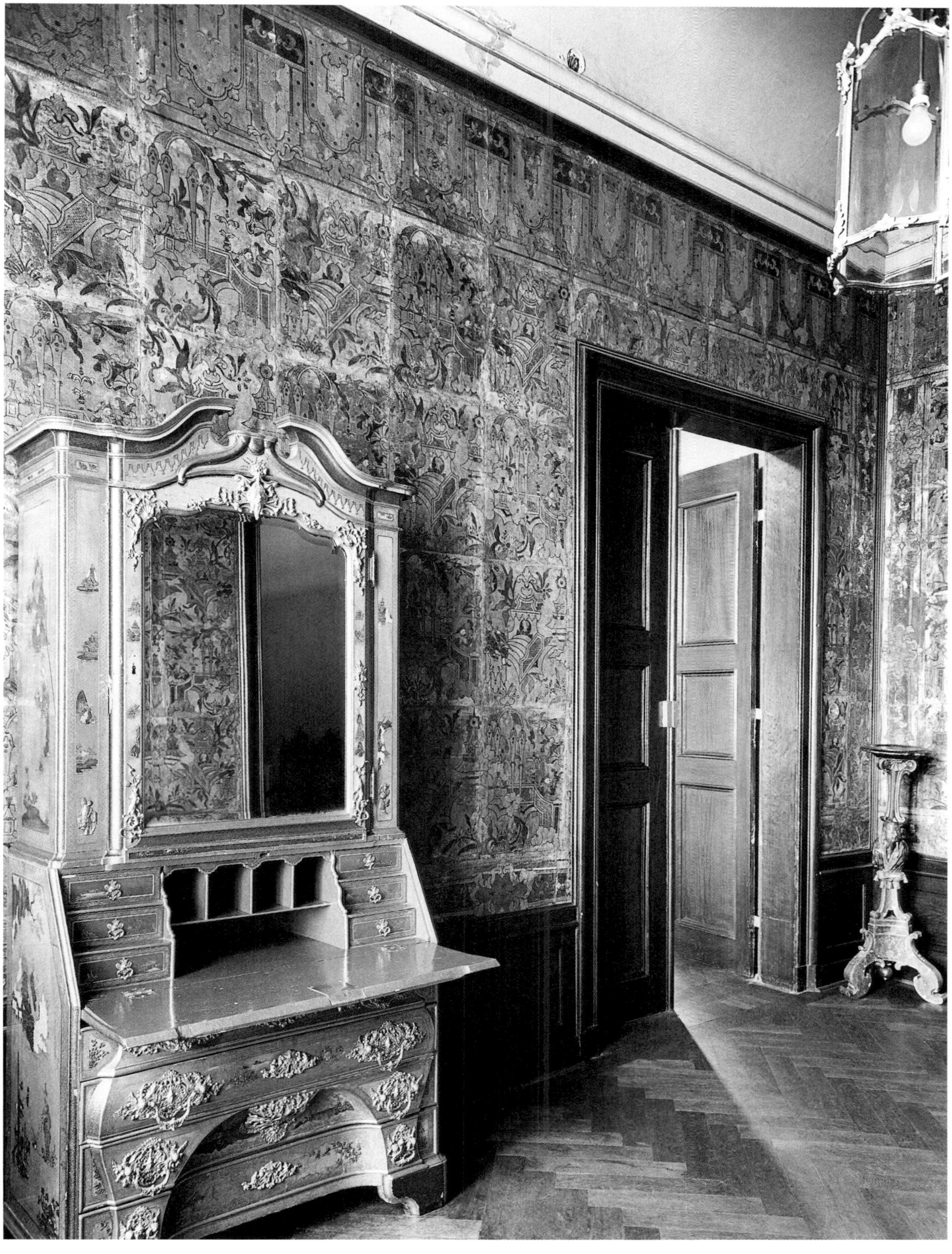

Abb. 15 Schloß Moritzburg bei Dresden. Im Kabinett des ersten Obergeschosses steht ein Schreibschrank mit einer Lackarbeit, die Tapete von um 1720/30 ist im chinoisen Stil gestaltet.

den. Eine solche Chinoiserie auf Goldgrund hat sich in einem sehr reizvollen Panneau aus dem ehemaligen Porzellankabinett des Frankfurter Palais der Fürsten Thurn und Taxis erhalten. Die um 1740–1745 entstandene Tapete stammt wahrscheinlich aus dem Atelier von Jean-Baptiste Delfosse (1680–1755). Sie ist eingepaßt in geschnitzte Rahmungen, die wiederum kleine Konsolen für das Porzellan tragen. Aber auch rapportierende Muster, wie die sogenannte Chinesentapete in Moritzburg (Kat. 13, Abb. 15) oder das Goldlederkabinett (Kat. 41), das für Kassel angekauft werden konnte, sind dieser Kategorie zuzuordnen.

Ausklang im 18. Jahrhundert

Während des letzten Drittels des 18. Jahrhunderts neigte sich die Hochzeit des Goldleders seinem Ende entgegen. Bereits ab dem Beginn des 18. Jahrhunderts hatten sich bemalte und bedruckte Leinwandtapeten zu einer mächtigen Konkurrenz entwickelt, so daß das Goldleder langsam verdrängt wurde. Wandbespannungen in hellen, heiteren Farben begannen das eher schwere und dunkle Goldleder allmählich abzulösen. Pekingtapeten, auf Seide handgemalt oder auf Wachstuch bedruckt, beherrschten die Interieurs des *gôut moderne*. Nach dem Ende des Rokoko spielten die Goldledertapeten bei der Innenraumgestaltung keinerlei Rolle mehr und wurden entweder durch Textilien oder durch die neu entwickelten Papiertapeten ersetzt. Dementsprechend schrieb J.-F. Bimont in seinen *Principes de l'art du Tapissier* im Jahr 1770, daß Ledertapeten nur noch für den Einsatz im Antichambre geeignet wären.[63] Und schließlich bedauerte Johann Georg Krünitz in seiner *Oekonomischen Encyklopädie* von 1795, daß »die vergoldeten und versilberten Tapeten heut zu Tage so wenig im Gebrauche« seien und der Mode geopfert würden, obwohl sie so viele Vorzüge, wie Schönheit, Haltbarkeit und Ähnliches, besäßen.[64] Mit dem Ende des 18. Jahrhunderts hatten alle bedeutenden Werkstätten ihre Produktion in Europa eingestellt.

Das Ende einer glanzvollen Ära

Die Goldledertapeten, welche über drei Jahrhunderte strahlende und bewunderte Wandbekleidungen dargestellt hatten, fielen infolgedessen sehr bald in Ungnade und dem Vergessen anheim. Die ersten historischen Abhandlungen über diese Gattung der Tapeten sind dementsprechend durch völlige Ahnungslosigkeit ausgezeichnet. So schrieb etwa Heinrich Christian Schmidt im Jahr 1843:

»Man sann deshalb auf Mittel, ähnliche Verzierungen in anderen Stoffen auszuführen, weshalb die Engländer im siebzehnten Jahrhunderte das Leder für diesen Zweck anwendeten, in dem sie es mit einem Firniß oder Lack überzogen und dann mit anderen Farben, auch mit Gold und Silber, mittels Druckformen bedruckten, worin der eigentliche Anfang der heutigen Tapetendruckerei aufzusuchen ist. Diese Ledertapeten enthielten fast nichts als Arabesken von geringer Verschiedenheit, einfache, sich durchkreuzende Linien, kleine Blümchen, Sternchen etc., bisweilen auch Figuren und die beliebten Jagdstücke. [...] Auch waren diese Tapeten keineswegs wohlfeil und trugen zur Verbreitung des Tapezirens nicht wesentlich bei.«[65]

Wilhelm Franz Exner beschrieb die Goldledertapeten 1869 als Surrogat für gewebte Tapeten für jene Stände, die diese wegen der Höhe des Preises sich unmöglich leisten konnten. Über die weitverbreiteten niederländischen Erzeugnisse wußte Exner überdies Folgendes zu berichten, wobei er die Aussagen des Reisenden Mayerberg aus dem Jahr 1659 über die Raumausstattung ostslawischer Gutsbesitzer zitiert:

»Obgleich ihre Häuser grösser und ansehnlicher als die Mehrzahl der Bauernhütten waren, so bildeten die gewöhnlichsten, nothdürftigsten Gegenstände die [...] Ausstattung. [...] Nur Wenige hatten ihre Wohnräume mit gemalten und vergoldeten niederländischen Ledertapeten, aber so nachlässig tapeziert, dass dies nicht zur Verschönerung beitrug.«[66]

Erst im Zuge des Historismus gewannen Goldledertapeten wieder an Bedeutung, so daß es im letzten Viertel des 19. Jahrhunderts noch einmal eine Belebung dieser Tapetengattung geben sollte. Dies hing zum einen mit der damaligen Rückbesinnung auf die historischen Stile und zum anderen mit der Wiederbelebung alter Handwerkskünste zusammen. Auf Schloß Landsberg in Essen-Kettwig an der Ruhr etwa wurden bei der Neueinrichtung historische Ledertapeten verwendet.[67] August Thyssen (1842–1928) hatte nach dem Kauf des Schlosses 1902 dieses neu ausstatten lassen, dabei wurde in seinem Arbeitszimmer eine flandrische Goldledertapete aus der ersten Hälfte des 18. Jahrhunderts angebracht. Der untere Teil der Wand war mit einer säulengegliederten, hohen Eichenholzvertäfelung verkleidet, die genau auf die Maße des historischen Goldleders Rücksicht nahm.

Die Herstellung historistischer Goldledertapeten ist in Deutschland hauptsächlich mit dem Namen Georg Hulbes (1851–1917) und seiner Werkstatt in Hamburg verbunden (Abb. 16). Diese produzierte mit großem Erfolg Goldledertapeten, wobei jeder gewünschte Stil, sei es im altdeutschen Geschmack, sei es mit japonistischen Anklängen oder im Neobarock, geliefert werden konnte. Die Prägedekore ahmten allerdings nicht unmittelbar historische Vorlagen nach, sondern waren vielmehr eigene Schöpfungen. Für das Palais der Königlich Bayerischen Gesandtschaft zu Berlin erfand Hulbe Lederwandfelder mit neobarocken Ornamenten, die gleichsam als breiter Rahmen für den Bilderschmuck dienten. Die zeitgenössische Presse lobte diesen Oberlichtsaal als einen der »schönsten Innenräume, die in letzter Zeit dekorirt worden sind«.[68] Auch im Stil der Renaissance oder etwa des Mittelalters wurde geprägtes Leder hergestellt. Doch da die in der Renaissance gebräuchlichen typischen Punzierungen für den Geschmack des Historismus zu simpel erschienen, wurden diese kurzerhand durch Prägungen ersetzt. So entstanden bossierte Tapeten mit mittelalterlichen oder renaissancehaften Ornamenten, die zu den beliebten Raumausstattungen im sogenannten Altdeutschen Stil passen sollten.

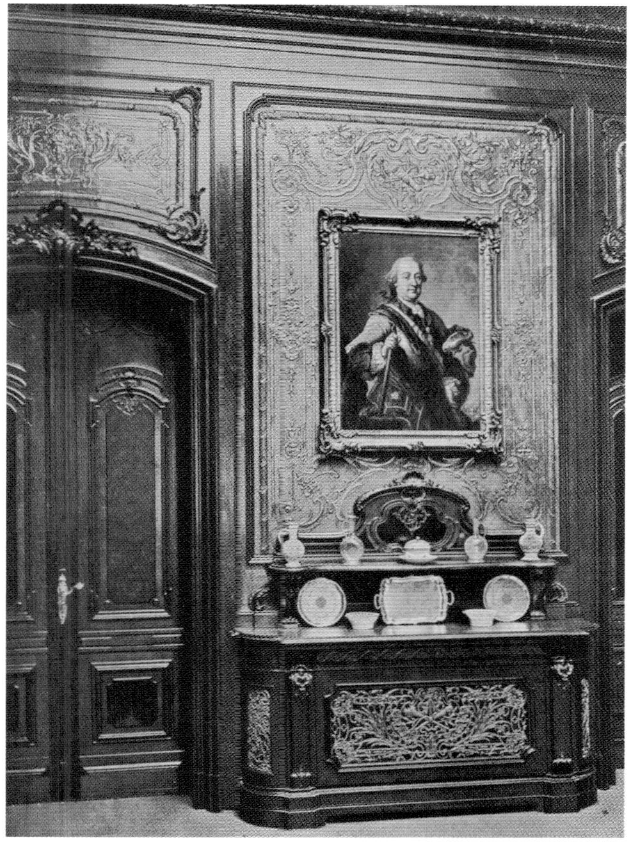

Abb. 16 Palais der Königlich Bayerischen Gesandtschaft in Berlin. Die ornamentalen Lederwandfelder im Stil des Neobarock stammen aus der Hamburger Werkstatt des Georg Hulbe und sind vor 1895 entstanden.

In den Ratgebern dieser Zeit wurden verschiedene Anbringungsmöglichkeiten der Ledertapeten diskutiert, wobei Anwendungen in Speisezimmern und in den, in bürgerlichen Haushalten üblichen Herrenzimmern präferiert wurden:

»Im Gegensatz zum Salon ist das Wohnzimmer dem intimen Verkehr der Familie gewidmet und hier sind etwas dunklere Tapeten, etwa Stoffimitationen oder Ton in Ton gehaltene Muster, zu empfehlen. Ebenso in dem Speisezimmer, welches sich vorzüglich für satte Farbentöne oder, je nach der reicheren Ausstattung, auch für gepreßte Ledertapeten eignet.«[69] In Herrenzimmern »[...] – in welchem der Hausherr nebenbei auch seine intimen Freunde empfängt und raucht – darf schon mehr Luxus entfaltet werden: Hier steht an erster Stelle eine gepreßte Ledertapete.«[70]

Aber auch in öffentlichen Repräsentationsräumen wurden Ledertapeten wieder eingesetzt. So lieferte Hulbe, neben dem erwähnten königlich Bayerischen Gesandtschaftshotel, auch für den Sitzungssaal des Reichstags Lederarbeiten nach Berlin. Der Worpsweder Künstler Heinrich Vogeler (1872–1942) entwarf 1905 Goldledertapeten für die Güldenkammer im Bremer Rathaus, die wiederum in Hulbes Werkstatt gefertigt wurden. In den Farben Rot und Gold interpretierte Vogeler ein traditionelles Muster im Sinne des Jugendstils. Mit diesen letzten Versuchen um 1900 starb dieses Handwerk dann allerdings aus.[71]

Zusammenfassend läßt sich festhalten, daß Ledertapeten in repräsentativen Räumlichkeiten – meist in Audienz- oder Tafelgemächern – in dem langen Zeitraum vom späten 15. bis weit ins 18. Jahrhundert hinein Verwendung fanden. Goldleder war von Anbeginn an ein gesamteuropäisches Phänomen, der portugiesische Königshof schätzte es zur Zurschaustellung seines Reichtums in gleicher Weise wie Kaiser Rudolf II. in Prag,[72] Königin Maria I. von Schottland[73] oder die Päpste des Vatikans. Während des Barock eroberte das nordniederländische Leder durch eine neue Technik auch neue Käuferschichten und ermöglichte vielfältige Ausstattungsvarianten. Den Erfolg des Goldleders begründeten nicht nur ästhetische und repräsentative Aspekte, sondern auch praktische Erwägungen, denn es besaß isolierende Eigenschaften und war haltbarer als Textilien. Mit den Attributen »schön« und »nützlich« erfüllte das Goldleder quasi klassische Anforderungen.

Anmerkungen

[1] Ein Katalog der heute noch in Deutschland erhaltenen Goldlederbestände befindet sich im Anhang des Tagungsbandes Ledertapeten 2004, S. 175–181.

[2] Vgl. Schulze 1997, S. 229–240.

[3] Vgl. Torre Vasconi 1952, S. 21–23.

[4] Ebd., S. 19.

[5] In der Sammlung Colomer Munmany hat sich ein spanischer Ledervorhang aus dem 16. Jahrhundert erhalten; vgl. AK Barcelona 1992, Kat. Nr. 78.

[6] Diese Beobachtung trifft in Ansätzen ebenso auf das spätere geprägte holländische Goldleder zu. Bei den sogenannten Fensterbildern wird es als Ausdruck von Reichtum in Form eines Vorhangs eingesetzt, der zur Seite gerafft ist; Beispiele finden sich bei Gerrit Dou, Trompeter im Fenster (Paris, Louvre) oder bei Willem van Mieris, Der Trompeter, 1702 (Dresden, Gemäldegalerie Alte Meister). Diesen Hinweis verdanke ich Andreas Schulze vom Landesamt für Denkmalpflege Sachsen in Dresden.

[7] Vgl. Torre Vasconi 1952, S. 22.

[8] Jean-Pierre Fournet gibt in seiner Dissertation über *Les cuirs dorés anciens en France* einen Überblick über das Schaffen von Goldleder im sakralen Bereich in Frankreich; vgl. Fournet 2004.

[9] Vgl. Schiaparelli 1908, S. 229, Anm. 11, S. 230, Anm. 1.

[10] Zit. nach Thornton 1991, S. 372, Anm. 42.

[11] Ebd., S. 44.

[12] Ebd., S. 52.

[13] Vgl. Schiaparelli 1908, S. 230, Anm. 1.

[14] Vgl. Fournet 2004, S. 113; Thornton 1991, S. 85.

[15] Vgl. Brunello 1981, S. 165.

[16] Abgebildet bei Gall 1965, S. 301, Abb. 233.

[17] Uffizien, Florenz.

[18] Vgl. Pignatti 1976, Bd. 1, S. 237/238. Der Zyklus existiert heute leider nicht mehr.

[19] Vgl. Wolters 2000, S. 121.

[20] Coryate 1611, Bd. 1, S. 403.

[21] Vgl. Wolters 2000, S. 121.

[22] Ebd., S. 134.

[23] Vgl. Çoban-Hensel 2004; Bärnighausen 2004.

[24] Çoban-Hensel 2004, S. 31.

[25] Bärnighausen 2004, S. 161f.

[26] Zit. nach ebd., S. 161f.

[27] Vgl. Leiß 1970, S. 55.

[28] Zit. nach ebd., S. 55, Anm. 34.

[29] Ebd., S. 55, Anm. 34.

[30] Vgl. Heppe 1995, S. 105.

[31] Vgl. Çoban-Hensel 2004, S. 33.

[32] Vgl. Bärnighausen 2004, S. 173, Anm. 5.

[33] Vgl. Çoban-Hensel 2004, S. 43, Anm. 4.

[34] Ebd., S. 32.

[35] Vgl. Waterer 1971, S. 52.

[36] Vgl. Çoban-Hensel 2004, S. 36.

[37] Ebd., S. 36.

[38] Vgl. Koldeweij 1996, S. 36.

[39] Vgl. AK Riggisberg 2005, S. 21.

[40] Thornton 1991, S. 37.

[41] Vgl. Koldeweij 1998.

[42] Zit. nach Zesen 1664, S. 358.

[43] Vgl. Koldeweij 1998, S. 264. Im Vergleich dazu kosteten Brokatseidenstoffe bis zu 30 *f*.

[44] Ebd., S. 248 ff.

[45] Boston (Mass.), Museum of Fine Arts.

[46] London, Apsley House, Wellington Museum.

[47] Lissabon, Museu Nacional de Arte Antigua.

[48] München, Alte Pinakothek.

[49] Vgl. Koldeweij 1998, S. 242.

[50] Vgl. AK Essen/Wien 1983/89, S. 88.

[51] Zit. nach Waterer 1971, S. 53 (Tagebucheintrag vom 19. Oktober 1660).

[52] Vierzehn verschiedene Muster mit der Darstellung dieses Themas sind bekannt; vgl. AK Essen 1998, S. 66.

[53] Vgl. Schulze 2004, S. 42.

[54] Vgl. ebd. S. 51; Werner 1972, S. 211.

[55] Vgl. Schulze 2004, S. 53.

[56] Vgl. Fournet 2004, Bd. 4, S. 647.

[57] Ebd., Bd. 4, S. 584–706.

[58] Vgl. Torre Vasconi 1952, S. 12.

[59] Vgl. AK Essen 1998, Kat. Nr. 126, S. 202–210.

[60] Vgl. Eggeling 1973, S. 96.

[61] Vgl. Huth 1937, S. 25–35. Es ist allerdings nicht geklärt, für welchen Raum diese Tapeten ursprünglich gedacht waren. Heute hängt ein Teil der Stücke in einem kleinen Vorraum der Löwenburg im Park Schloß Wilhelmshöhe.

[62] Vgl. Thümmler 1998, S. 40–48.

[63] Vgl. Bimont 1770, S. 7.

[64] Krünitz, Bd. 69 (1804), S. 680.

[65] Schmidt 1843, S. 5.

[66] Exner 1869, S. 17.

[67] Vgl. Kretschmar 2004, S. 126.

[68] Vgl. Zimmermann 1895, S. 130.

[69] Bodenschatz 1891, S. 21.

[70] Ebd., S. 25.

[71] Vereinzelt werden heute wieder Nachahmungen historischer Ledertapeten auf dem Markt angeboten.

[72] Vgl. AK Essen/Wien 1983/89, S. 88.

[73] Vgl. Waterer 1971, S. 59.

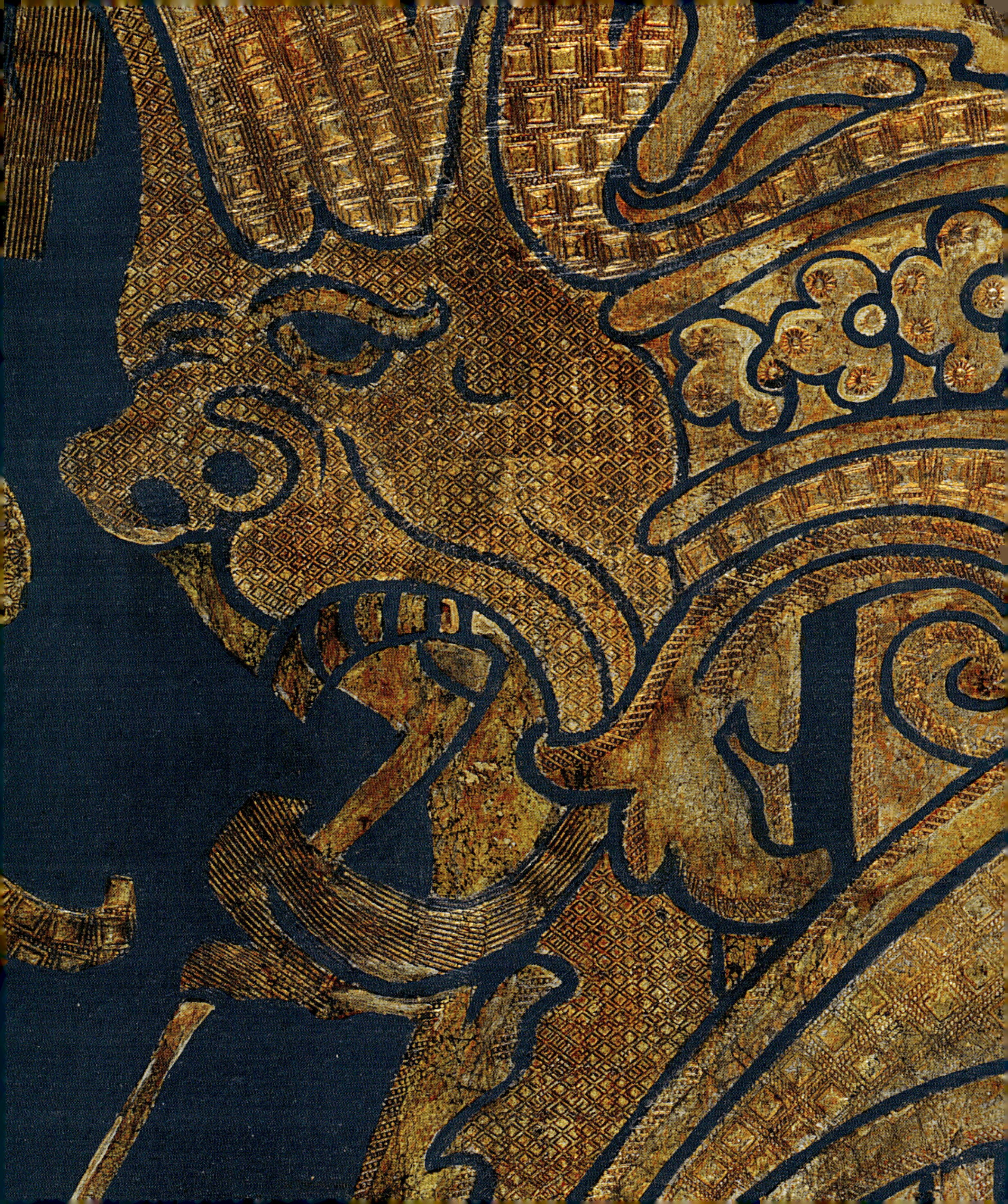

Zur Entwicklung des Goldleders
Katalogteil

Caroline Eva Gerner

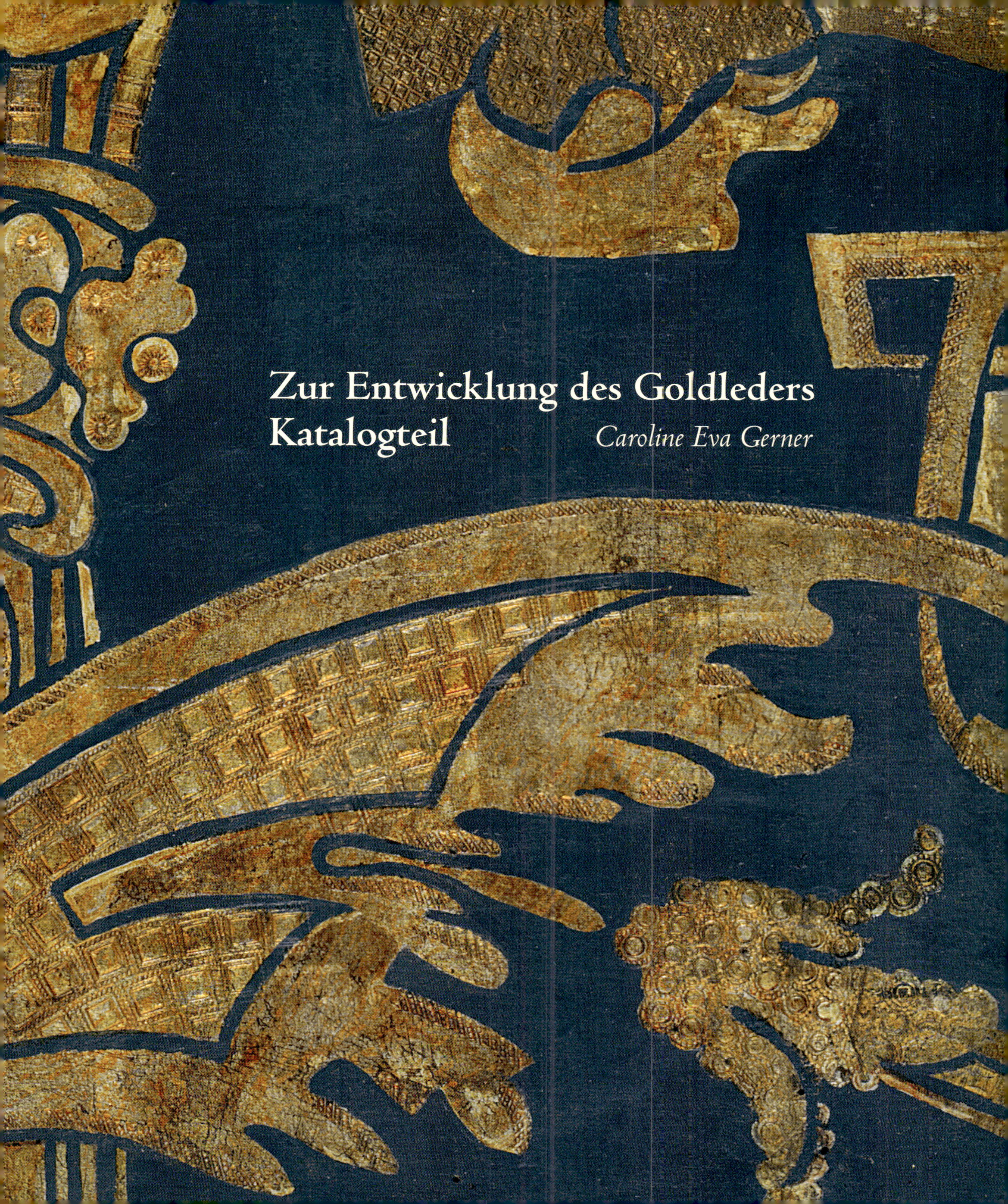

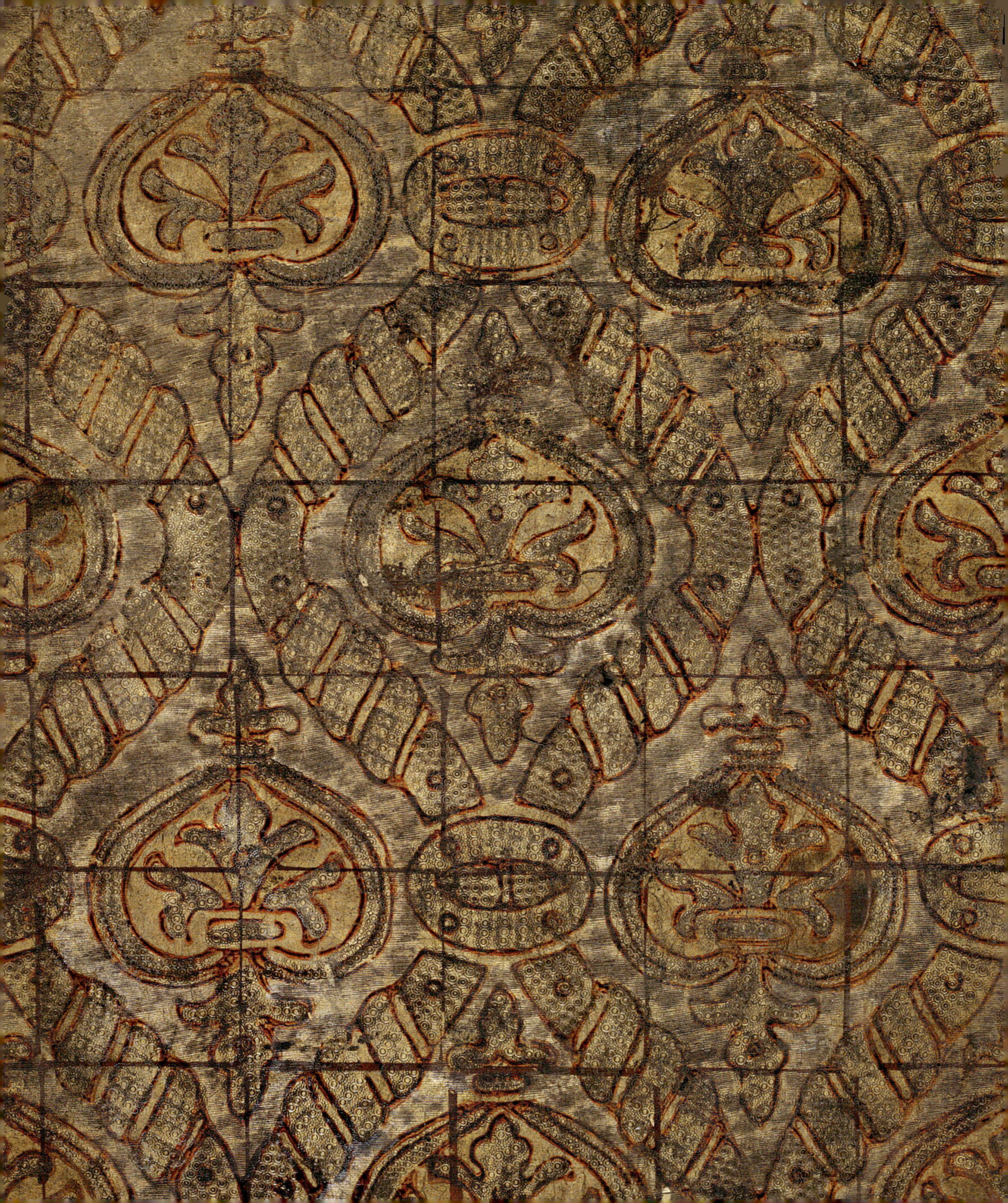

Die Anfänge der Goldledertapeten

Der Eroberung der südlichen Iberischen Halbinsel durch die Mauren im 8. Jahrhundert hat Europa zahlreiche Errungenschaften zu verdanken.[1] Mit der Auflösung des Römischen Reiches im 4. Jahrhundert war das antike Kulturerbe weitgehend verfallen. Durch die aus den ehemals von den Römern beherrschten nordafrikanischen Gebieten nach Spanien übergesiedelten Araber eroberte das von diesen überlieferte und modifizierte Wissen der Antike nahezu alle Lebensbereiche: Mathematik, Naturwissenschaften und Medizin, auch Tafel- und Spielkultur, ebenso (Garten-) Architektur, Musik, Philosophie, Dicht- und Schreibkunst. Daneben war es vor allem die Meisterschaft auf dem Gebiet des Kunsthandwerks, die zu dessen Blüte im maurischen *Al-Andalus*, dem heutigen Andalusien, führte.[2] Kostbare Seidenstoffe und Teppiche, farbenfrohe Fayencen und gemusterte Keramik, Kästchen aus Elfenbein und Flakons aus Bergkristall künden vom kulturellen Reichtum der Eroberer. Noch heute vermittelt die Alhambra in Granada einen Eindruck von der Vielfalt und der hohen Qualität der maurischen Arbeiten: Wände und Decken sind mit ornamentalen Stuck- und Holzarbeiten, schimmernden (Gold-)Mosaiken und durchbrochen gearbeiteten Marmorreliefs verkleidet.

Aus klimatischen Gründen blieb die maurische Wohnkultur mit ihren offenen Innenhöfen und Brunnenanlagen auf den südeuropäischen Raum beschränkt. Eine der Errungenschaften des arabischen Kunsthandwerks aber sollte sich in fast ganz Europa verbreiten und vom 16. bis zum 18. Jahrhundert die Raumausstattung des Adels und wohlhabender Bürger mitbestimmen: Tapeten aus Goldleder.[3] Bereits im frühen Mittelalter ist die Fertigung von Goldleder in Nordafrika bekannt, sie wird in erster Linie mit dem Ort Ghadames in Libyen in Zusammenhang gebracht.[4] Goldleder wurde im Spanischen *guademeci* genannt, ebenso wie auch besonders hochwertiges, dekorativ eingefärbtes Leder (mit dem Begriff *cordoban* wurde ursprünglich hingegen gegerbtes Ziegenleder an Gebrauchsgegenständen bezeichnet).[5] Der Verbreitung in Europa von Andalusien aus – mit Cordoba als Hauptstadt – wurde mit der Bezeichnung *Corduan-Leder* oder auch *Spanisches Leder* Rechnung getragen, und noch heute heißt der französische Schuhmacher *cordonnier*.

Bedeutende Manufakturen entstanden in Portugal, Italien, Frankreich, England sowie den Niederlanden, und auch in Deutschland wurde Goldleder angefertigt.[6] Daß es zu dieser weiten Verbreitung einer kunsthandwerklichen Technik kam, hängt auch mit der Unterwerfung bzw. Vertreibung der Mauren während der Reconquista, der Rückeroberung der Iberischen Halbinsel durch christliche Heere seit dem 11. Jahrhundert, zusammen. Während des 12. und 13. Jahrhunderts setzten die spanischen Truppen mit Hilfe der Ritterorden und der Cluniazenser erfolgreich ihre Eroberungszüge fort. Eine letzte große Welle der Reconquista wurde durch die Bündelung der christlichen Streitkräfte erreicht: Die Heirat der Katholischen Könige (*reyes católicos*), Isabella von Kastilien und Ferdinand II. von Aragòn, im Jahr 1469 hatte die endgültige Zerschlagung der maurischen Herrschaft zur Folge. Am Ende dieses Prozesses stand die Vertreibung der Mauren und Juden aus Granada, das 1492 von christlichen Truppen eingenommen worden war. Diese politische Lage führte schließlich zum Niedergang der Goldlederproduktion in Spanien.

Für die Herstellung des Goldleders galten strenge Auflagen, die durch die Organisation der Kunsthandwerker in

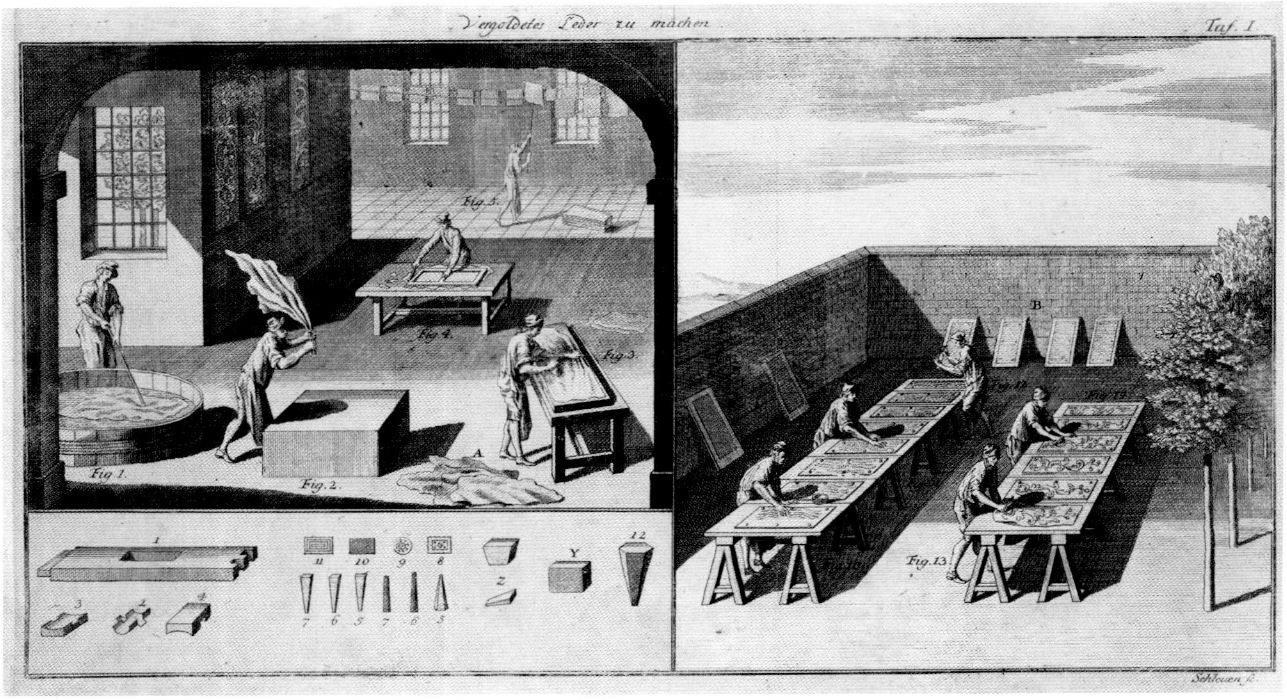

Abb. 17 Auguste-Denis Fougeroux de Bondaroy, Die Kunst das vergoldete und versilberte Leder zu fertigen, Leipzig 1763, Tafel 1

Zünften kontrolliert wurde.[7] Um eine gleichbleibende Qualität zu gewährleisten, sollten nur die Häute von jungen, gesunden und frisch geschlachteten Schafen, Ziegen oder Kälbern Verwendung finden. Zunächst mußten die Felle auf den Veredelungsprozeß vorbereitet werden: Mit Hilfe mechanischer und chemischer Mittel wurden Haar- und Fleischseite von den verderblichen Schichten befreit. Die anschließende Gerbung mit dem mineralischen Gerbstoff Alaun sorgte für eine lange Haltbarkeit, die als ein großer Vorzug gegenüber einer textilen Wandbespannung galt und zur Popularität der Goldledertapeten beitrug. Nach dem Gerben wurden die Häute auf Normmaß (Höhe: 70–75 cm, Breite: 60–65 cm) zugeschnitten. Anschließend wurden sie mit Pergamentleim bestrichen und mit hauchdünnem Blattsilber belegt. Darüber wurde zum Schutz vor Oxidation eine weitere Leimschicht aufgetragen. Für den typischen Goldglanz sorgte das abschließende Aufbringen von Goldlack, einer Lösung aus Harzen und Leinöl, welches mit bloßen Händen erfolgte. Nachdem es getrocknet war, wurde das Leder unter Zuhilfenahme einer graphischen Vorlage, meist eines Ornamentstichs, verziert. Dafür mußten die Konturen mit Holzmodel aufgedruckt werden, erst danach konnte das Leder mechanisch mit Punzen, metallenen Stempelformen, bearbeitet werden. Dieser Ablauf wird bei Auguste-Denis Fougeroux de Bondaroy in seinem 1762 erschienenen Handbuch zur Goldlederherstellung, *Art de Travailler les Cuirs Dorés ou Argentés,* ausführlich beschrieben und illustriert.[8] Ein Kupferstich zeigt die Vorbereitung der Felle und das anschließende Vergolden und Punzieren in der Werkstatt (Abb. 17). Auch die *Encyclopédie* von Denis Diderot und Jean Lerond d'Alembert aus dem Jahr 1776 erläutert die Technik der Goldlederherstellung.

Als letzter Bearbeitungsschritt wurde das Goldleder bemalt. Im 17. Jahrhundert kam die Mode auf, das Goldleder in leuchtenden Farben erstrahlen zu lassen. Die dafür verwendeten Farben waren opak (deckend) oder lasierend (durchscheinend), wobei letztere Variante als Lüsterfarbe bezeichnet wird. Nach der Bemalung nähte man das rechteckig zugeschnittene Leder, die sogenannten Karrees, Paneele oder Tafeln, auf Stoß mit verzogenen Stichen zusammen, so daß die Kanten auf der Rückseite verschwanden. Danach befestigte man die Tapeten nicht unmittelbar an der Wand, da Leder auf Schwankungen der Luftfeuchtigkeit und Raumtemperatur reagiert, indem es sich zusammenzieht bzw. ausdehnt. Diese Materialeigenschaft wurde berücksichtigt, indem man das Goldleder lediglich an den Rändern auf Holzleisten nagelte, die an den Wänden befestigt wurden.

[1] Auch die seit Ende des 11. Jahrhunderts geführten Kreuzzüge beförderten den Wissenstransfer aus dem arabischen Raum in andere europäische Länder; vgl. dazu AK Mainz 2004. In diesem Zusammenhang ist auch auf den byzantinischen Einfluß hinzuweisen, der ebenfalls seit dem 11. Jahrhundert zur verstärkten Übermittlung antiken Gedanken- und Kulturguts führte; vgl. dazu AK Hildesheim 1998.

[2] Zu den Handelsbeziehungen zwischen den muslimischen und den christlichen Gebieten der Iberischen Halbinsel vgl. Constable 1994.

[3] Vgl. hierzu Kap. 1.

[4] Vgl. Fournet 2004, Bd. 1, S. 36. Bereits in der Antike wurde Leder vergoldet, beispielsweise bei der Herstellung römischer Kork-Pantoffeln. Damals wurde allerdings mit Blattgold gearbeitet; vgl. Driel-Murray 2000, S. 154. Zur Forschungslage auf dem Gebiet des Goldleders vgl. die nachfolgenden Publikationen in zeitlicher Abfolge: Clouzot 1925; AK Madrid 1955; Bender 1992; Waterer 1971; Leiß 1970; Gall 1965; AK Den Haag/Groningen 1989; AK Essen 1998. Die konservatorischen Aspekte bezogen auf Goldledertapeten werden ausführlich im Tagungsband Ledertapeten 2004 behandelt, mit den Problemen der Malschicht beschäftigt sich die Dissertation von Moroz 2004. Zu den niederländischen und französischen Goldledertapeten liegen umfangreiche Dissertationen vor; vgl. Koldeweij 1998 und Fournet 2004. Die wissenschaftliche Bearbeitung des italienischen Goldleders bleibt weiterhin ein Desiderat, zieht man etwa die hohe Qualität und weite Verbreitung, von der noch heute die prächtigen Beispiele in Schloß Moritzburg bei Dresden künden, in Betracht (vgl. Kat. 12, 13).

[5] Vgl. AK Madrid 1955, S. [illegible]5.

[6] Vgl. Koldeweij 2004, S. 13. Die *Oeconomische Encyclopädie* des Johann Georg Krünitz benennt unter dem Stichwort *Corduanleder* als Orte, wo die von den Mauren nach Spanien importierte Handwerkskunst noch verbreitet war, außer Spanien noch Flandern, Avignon und andere französische Städte; vgl. Krünitz, Bd. 8 (1776), S. 384.

[7] Für das Jahr 1528 haben sich Zunftvorschriften aus Cordoba erhalten; vgl. die englische Übersetzung bei Waterer 1971, S. 90–96.

[8] Die deutsche Ausgabe, bearbeitet von Johann Heinrich Gottlieb von Justi, erschien im Jahr darauf in Leipzig unter dem Titel *Die Kunst das vergoldete und versilberte Leder zu fertigen*; vgl. Thümmler 1998, S. 19.

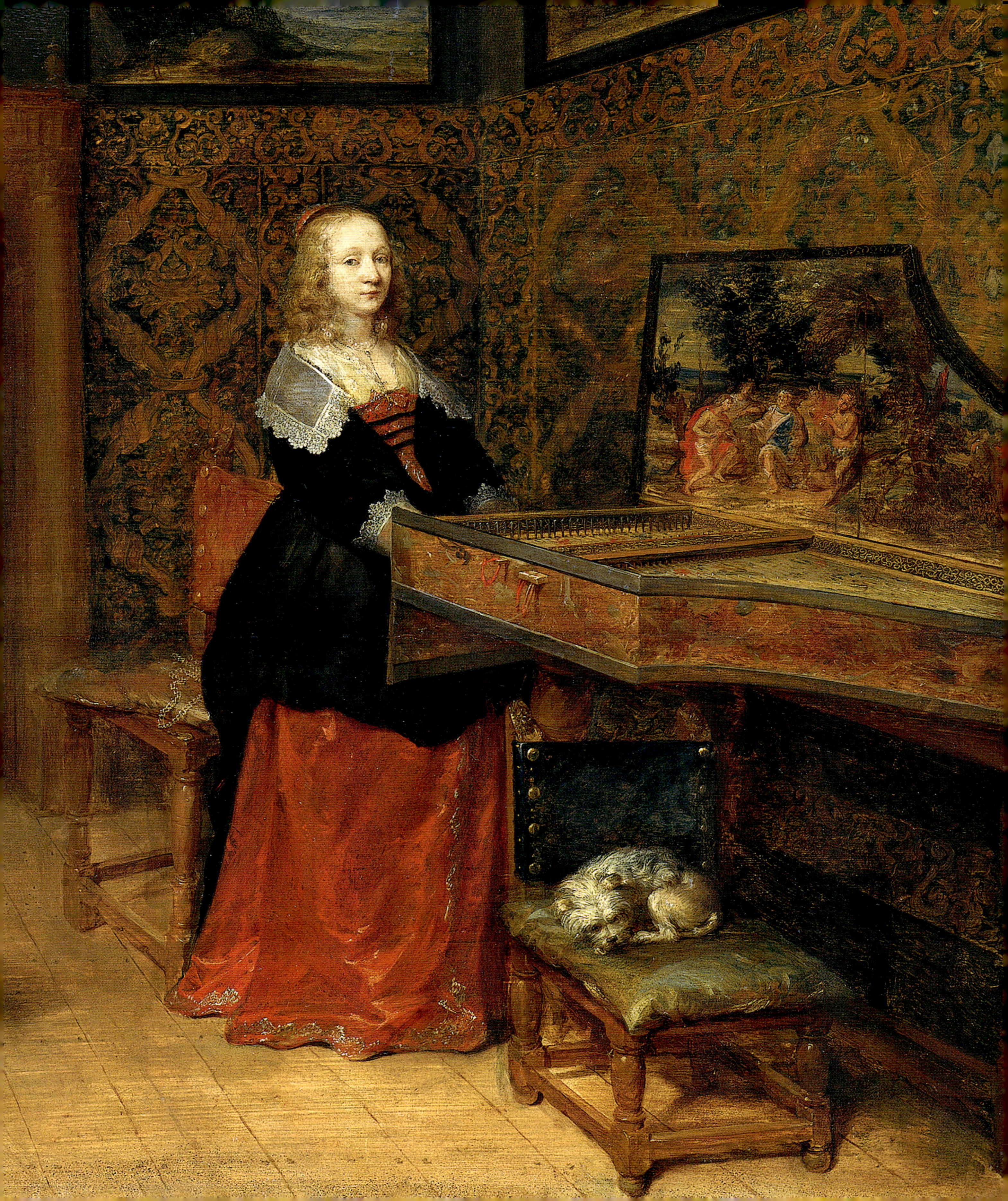

Frühe spanische und italienische Goldledertapeten

Bei den spanischen und italienischen Goldledertapeten wurde durch die Verwendung unterschiedlicher Punzformen eine besondere Wirkung erzielt: Variationen und Kombinationen von Kreispunzen, Stern- und Schraffurpunzen führten zu immer neuen Mustern. Als motivische Vorlagen dienten in erster Linie exquisite Seidengewebe, deren Herstellung sich seit dem 12. Jahrhundert in Italien etabliert hatte.[1] Die Imitation des goldbroschierten Seidensamtes mit Hilfe feinster Punzierungen entfaltete auf dem »vergoldeten« Leder eine spezifische ästhetische Wirkung. Der flächendeckende Goldeffekt wurde durch den sparsamen Einsatz an Farbe erzeugt, wie dies die frühen Beispiele zeigen. So war der bemalte Fond dunkel gehalten und nur in den Zwischenräumen der goldenen Motive sichtbar. Eine andere Oberflächenbehandlung bestand darin, die Ornamente lediglich an ihren Konturen mittels Punzen zu markieren. In der Ergänzung zu den goldlackierten Partien ergibt sich somit ein effektvolles Erscheinungsbild (vgl. Kat. 1). Ein weiteres Verfahren verweist auf die Vorbildfunktion exklusiver Seidensamte, indem benachbarte, jedoch unterschiedlich gemusterte Bildfelder die Binnenstruktur beleben. Im Resultat erscheint die Oberfläche dunkelsamtig oder golden, und das Licht wird, je nach Einfallswinkel, von den kleinteilig strukturierten Flächen verschiedenartig reflektiert. Dieses Phänomen läßt die ursprüngliche prachtvolle Wirkung der Tapeten im flackernden Kerzenlicht erahnen. Passende Bordüren, Friese und Sockel vervollständigten die Wandverkleidung zu einem luxuriösen Gesamtkunstwerk.

Italien gehörte in der Frühen Neuzeit zu den kulturell und ökonomisch führenden Regionen, so daß wichtige Voraussetzungen für die Entwicklung des Kunsthandwerks gegeben waren: eine gut ausgebaute Infrastruktur und eine ausreichende Verfügbarkeit von Rohstoffen. In den aufstrebenden Stadtstaaten förderten die mächtigen oligarchischen Herrscher, die *signore*, seit dem 14. Jahrhundert Kunst und Wissenschaft. Prachtvoll eingerichtete Palazzi bildeten den adäquaten Rahmen für die Inszenierung ihres gesellschaftlichen Status. Aus Italien haben sich demnach auch schon sehr frühe Goldledertapeten erhalten, die wie die spanischen Beispiele ebenfalls aus dem 16. Jahrhundert stammen. Sie sind gleichfalls mit fein punzierten Ornamenten bedeckt, die sich an textilen Vorlagen orientieren. Zwei Publikationen zur Goldlederherstellung um 1560 in Italien bezeugen die große Bedeutung dieses Kunsthandwerks.[2]

[1] Vgl. z.B. von Falke 1913, Marowsky 1976, Tietzel 1988.

[2] Vgl. Fournet 2004, Bd. 1, S. 36.

1 Goldledertapete mit Granatapfelmuster

Spanien, um 1560

Leder (vermutlich Ziege), versilbert, goldgelb lackiert, punziert, bemalt

176 x 45 cm

Provenienz: 1999 im Kunsthandel erworben

mhk · Deutsches Tapetenmuseum, Kassel, Inv. Nr. DTM 109/109

Vergleichsbeispiele: Deutsches Ledermuseum – Schuhmuseum Offenbach, Museo Nacional de Artes Decorativas (Madrid), Victoria and Albert Museum (London)

Drei aneinandergenähte Karrees in Schwarz und Gold fügen sich zu einem vertikalen Rapport aus wellenförmig gegenläufigen Bändern mit einem Muster aus Granatäpfeln. Die dekorative Frucht kann auch im sakralen Kontext auftreten, beispielsweise auf spätmittelalterlichen Darstellungen der thronenden Madonna – dabei ist sicher auch die symbolische Funktion zu berücksichtigen: Im Hohen Lied Salomos (Vers 7,13 und 8,2) fungiert der Granatapfel als (göttliches) Liebessymbol und läßt somit auch die überlieferte Bedeutung als Fruchtbarkeitssymbol anklingen.

Das Vexierspiel der Formen auf der Oberfläche des Goldleders, welches eine räumliche Illusion erzeugt, wird durch die changierende Wirkung der schraffierten Punzierungen unterstützt. Hier spielt die Imitation von Seidensamten eine große Rolle, denn die rankenumspielte vertikale Bänderung formt ein Spitzovalmuster, das als prägnantes Merkmal der Seidenmuster des 16. Jahrhunderts gelten kann.[1] An den Rapport schließt sich unten eine schmalere Bordüre an, die dasselbe Motiv *en miniature* und in starker Vereinfachung in waagerechter Ausrichtung zeigt. Hier sind die horizontal verbundenen Bänder mit zwei gedrehten Kordeln gefüllt, die Spitzovale mit symmetrischen Akanthusrosetten. Die drei großformatigen Ornamente darüber sind demgegenüber bis ins kleinste mit Zierformen versehen: Die akanthusbekrönten Granatäpfel entwachsen je einem wulstig-ringförmigen Blütenboden, aus welchem überdies zwei flankierende Blattranken sprießen, deren Blätter sich in einer Spiralform nach oben winden. In die entgegengesetzte Richtung dreht sich jeweils ein weiteres Blattpaar, das seitlich neben der Frucht positioniert ist. Die perspektivische Anlage wird mit Hilfe der Punzierungen verdeutlicht, indem diese auf die Partien seitlich der Blattrippen beschränkt sind. Gleichzeitig betonen aber graphische Gestaltungselemente, wie die geometrischen Kompartimente des Granatapfels oder die gebogenen Blattrippen, das antinaturalistische Moment des Dessins. Gerade diese Kombination von Räumlichkeit und Abstraktion macht den Reiz der Komposition aus. Beide Gestaltungselemente sind in gleicher Weise bestimmend für die Anlage der breiten Bänder. Diese werden von kordelartig gedrehten Schnüren gerahmt, aus denen ausschweifende Blattformationen entstehen. Auf den Bändern selbst treten Flechtband-Formationen hervor. Dabei handelt es sich um eine der ältesten bekannten Ornamentformen, die bereits seit dem 3. Jahrtausend v. Chr. Verbreitung fand und insbesondere im frühen Mittelalter beliebt war.

Literatur: Wormser 1913, Abb. 1; Thümmler 1998, S. 20; Thümmler 2004, Abb. 9; Fournet 2004, Bd. 1, S. 170

[1] Vgl. Markowsky 1976, S. 54; von Falke 1913, Bd. 2, S. 9f. Bei den Vergleichen mit verschiedenen Textilien wird zugunsten der textlichen Stringenz darauf verzichtet, jeweils auf die Unterschiede zwischen Dekorations- und Kleiderstoffen zu verweisen; vgl. hierzu die einschlägigen Hinweise u. a. bei Markowsky 1976 und Tietzel 1988.

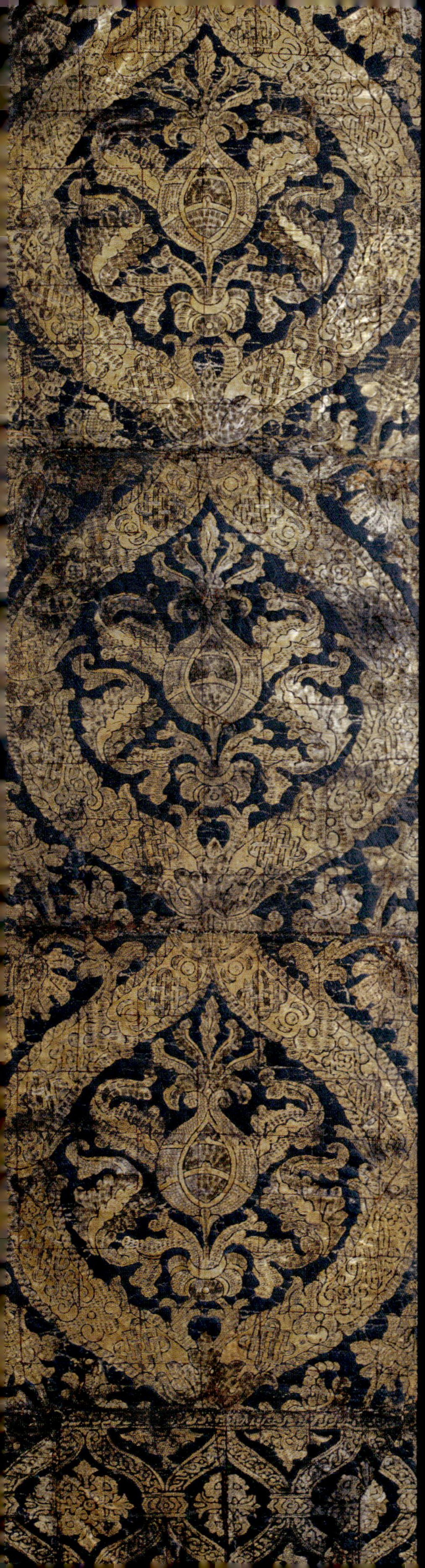

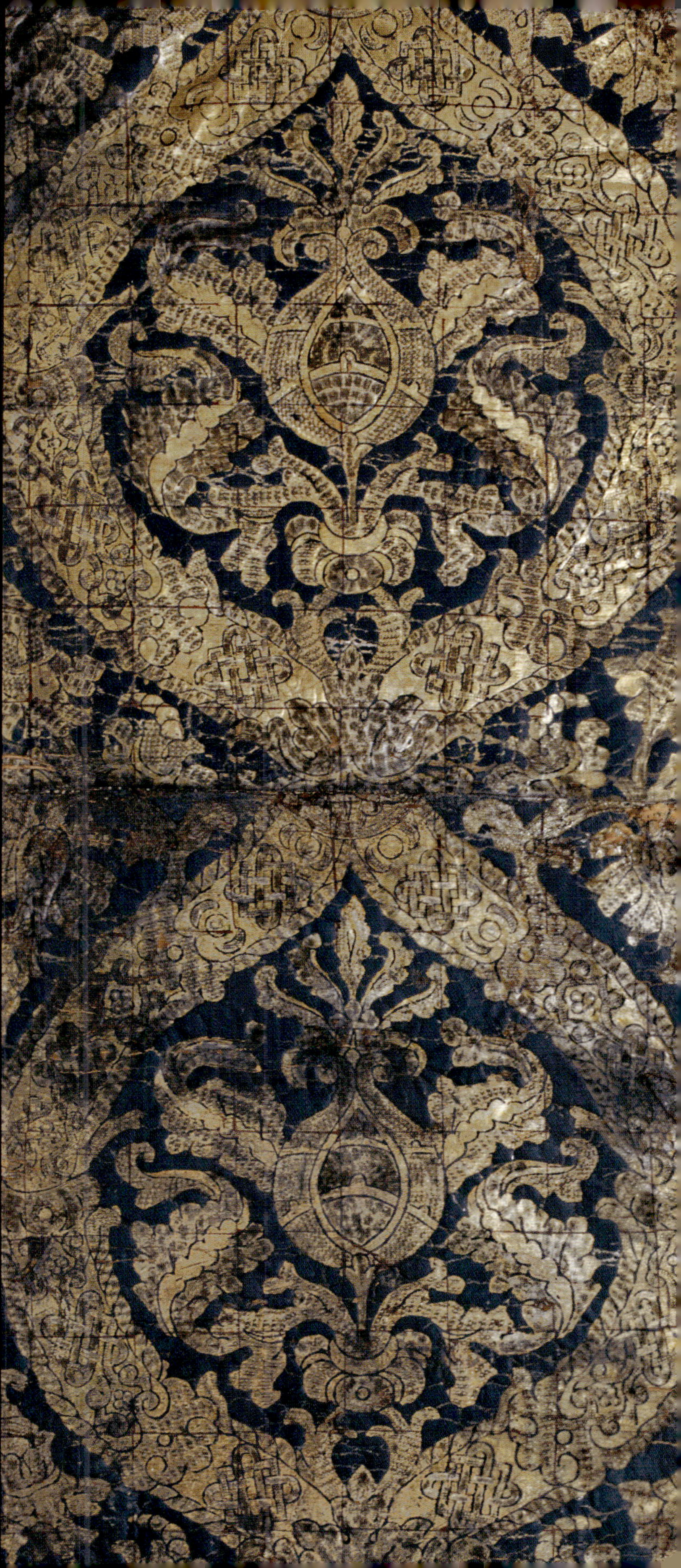

2 Goldledertapete mit Granatapfelmotiv und Akanthus

Spanien oder Italien, Mitte 16. Jahrhundert

Leder, versilbert, goldgelb lackiert, punziert, bemalt

75 x 99 cm

Provenienz: Sammlung van Zuylen (Lüttich)

Leihgabe Kunsthandel Glass, Essen

Vergleichsbeispiele: Schloß Colditz (Sachsen), Metropolitan Museum of Art (New York), Musée Royaux d'Art et d'Histoire (Brüssel), Museo Bardini (Florenz), Museo Nacional de Artes Decorativas (Madrid), Rijksmuseum (Amsterdam)

Die Tapete vereint zwei Leitmotive der Renaissance-Ornamentik – das Granatapfelmuster und den Akanthus – zu einem außergewöhnlichen Dekor.[1] Im Zentrum steht ein opulent überwucherter Granatapfel, der von einem umflochtenen Band gerahmt wird und mit diesem durch Zweige am Blütenboden verbunden ist. Diese Form der Rahmung hat ihren Ursprung im sogenannten Rosettenornament des Granatapfelmusters, welches noch im 15. Jahrhundert das Hauptmotiv italienischer Seidengewebe bildete. Die Bezeichnung ist insofern irreführend, da neben dem Granatapfel auch Ananasfrüchte, Distelblüten, Blütensträußchen, Pinienzapfen oder dergleichen (etwa Artischocken) Teil dieses Ornaments sein können. Für alle Varianten typisch ist jedoch die Rahmenform der Rosette, die in Italien in Auseinandersetzung mit persischen Vorbildern entstand.[2] Bei unserem Beispiel entwickeln sich aus den großen Binnenformen Ranken und volutenartig eingerollte Akanthus- und Blütenblätter. Das feinteilige Zierwerk bildet einen reizvollen Kontrast zu dem großflächig angelegten Gestaltungsschema. Spannungsreich wirkt die Komposition ebenfalls durch den Wechsel zwischen geometrisch-graphischen Partien und Abschnitten, die räumliche Tiefe suggerieren, wie etwa die perspektivisch angelegten Ringe der Bänder.

Der Raffinesse des Dessins entspricht die effektvoll variierte Punzierung mit unterschiedlichen Metallstempeln, welche in ihrer Wirkung noch durch glatte, unbearbeitete Flächen verstärkt wird. Kreispunzen treten im Wechsel mit schachbrettartigen Feldern auf. Bei den Akanthusblättern wurden gerade und runde Punzen eingesetzt, um die Ober- und Unterseiten der Pflanzen zu kennzeichnen und die Blattwölbung damit subtil zur Geltung zu bringen. Die Bordüre zeigt einen Rahmen aus rosettenförmig geschweiften, nach unten eingezogenen Bändern, zwischen denen stilisierte Palmetten dargestellt werden. Die Zwischenräume sind durch waagerechte Leisten unterteilt, die kleine umgedrehte Blütenkelche aufweisen, über denen wiederum miniaturhafte Granatäpfel emporwachsen. Auch für dieses Muster können generelle Einflüsse aus dem Bereich der Textilkunst geltend gemacht werden. Da während der zweiten Hälfte des 15. Jahrhunderts die maurische Tradition in Spanien verstärkt mit Formen der italienischen Seidenmuster verschmolz,[3] ist eine endgültige Zuschreibung in diesem Bereich oft nicht möglich.

Literatur: AK Madrid 1955, Tafel XXV, Nr. 63; Leiß 1970, S. 63; Waterer 1971, Tafel 9; Fournet 2004, Bd. 1, S. 122

[1] Vgl. Markowsky 1976, S. 54.
[2] Vgl. ebd., S. 51f.
[3] Vgl. ebd., S. 55.

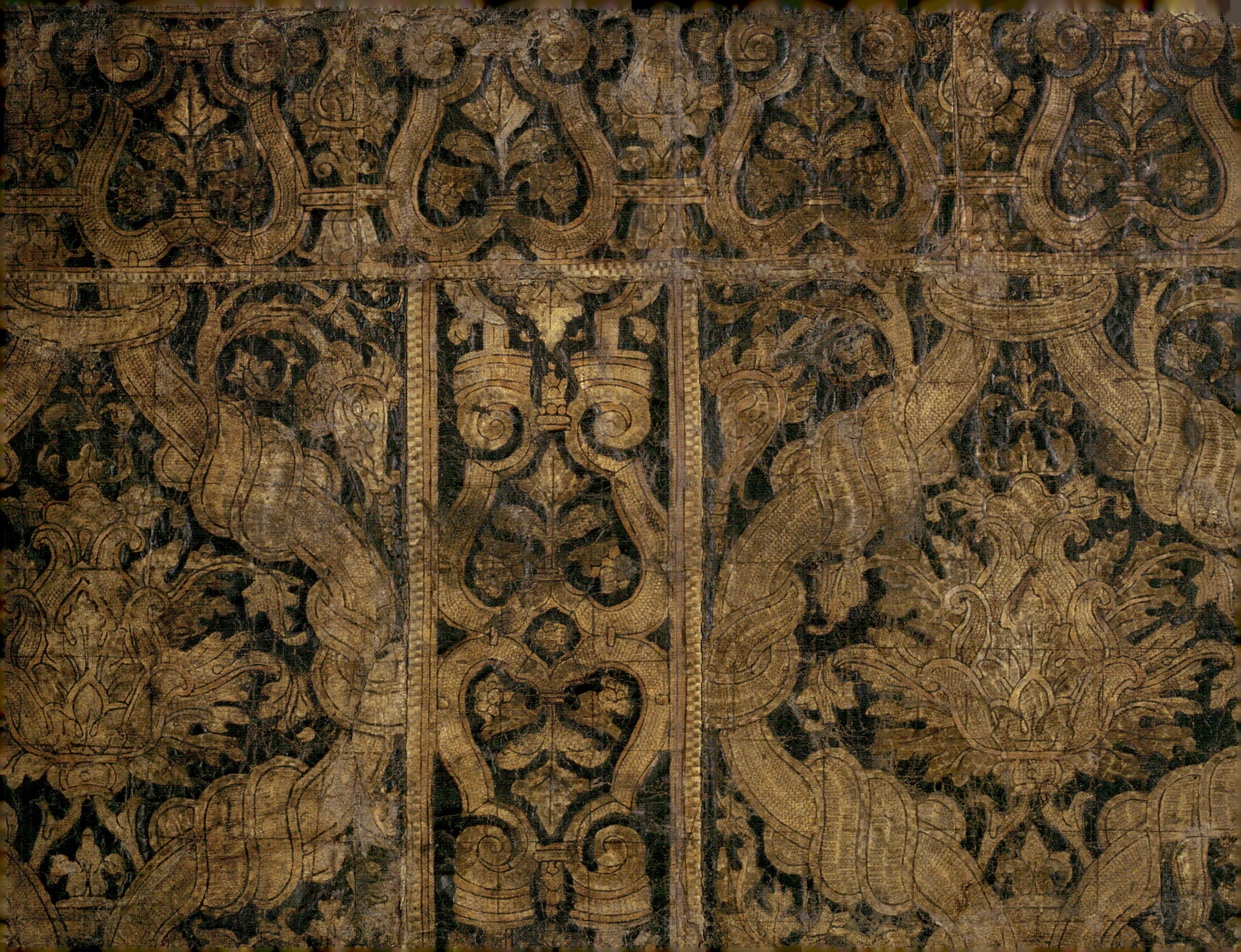

3 Gonzales Coques, *Der junge Gelehrte und seine Frau*

Antwerpen, 1640

Eichenholz

41 x 59,5 cm

Bezeichnet unten links: *Gonzales F. 1640*

Provenienz: 1748 aus der Sammlung des Kammerrats Pfeiff in Frankfurt/Main erworben

mhk · Gemäldegalerie Alte Meister, Kassel, Inv. Nr. GK 151

Die Tatsache, daß ein Goldledertapetenmuster aus der Mitte des 16. Jahrhunderts einhundert Jahre später auf einem niederländischen Gemälde verewigt wurde, zeugt vom großen Erfolg dieser aufwendig dekorierten Tapete.[1] Der Maler, Gonzales Coques (1614/18–1684), lebte in Antwerpen und war in den 1640er Jahren ein geschätzter Porträtist. Aus dieser Zeit stammt auch das Gemälde *Der junge Gelehrte und seine Frau*. Es zeigt ein junges Paar in einem Raum, der mit Goldleder ausgekleidet ist. Neben den Karrees sind die horizontalen und vertikalen Bordüren gut zu erkennen. In ihrer Ausdehnung reicht die Tapete bis zur Höhe des Türsturzes, darüber sind die Wände getüncht und mit zeitgenössischen niederländischen Landschaftsgemälden geschmückt. Diese im Vergleich zu den meterhohen Goldledertapeten in Adelssitzen erheblich reduzierte Anbringungshöhe bot dem wohlhabenden Bürgertum die Möglichkeit, auch mit geringerem finanziellen Aufwand ein prachtvolles Interieur zu schaffen.

Standesgemäß in Seide und feine Spitze gehüllt, dabei den Blick selbstbewußt auf die Betrachtenden gerichtet, nehmen beide Personen je eine Bildhälfte ein. Der junge Mann sitzt an einem wuchtigen, mit rotem Tuch bedeckten Tisch und blättert in einem Folianten. Von seiner Gelehrsamkeit künden, neben den nachlässig arrangierten Büchern, auch ein Globus und ein anatomisches Modell. Letzteres könnte auf seine Profession als Arzt hindeuten, erinnert aber auch, gerade in Kombination mit der Weltkugel, an die Ausstattung eines *studiolo*, eines Refugiums, in dem sich der frühneuzeitliche Mensch in seinen Mußestunden dem Studium der Kunst, Natur und Philosophie widmete. Die Körperhaltung des Gelehrten erscheint entspannt, sie entspricht damit dem Ideal der *sprezzatura*. Dieser italienische Ausdruck als Inbegriff einer unangestrengten, souveränen Attitüde wurde von Baldassare Castiglione in seinem Traktat *Il libro del cortegiano* (*Der Hofmann*) von 1528 geprägt, dessen zahlreiche Übersetzungen und Auflagen seine breite Rezeption belegen. Coques' Gemälde zeigt anschaulich, daß sich der gebildete und wohlhabende Bürger nicht nur durch seinen Habitus, sondern auch bezüglich der Ausstattung seiner Privaträume mit den vornehmen Goldledertapeten am Adel orientierte. Der Ehefrau des Gelehrten ist die Sphäre der häuslichen Musik zugeordnet, die ebenfalls zu den positiv konnotierten Beschäftigungen der gesellschaftlichen Elite zählte.[2] Die junge Frau steht vor einem Cembalo mit aufgeklapptem Deckel, auf dessen Innenseite eine Episode des Midas-Mythos dargestellt ist. Die antike Sage thematisiert den musikalischen Wettstreit und bildet damit eventuell einen Hinweis auf die musikalischen Ambitionen der Ehefrau. Ein weiterer symbolischer Fingerzeig kann in dem zusammengerollten Schoßhund auf dem Stuhl unter dem Musikinstrument gesehen werden, der auf die eheliche Treue verweist. Der Gelehrte weist mit seiner Linken in die Richtung des Hundes, was wiederum auf die Verbundenheit des Paares deutet. Diesen Eindruck einer harmonischen Beziehung verstärken weiterhin die korrespondierenden Farben der Textilien – Schwarz und Rot sind in beiden Bildhälften die dominierenden Farbakkorde.

Literatur (Auswahl): Mick 1983, S. 51; Schnackenburg 1996, Taf. 84; Thümmler 1998, S. 24f.

[1] Derselbe Wandschmuck ziert ein weiteres Interieur von Gonzales Coques aus dem Jahr 1640, das den Titel *Duett* trägt (Brüssel, Koninklijke Musea voor Kunst en Geschiedenis, Inv. Nr. 3971).

[2] Vgl. Roodenburg 2004, S. 55.

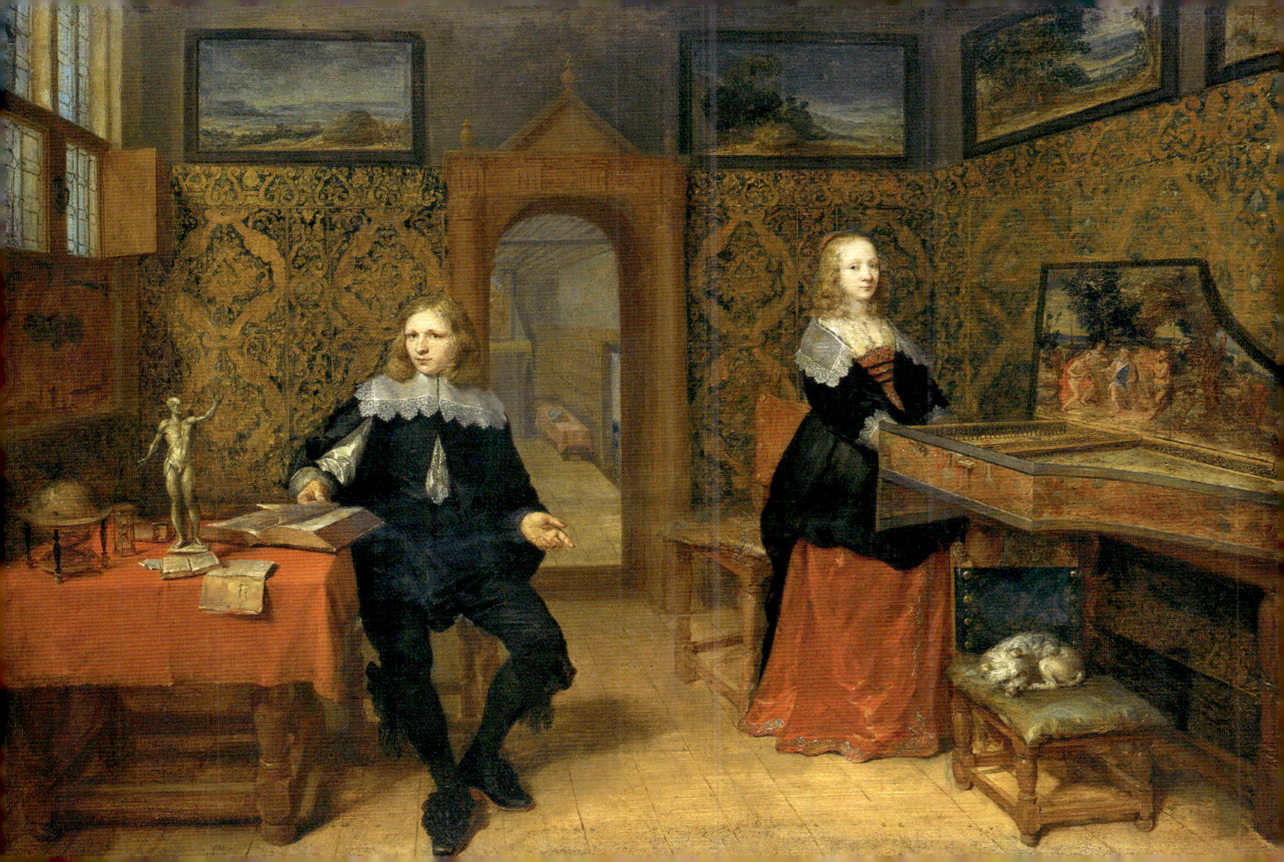

4 Goldledertapete mit Akanthusmotiven in Spitzovalbändern

Italien, um 1560

Leder, versilbert, goldgelb lackiert, punziert, bemalt

66 x 59 cm

Provenienz: 1997 im Kunsthandel erworben

mhk · Deutsches Tapetenmuseum, Kassel, Inv. Nr. DTM 105/105

Das Goldleder besticht durch seine ungewöhnliche Farbgebung. Von dem zart punzierten, waagerecht gestrichelten goldfarbigen Fond heben sich die einzelnen Motive als rot konturierte Formen ab. Auffällig erscheint die quadratische Rasterung der Zwischenräume, die durch die schmalen Abstände zwischen den Blattsilber-Folien hervorgerufen werden. Gegliedert wird die metallisch schimmernde Oberfläche durch ein Spitzovalnetz – dieses Ornament erfreute sich in Italien bereits seit dem 13. Jahrhundert großer Beliebtheit und entwickelte sich im 16. Jahrhundert zu einem häufig eingesetzten Hauptmotiv.[1] Kordelartig gedrehte Bänder werden an den vertikalen Berührungspunkten von ovalen Spangen zusammengefaßt. So entstehen versetzt angeordnete Zwischenräume mit stilisierten, oben flachwinkligen und nach unten eingezogenen Rosettenformen,[2] die an umgedrehte Herzen erinnern. Diese werden von schmalen Bändern eingerahmt, welche an der Ober- und Unterseite sowie innerhalb des Binnenfelds in abstrahierte Akanthusblattformationen münden. Der warme Goldton auf den glatt belassenen Flächen, etwa im Hintergrund der zentralen Akanthuspalmetten, setzt weitere Akzente und bildet damit einen wirkungsvollen Kontrast zu den kleinteilig gemusterten Partien und dem kräftigen Rotton der Lüsterfarbe. Die mit schmalen, goldfarbenen Ringen durchsetzten Kordelbänder erhalten auf diese Weise eine plastische Struktur. Dazu trägt ebenfalls die Verwendung von zwei unterschiedlichen Punzen bei, indem auf dem Fond Schraffurpunzen eingesetzt wurden und der Musterrapport mit kleinen Kreispunzierungen markiert ist.

Literatur: AK Essen 1998, Kat. Nr. 1; Thümmler 1998, S. 18; AK Kassel 1999, Nr. 72

[1] Vgl. Tietzel 1988, S. 146.

[2] Eine ähnliche Struktur aus geknüpften breiten Bändern zeigt eine italienische Ledertapete von um 1500 (Staatliche Museen zu Berlin, Kunstgewerbemuseum, Inv. Nr. 1987,83); vgl. hierzu den AK Berlin 1988, S. 62.

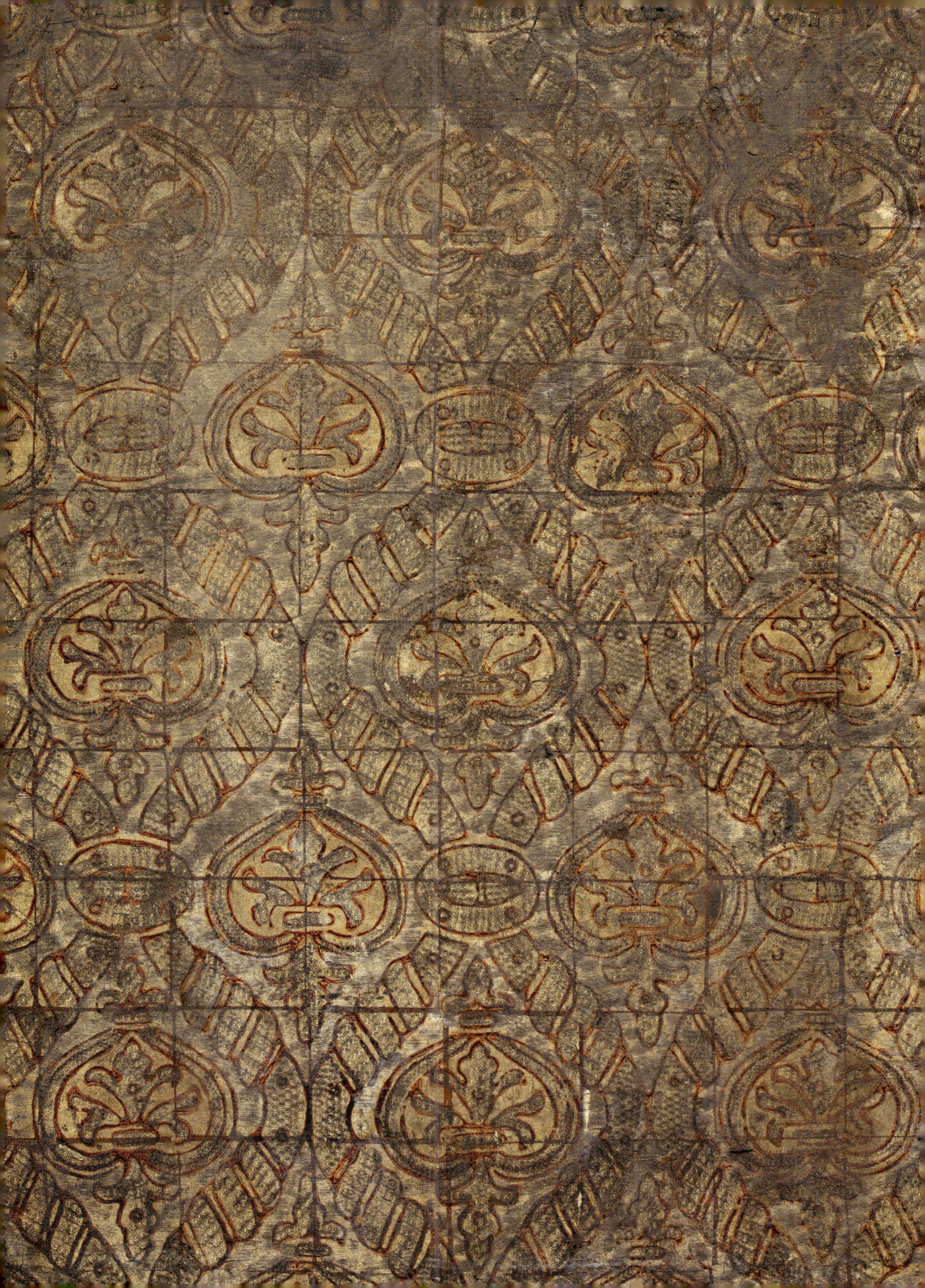

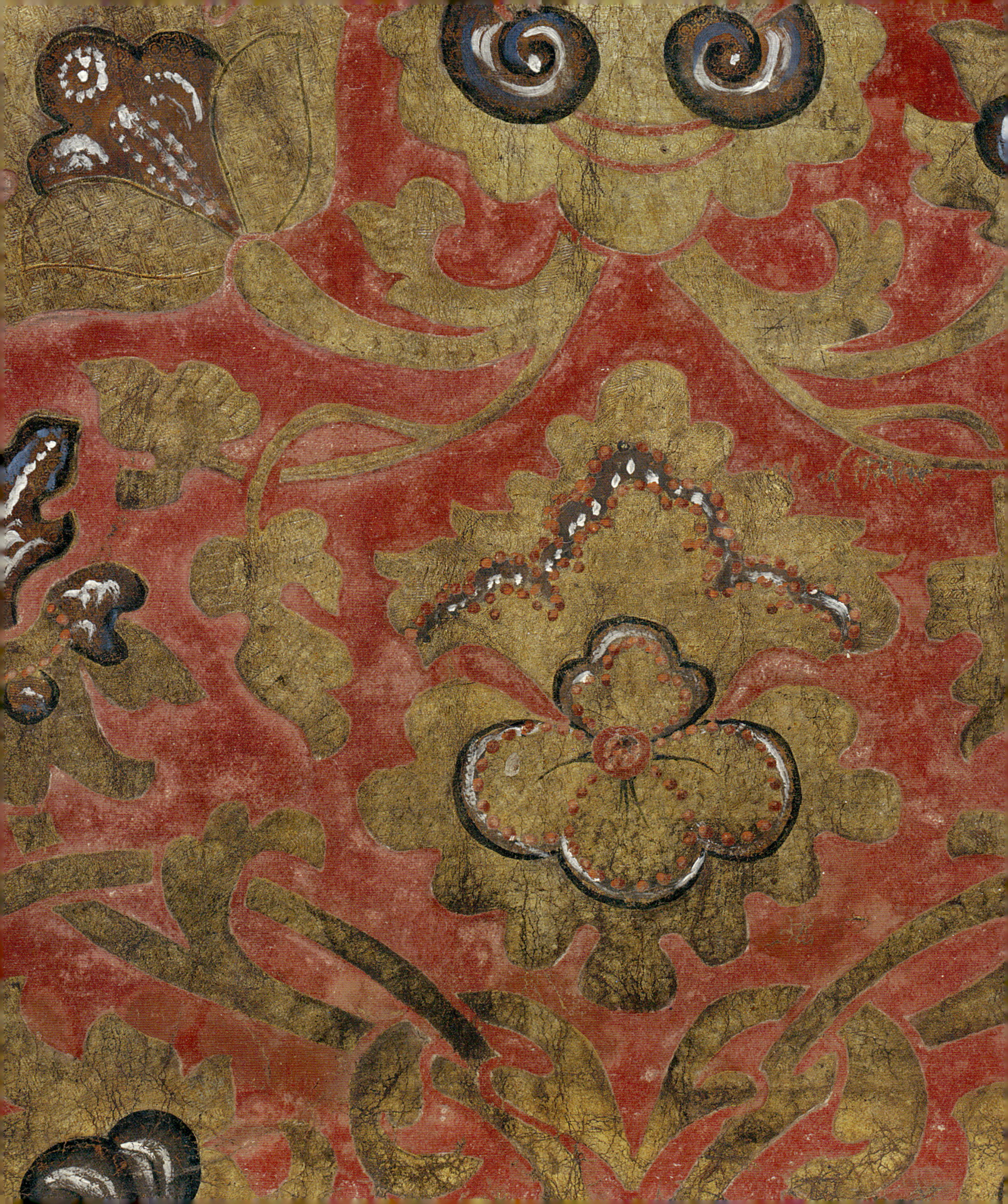

Goldledertapeten mit Flock

Bei den Beispielen der frühen spanischen und italienischen Tapeten des vorangehenden Kapitels wird die Orientierung am Vorbild exklusiver Seiden- und Brokatsamte nicht nur in bezug auf die Ornamentik, sondern auch hinsichtlich der Oberflächenbehandlung durch feine Punzierungen deutlich. Eine Annäherung an den textilen Charakter ganz anderer Art zeigen zwei Tapeten mit Flockauftrag, die zu den Raritäten der Kasseler Sammlung gehören. Als Flock wird Wollstaub bezeichnet, der auf den leimbedeckten Stellen des Leders haftet. Der Leim wurde mit Hilfe von Schablonen oder Holzmodel aufgetragen und gleichmäßig mit sehr fein geschnittener Wolle bedeckt. Durch mehrfache Wiederholung des Beflockens wurde eine reliefartige Struktur erzielt, die in ihrer Wirkung jener der handgeschorenen Seidensamte sehr ähnlich war. Üblicherweise dienten Leinen und Papier als Grundlage der Beflockung – Leder bildete hierbei die Ausnahme. Dieser Befund läßt sich insbesondere mit der Funktion der Flocktapeten begründen, da sie als kostengünstiger Ersatz für luxuriöse Samtstoffe vor allem in privaten Gemächern verwendet wurden.[1] Die exquisiten Goldledertapeten waren vor allem repräsentativen Räumen, wie Salons und Speisesälen, vorbehalten.

Die Erfindung der Flocktapete wird sowohl von England als auch von Frankreich reklamiert, in England läßt sie sich bis ins 15. Jahrhundert zurückverfolgen.[2] Aus demselben Jahrhundert stammt auch die älteste schriftliche Quelle über den Herstellungsvorgang, der im *Rezeptbüchlein* von 1470 des St. Katharinen-Klosters in Nürnberg niedergeschrieben wurde. Das erste Privileg zur Produktion von Flocktapeten aus Leinen, Baumwolle, Seide und Leder wurde 1634 einem Engländer namens Jerome Lanyer erteilt.[3] Er war aus religiösen Gründen aus Frankreich geflüchtet und hatte sein Wissen auf diesem Wege vermutlich importiert.

Aufgrund der Empfindlichkeit der Flocktapeten gegenüber Feuchtigkeit, bedingt vor allem durch die Leimbindung, und der schnell verblassenden Farben, haben sich bis heute nur wenige Beispiele erhalten.

Anhand der beiden unterschiedlich, ja geradezu antagonistisch gestalteten Kasseler Exponate läßt sich die Bandbreite an Variationsmöglichkeiten dieser Technik exemplarisch nachvollziehen: Während beim ersten Beispiel der textile Flock als vegetabile Formation auf den glatt glänzenden Fond gesetzt ist, zeigt die andere Tapete den Wollstaub als samtartigen Hintergrund für ein Blütenmotiv aus Goldlack, Flock und Farbe.

[1] Vgl. Thümmler 1998, S. 26–31.
[2] Vgl. ebd., S. 26.
[3] Vgl. ebd., S. 26, Anm. 23

5 Fragment einer Goldledertapete mit Blumenranken aus Flock

Niederlande (?), um 1700

Leder, versilbert, goldgelb lackiert, punziert, bemalt, mit Wollstaub beklebt

30 x 14 cm

Provenienz: Haus am Sonnenhof (Zürich)

mhk · Deutsches Tapetenmuseum, Kassel, Inv. Nr. DTM 3/3

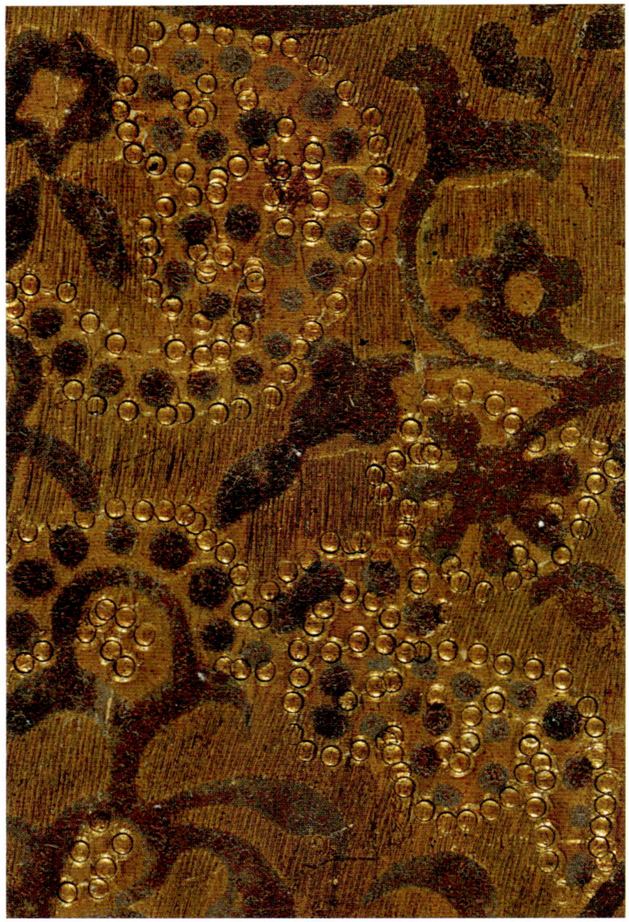

Im Gegensatz zur Ornamentik des 15. und 16. Jahrhunderts, die durch strukturierende Rahmensysteme gekennzeichnet ist, wurden im 17. Jahrhundert die Flächen weitgehend frei gestaltet.[1] Bemerkenswert ist bei diesem Leder die Kombination von goldglänzendem Fond mit zarten Ranken aus dunkelrotem Flock. Einzelne Blütenformen, zu Punktreihen abstrahiert, sind durch feine kreisförmige Punzierungen prononciert. Die geschwungenen Ranken mit vereinzelt aufgesetzten Blüten aus Flock evozieren in ihrer stilisiert-arabeskenhaften Anmutung arabische Muster. Dabei ist, neben der Vorbildfunktion persischer Gewebe,[2] auch eine mittelbare Tradierung in Betracht zu ziehen, bedenkt man die vielfältigen Handelsbeziehungen zu dieser Zeit.

[1] Vgl. Markowsky 1976, S. 56.
[2] Vgl. Tietzel 1988, S. 158.

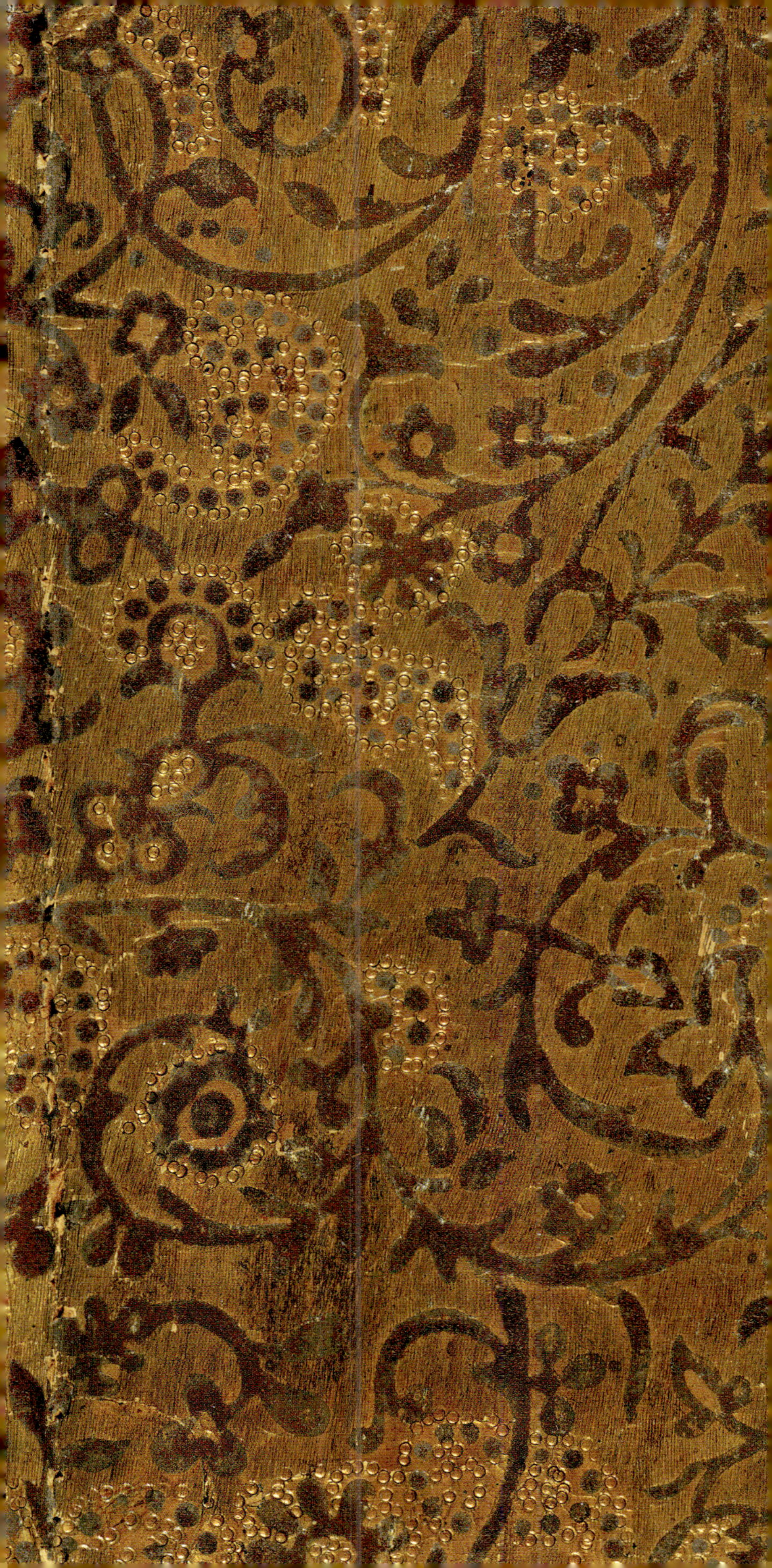

6 Goldledertapete mit Phantasieblüten auf rotem Flock

Niederlande (?), um 1700
Leder, versilbert, goldgelb lackiert, punziert, bemalt, mit Wollstaub beklebt
85 x 62 cm
Provenienz: im Tausch mit dem Deutschen Ledermuseum – Schuhmuseum Offenbach erworben
mhk · Deutsches Tapetenmuseum, Kassel, Inv. Nr. DTM 1/1

Eine Besonderheit dieser Tapete liegt in der gleichmäßigen Verwendung des Flocks als Hintergrund. Auf dem roten Fond entfaltet sich ein Rapport aus stilisierten goldenen Phantasieblüten und Ranken. Der spiegelsymmetrische Aufbau wird durch die Differenz der Pflanzenformationen durchbrochen, da jede Blüte in sich variiert. Dagegen zeigt die Bordüre eine fortlaufende Blumenranke. Details werden durch dunkelblaue und rotbraune Bemalungen hervorgehoben und zusätzlich durch Höhungen in Weiß betont. Indem der rote Wollstaub als konturierendes Element eingesetzt wird und zugleich in Form kleiner Punktreihen einzelne Partien strukturiert, unterstützt er die graphische Wirkung des Musters. Belebt werden die Goldflächen, deren Glanz im Kontrast zum samtigen Wollstaub noch stärker zur Geltung gebracht wird, durch unterschiedliche Punzierungen. Hervorzuheben ist hier das gerasterte Schachbrettmuster, das neben den diagonal plazierten Längspunzen am häufigsten verwendet wird. Letztere bedecken auch die Randbereiche des Ornaments neben glatt belassenen goldenen Feldern und zeigen – in der Kombination mit dem Flock – somit eine reizvolle Variation dieser Technik.

Literatur: Thümmler 1998, S. 20; Thümmler 2004, S. 116; AK Den Haag/Groningen 1989, Nr. 46

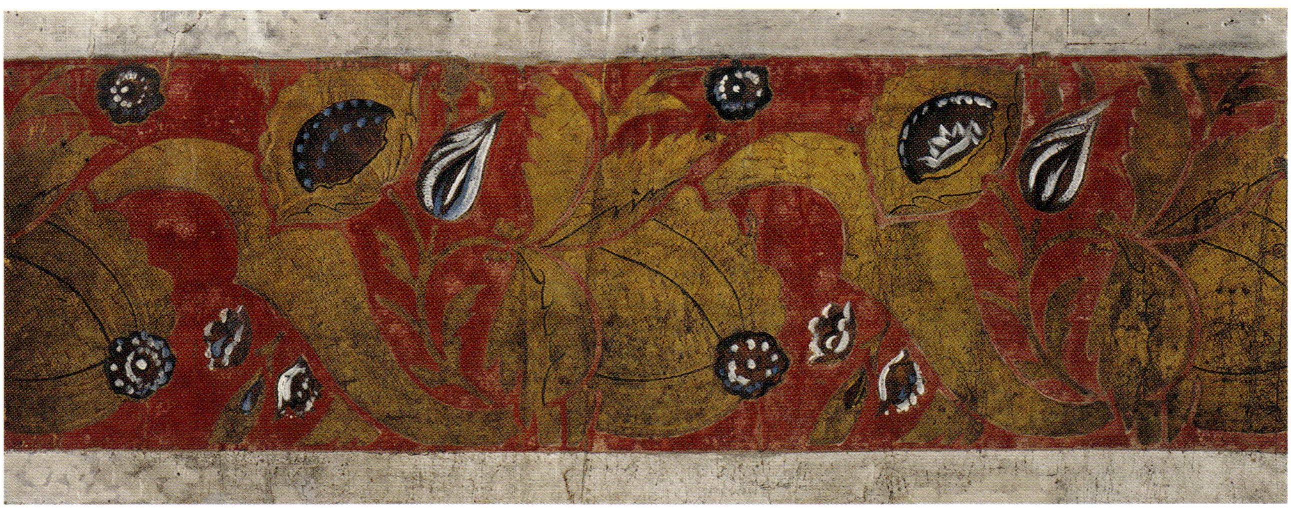

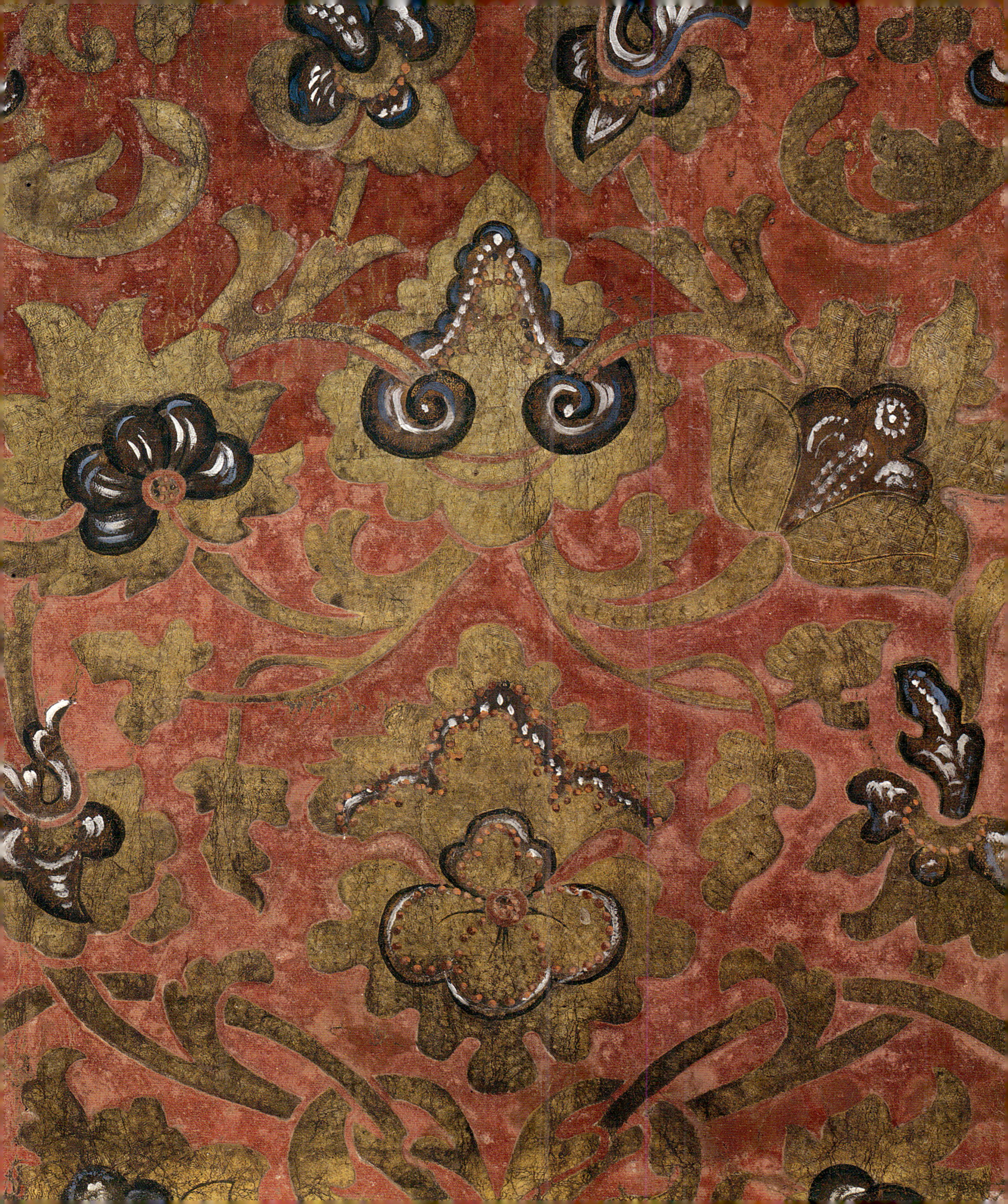

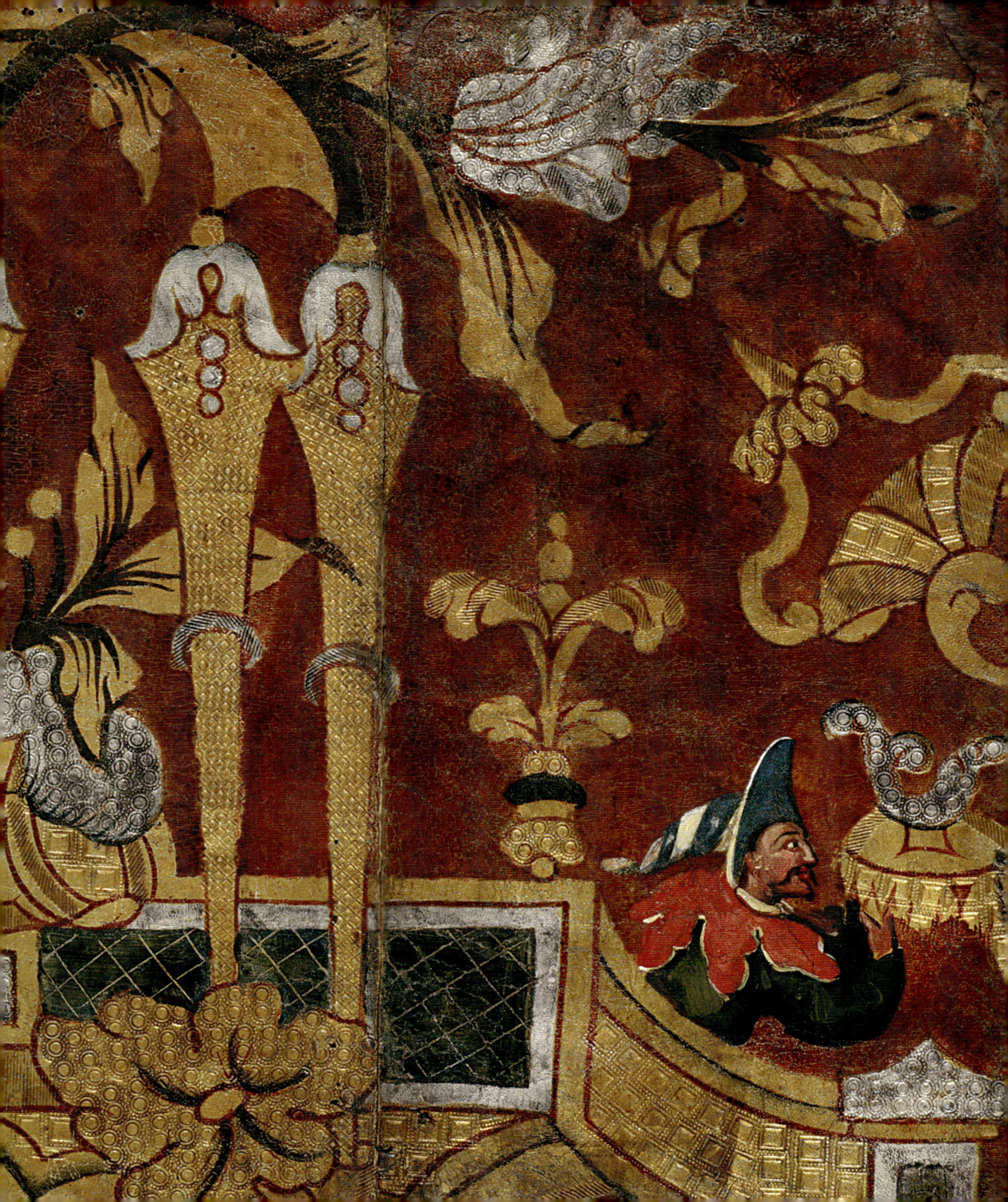

Italienische Goldledertapeten des Spätbarock

Von Spanien aus hatte sich die Technik der Goldlederherstellung zunächst nach Italien ausgebreitet, wo sie seit dem 15. Jahrhundert nachgewiesen werden kann.[1] Im Laufe des 16. Jahrhunderts wurden Werkstätten in dreizehn italienischen Städten gegründet. Eine derartige Anzahl – wie sie nur noch in Spanien zu verzeichnen ist – läßt sich auch durch die engen politischen Bindungen beider Länder erklären. Unter den Städten mit Goldlederproduktion entwickelte sich die wohlhabende Handelsstadt Venedig zum wichtigsten Zentrum. Neben Rom und Neapel gehörte die Hafenstadt im 17. und 18. Jahrhundert zu den beliebtesten Zielen von Künstlern und wohlhabenden Reisenden aus Nordeuropa. Venezianische Malerei und Musik trugen zum Ruhm Venedigs ebenso bei wie die florierenden Handwerkskünste. Die Goldledermacher gehörten in der Lagunenstadt der Malerzunft an und besaßen einen dementsprechenden Status.[2] Wie erfindungsreich die italienischen Goldledertapeten zu Beginn des 18. Jahrhunderts gestaltet wurden, zeigen die Exponate der Kasseler Sammlung. Sie zeichnen sich neben einer differenzierten Punzierung insbesondere durch großzügige, symmetrische Dessins aus, die sich deutlich von den Granatapfelornamenten früherer Jahrhunderte unterscheiden. Ebenso lassen die kräftigen Farben den neuartigen Charakter der italienischen Tapeten erkennen. Mehrheitlich setzen sich die Rapporte aus vier Karrees zusammen (vgl. Kat. 8), wobei es auch Ausnahmen von diesen durch geometrische Strukturen charakterisierten Beispielen gibt (vgl. Kat. 12, 13). Deren asymmetrische, überbordende Formen verweisen auf eine weitere Inspirationsquelle dieser Zeit, nämlich die sogenannten bizarren Seiden. Diese verdanken ihre Bezeichnung den phantastisch anmutenden Kreationen aus geometrischen Elementen, wucherndem Pflanzendekor und exotischen Motiven. Ihre Blütezeit zwischen 1690 und 1720 markiert einen Wendepunkt in der europäischen Textilproduktion, als sich der Schwerpunkt von Italien nach Frankreich verlagerte.[3] Bei den mit Metallfäden broschierten Stoffen handelt es sich um besonders qualitätvolle und luxuriöse Seidendamaste, die hauptsächlich als herrschaftliche Prunkgewänder und im liturgischen Bereich Verwendung fanden.[4]

[1] Vgl. Schiaparelli 1908, Bd. 1, S. 229.

[2] Vgl. Koldeweij 2004, S. 15.

[3] Vgl. Ackermann 2000, S. 9. Die Abegg-Stiftung besitzt die weltweit umfangreichste Sammlung bizarrer Seiden; vgl. zu dieser Thematik auch Tietzel 1988, S. 181–183 und Markowsky 1976, S. 61–64.

[4] Im Besitz der museumslandschaft hessen kassel befindet sich ein Gewand aus Seidendamast mit bizarren Motiven, der Morgenmantel von Prinzessin Louise Dorothea von Brandenburg-Preußen (Inv. Nr. 1956/271); vgl. AK Kassel 2001 Kat. Nr. 138.

7 Goldledertapete mit grotesker Maske

Italien, um 1700

Leder (vermutlich Ziege), versilbert, goldgelb lackiert, punziert, bemalt

55 x 54 cm

Provenienz: 1930 in Hamburg erworben

mhk · Deutsches Tapetenmuseum, Kassel, Inv. Nr. DTM 69/69

Anders als viele der vorangehenden Motive, geht das Sujet dieser Tapete – eine Säule mit verzerrter Maske unterhalb des Kapitells – nicht auf eine textile Tradition zurück. Masken gehören zum Formenvokabular der sogenannten Grotesken. Dieser Ausdruck wurde im Zusammenhang mit den römischen Wandmalereien der *Domus Aurea* (dem antiken Palast Kaiser Neros), die um 1480 entdeckt wurden, verwendet. Der im Verlauf der Jahrhunderte zur unterirdischen »Grotte« gewordene Palast wies grazile Ornamente aus Kandelabern, belebten Ranken und Mischwesen auf, was zur Prägung des Begriffs Groteske führte. Eine eigene ornamentale Stilrichtung entstand, nachdem Raffael (1483–1520) in den vatikanischen Loggien 1516/17 einen Wandmalerei-Zyklus nach dem antiken Vorbild gestaltete. Im Laufe des 16. Jahrhunderts wurden die Grotesken von monströsen Mischwesen und Masken dominiert. Die fratzenhaften Motive greifen dabei auch die Tradition der antiken Theatermasken auf, deren verzerrte Physiognomien der Darstellung von übersteigerten tragischen bzw. komischen Typen geschuldet sind. Die barocke Kunst fand ebenfalls Gefallen an den dämonischen Seiten der Grotesken. In dieser Tradition steht die Goldledertapete mit der bizarren Maske, die von einer überwucherten korinthischen Säule hinterfangen wird, wie sie sich auch in Möbel-Entwürfen wiederfindet.[1] Die ausschweifende Motivik wurde mit unterschiedlichen Punzen in Kreis- und Sternform gestaltet: Zu sehen ist dies etwa auf dem Blumenband des Kapitells und der großen Blüte gegenüber der Maske, wo die Kombination mit Schraffur- und Quadratpunzen eine lebendige Oberflächenstruktur erzeugt.

[1] So z. B. bei Johann Indau, dessen Ornamentstiche vom Ende des 17. Jahrhunderts datieren; vgl. AK Frankfurt/Main 1983, S. 108.

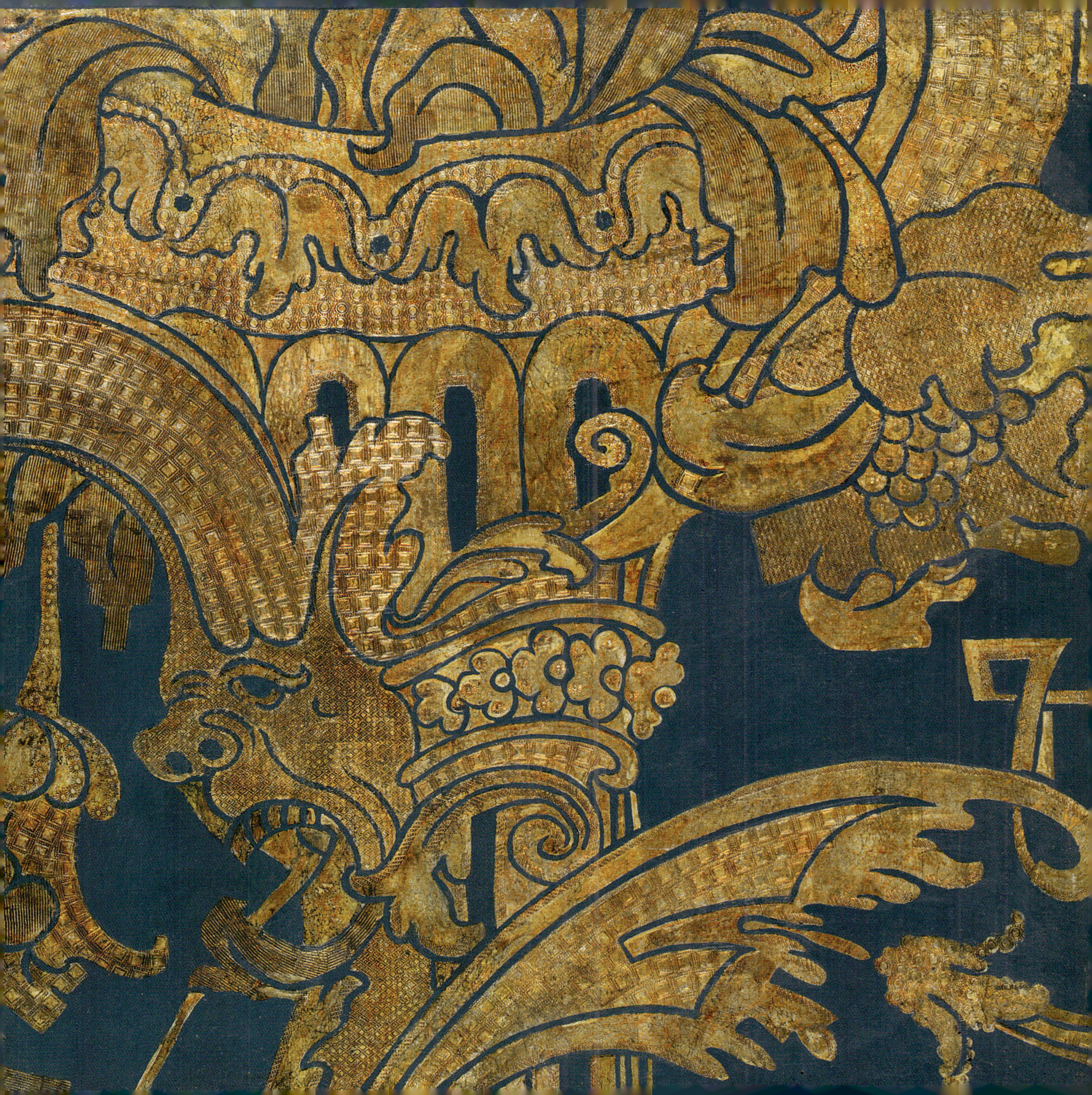

8 Goldledertapete mit Spitzovalen und Blütendekor

Italien, um 1700

Leder (vermutlich Ziege), versilbert, goldgelb lackiert, punziert, bemalt

195 x 126 cm

Provenienz: 2005 im Kunsthandel erworben

mhk · Deutsches Tapetenmuseum, Kassel, Inv. Nr. DTM 113/113

Je vier der insgesamt acht Tafeln dieser Tapete, die in den herrschaftlichen Farben Purpur und Gold gehalten ist, bilden den Rapport eines überdimensionalen Spitzovals. Die beiden Ovale werden von monumentalen Blüten gerahmt, deren Dolden sich in das partiell geschlitzte Band einfügen. Der hierbei entstehende räumliche Effekt wird auch von den im Randbereich eingerollten Blütenblättern unterstützt, deren Unterseiten heller erscheinen. Hervorgerufen wird dieser Eindruck nicht etwa durch eine verschiedenartige Lackierung, sondern durch die unterschiedlich punzierten Flächen, von denen das Licht jeweils andersartig reflektiert wird. Durch die achsensymmetrische Anlage des Musters werden in zweifacher Hinsicht Spiegeleffekte hervorgerufen: Die Pflanzen in der Mitte der Ausbuchtungen erscheinen verdoppelt. Dieses Prinzip gilt gleichfalls für den Pflanzendekor in den Ecken, der sich erst im Rapport zu einer geschlossenen Form vereint. Besonders originell ist die Mitte der Ovale gestaltet, indem sich dort aus vier Karrees ein langgezogenes Karo als Mittelpunkt einer Blüte bildet. Der Fond ist mit dunkelroter Lüsterfarbe ausgelegt. Die farbige Markierung der Details, wie etwa an den Blütenständen, trägt zur malerischen Wirkung bei.

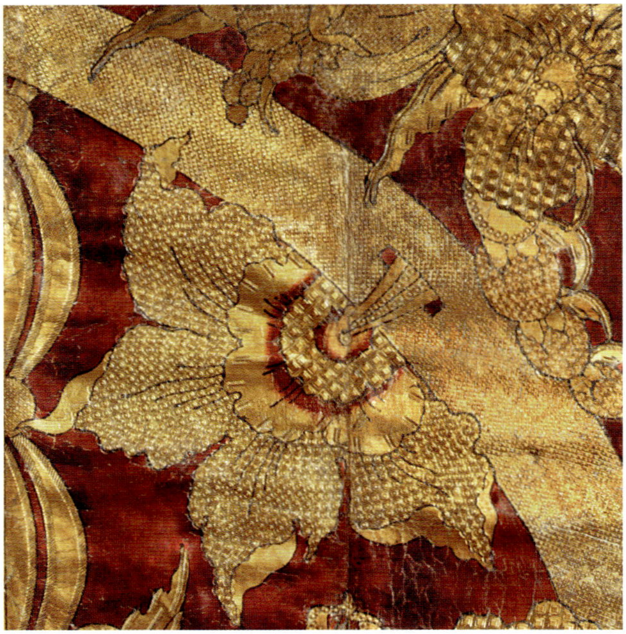

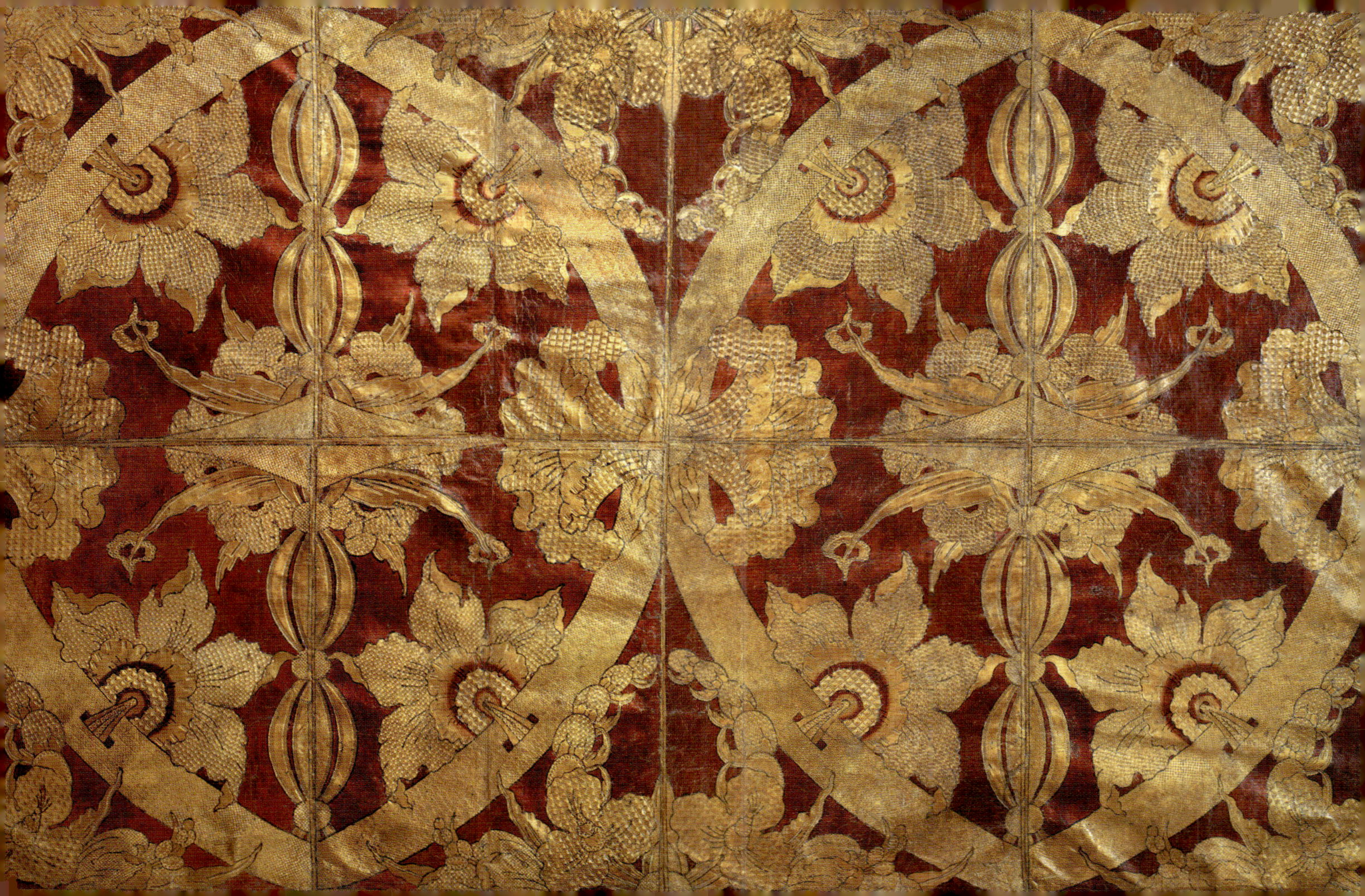

9 Goldledertapete mit geschwungenem Band und Akanthus

Italien, um 1725

Leder, versilbert, goldgelb lackiert, punziert, bemalt

65 x 51 cm

Provenienz: Schloß Moritzburg bei Dresden

mhk· Deutsches Tapetenmuseum, Kassel, Inv. Nr. DTM 27/27

Im Vergleich zu den vorangehenden Karrees, die ebenfalls in Gold und Dunkelrot gehalten sind, zeigt diese Tapete einen völlig anderen Charakter. Eine Komplettierung des beschnittenen Goldleders (Abb. 18), dessen Rapport sich aus vier Paneelen zusammensetzt, zeigt die Ursprünge des Ornaments: Der geschwungene Verlauf der Bänder, die sich aus einer halbkreisförmigen Basis entwickeln, läßt an einen Ornamententwurf des französischen Architekten und Zeichners Daniel Marot (1661–1752) denken.[1] In ähnlicher Manier, wenn auch weniger ausladend, schmiegen sich dort die Akanthusblätter an geometrische Rahmungen. Auch die Lambrequins finden sich auf der Tapete wieder, ebenso wie das Gitterwerk, gleichfalls eine typische Erscheinung in der Ornamentik zu Beginn des 18. Jahrhunderts. Ein gravierender Unterschied zwischen Tapete und Entwurf liegt jedoch in den neuartigen, phantasievoll stilisierten Blumenornamenten des Goldleders. Sie setzen sich aus rot gelüsterten und goldenen, punzierten Binnenformen zusammen und sind möglicherweise auch auf den Einfluß der sogenannten bizarren Seiden zurückzuführen. Die Umsetzung der metallisch glänzenden broschierten Partien der luxuriösen Stoffe geschah auf dem Leder mit Hilfe der Stempelabdrucke, die auf dem golden lackierten Silbergrund ein feines Relief hervorrufen.

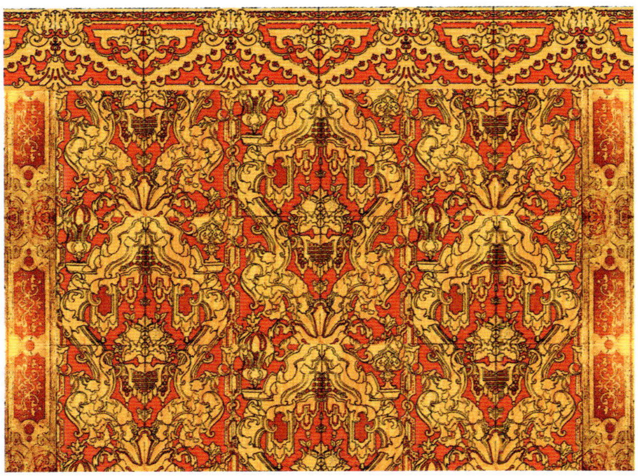

Abb. 18 Rekonstruktion des Rapports, Andreas Schulze, Landesamt für Denkmalpflege Sachsen, Dresden

Literatur: Leiß 1970, S. 66; Werner 1972, Abb. 11; Thümmler 1998, S. 17

[1] Vgl. Jessen 1924, Bd. 2, S. 188.

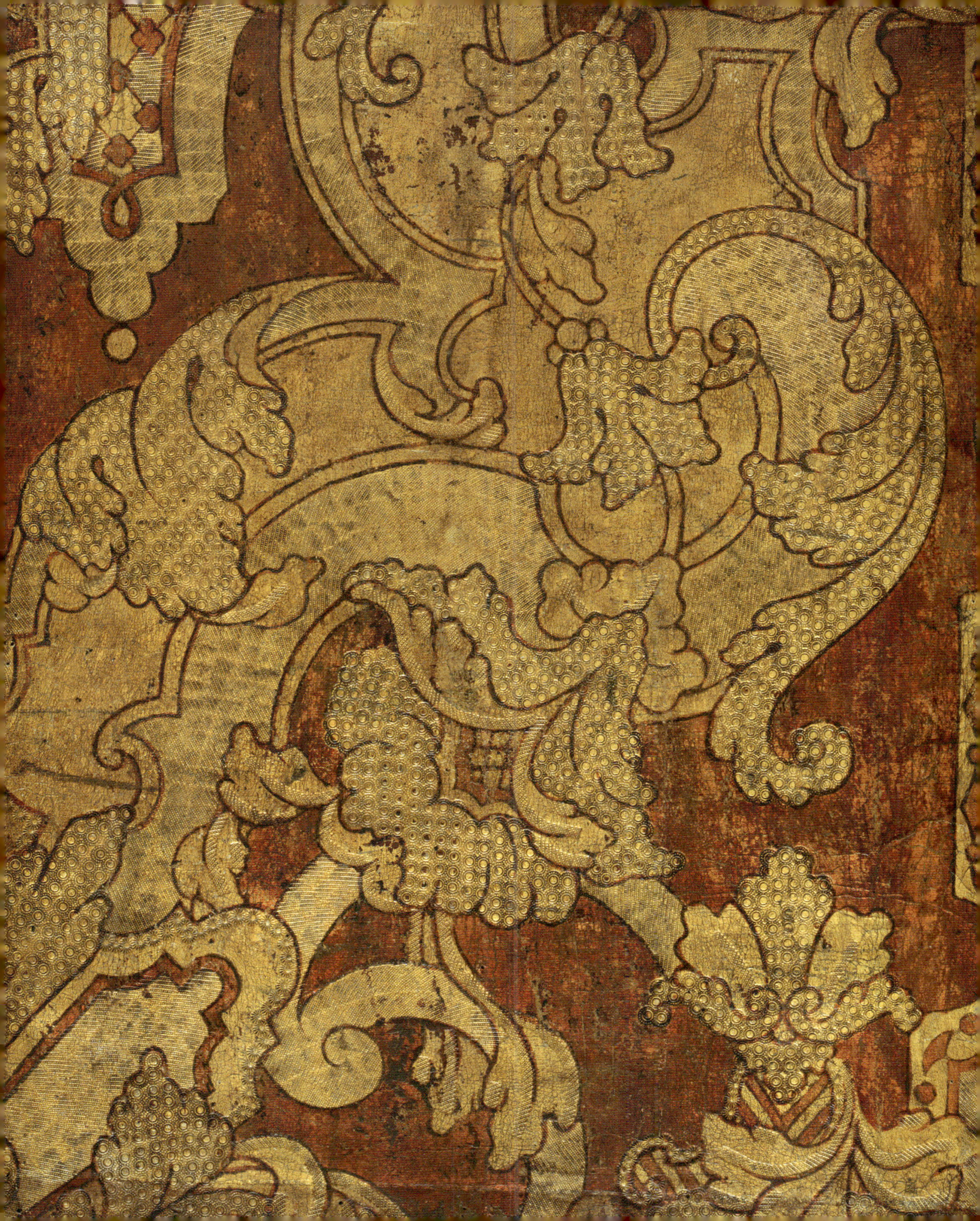

10 Goldledertapete mit Bandelwerk

Italien, um 1725

Leder, versilbert, goldgelb lackiert, punziert, bemalt

60,5 x 91,5 cm

Provenienz: um 1930 erworben

mhk · Deutsches Tapetenmuseum, Kassel, Inv. Nr. DTM 46/46

Vergleichsbeispiel: Schloß Moritzburg bei Dresden

Zusammengesetzt aus zwei unterschiedlich gut erhaltenen Karrees, formiert sich ein großflächiges Muster in Gold und Dunkelgrün, das spiegelbildlich zu ergänzen ist (Abb. 19). Das aufwendig gerahmte Kartuschenfeld, umspielt von Akanthusdekor, deutet auf Ornamentvorlagen des bedeutenden französischen Hofkünstlers Jean Bérain d. Ä. (1637–1711) hin. Die Entwürfe dieses Architekten, Zeichners und Kupferstechers fanden nicht nur in Paris großen Anklang. Nachstiche, etwa in Augsburger Werkstätten, sorgten auch im europäischen Umfeld für eine weite Verbreitung dieser Vorlagenblätter mit ihren üppig gerahmten Grotesken.[1]

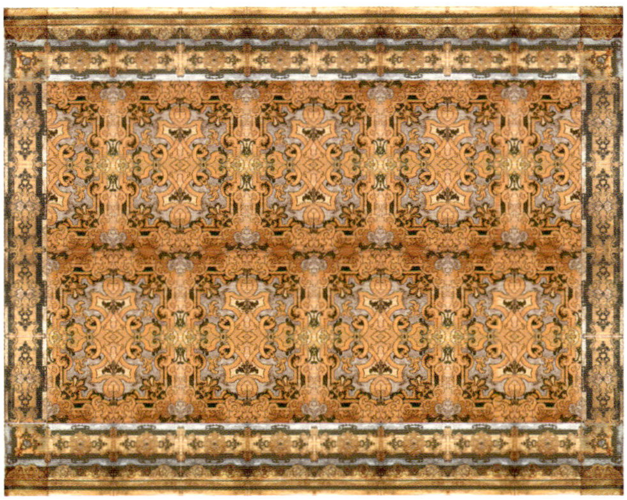

Abb. 19 Rekonstruktion des Rapports, Andreas Schulze, Landesamt für Denkmalpflege Sachsen, Dresden

Bérains Entwürfe für Wanddekorationen werden mittels floral verziertem Bandelwerk gegliedert, dessen C- und S-Schwünge sich immer wieder zu neuen Formationen zusammensetzen. Überschneidungen der Bänder lassen ein System aus geometrischen Feldern entstehen, die einen reizvollen Kontrast zu den freier gestalteten Blattformen und den fächerartig ausgebreiteten Lambrequins bilden.

Literatur: Werner 1972, Abb. 10; Thümmler 2004, Abb. 1

[1] Vgl. AK Frankfurt/Main 1983, S. 121.

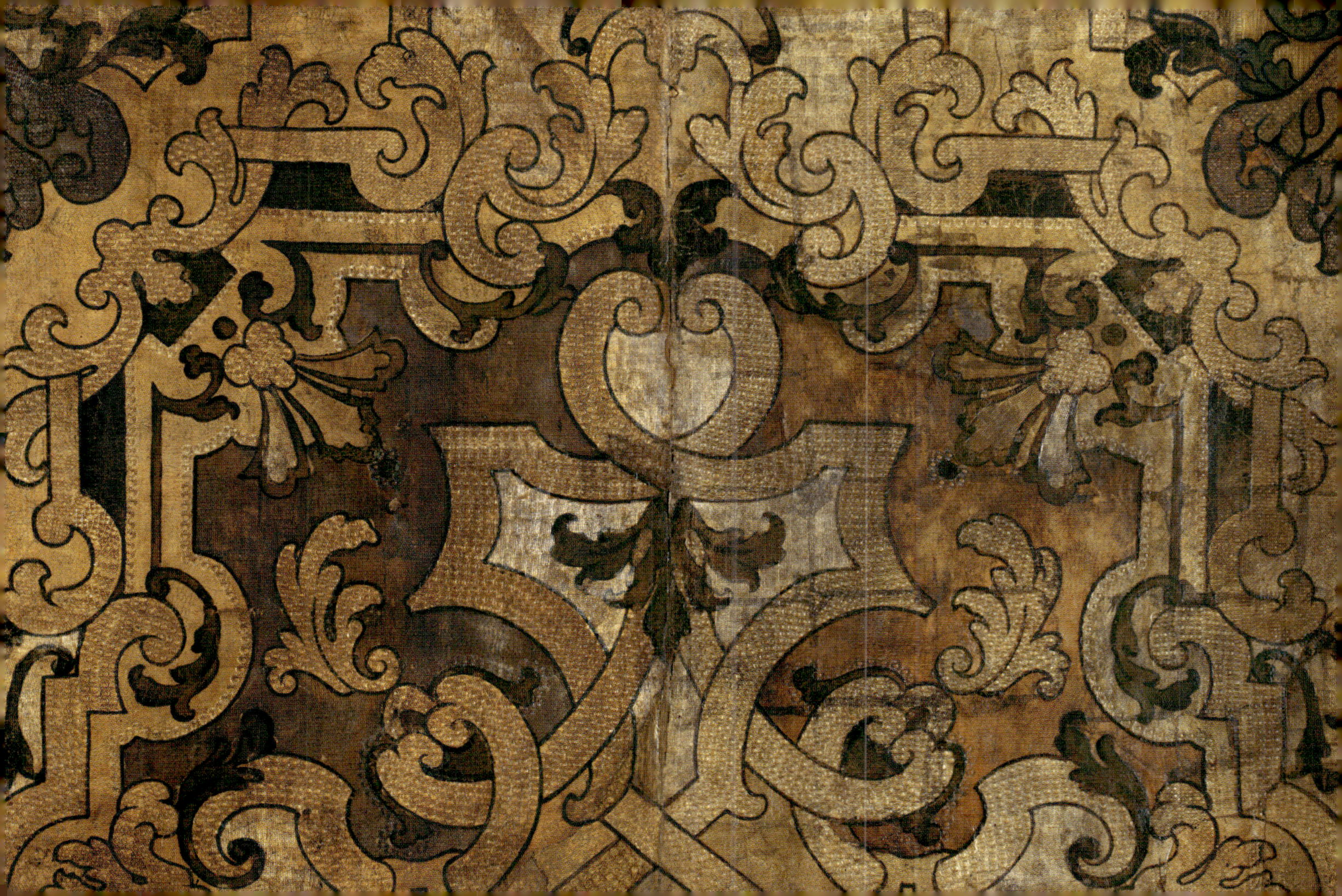

11 Goldledertapete mit Zierstreifen

Italien, um 1725

Leder, versilbert, goldgelb lackiert, punziert, bemalt

142 x 58,5 cm

Provenienz: 1932 erworben

mhk · Deutsches Tapetenmuseum, Kassel, Inv. Nr. DTM 54/54

Vergleichsbeispiele: Kunstgewerbemuseum, Staatliche Kunstsammlungen Dresden, Schloß Moritzburg bei Dresden

Aus der Zeit Augusts des Starken (1670–1733) haben sich in Schloß Moritzburg bei Dresden Goldledertapeten erhalten, deren Ornamentik auf den Einfluß bizarrer Seiden schließen läßt. Ursprünglich wurde der komplette Rapport des Streifenmusters von einem Rechteck aus vier Karrees gebildet (Abb. 20); in Kassel haben sich drei und ein Drittel nebeneinandergesetzte Karrees erhalten. Auch hier ist das effektvolle Zusammenspiel der unterschiedlichen glatten und punzierten Goldtöne sowie der rot akzentuierten Details mit dem blauen Fond sehr gut nachzuvollziehen. Wie bei Kat. 9 werden auch hier die Konturen des Musters durch fein punzierte Reihen hervorgehoben. In ähnlicher Weise ist auch die Umsetzung des Gitterwerks als rot-goldenes Rautenornament erfolgt, dessen Ausführung allerdings dahingehend divergiert, als die mehrfach gerahmten Quadrate direkt aneinandergrenzen. Bei der Gestaltung dieses Goldleders wurde wahrscheinlich auf textile Vorbilder aus der Zeit zwischen 1711 und 1715 zurückgegriffen.[1] Darauf deutet die Kombination zweier unterschiedlicher Streifen hin: Während sich um den schmaleren ein dreidimensional angelegtes Band aus gerahmten Rautenfeldern windet, sind auf der zweiten Horizontale flächige, gegengleich positionierte Palmettenfächer ausgebildet.

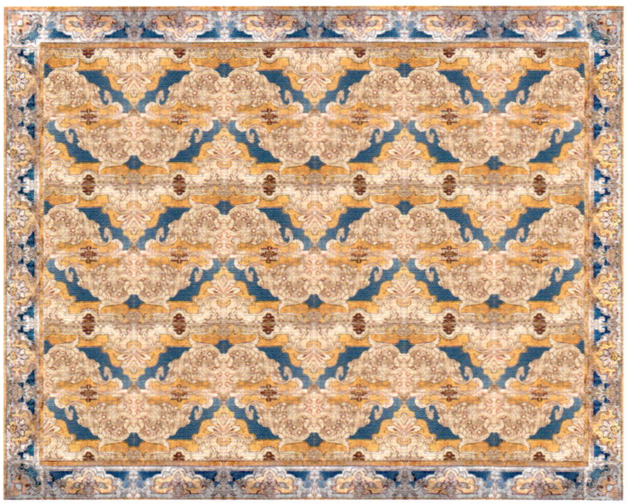

Abb. 20 Rekonstruktion des Rapports, Andreas Schulze, Landesamt für Denkmalpflege Sachsen, Dresden

Literatur: Werner 1972, Abb. 19

[1] Vgl. Ackermann 2000, S. 337. Ein ähnliches Dekor aus zwei verschiedenartig gebildeten Streifen läßt sich z. B. auf einem wahrscheinlich aus Lyon stammenden Seidengewebe nachweisen.

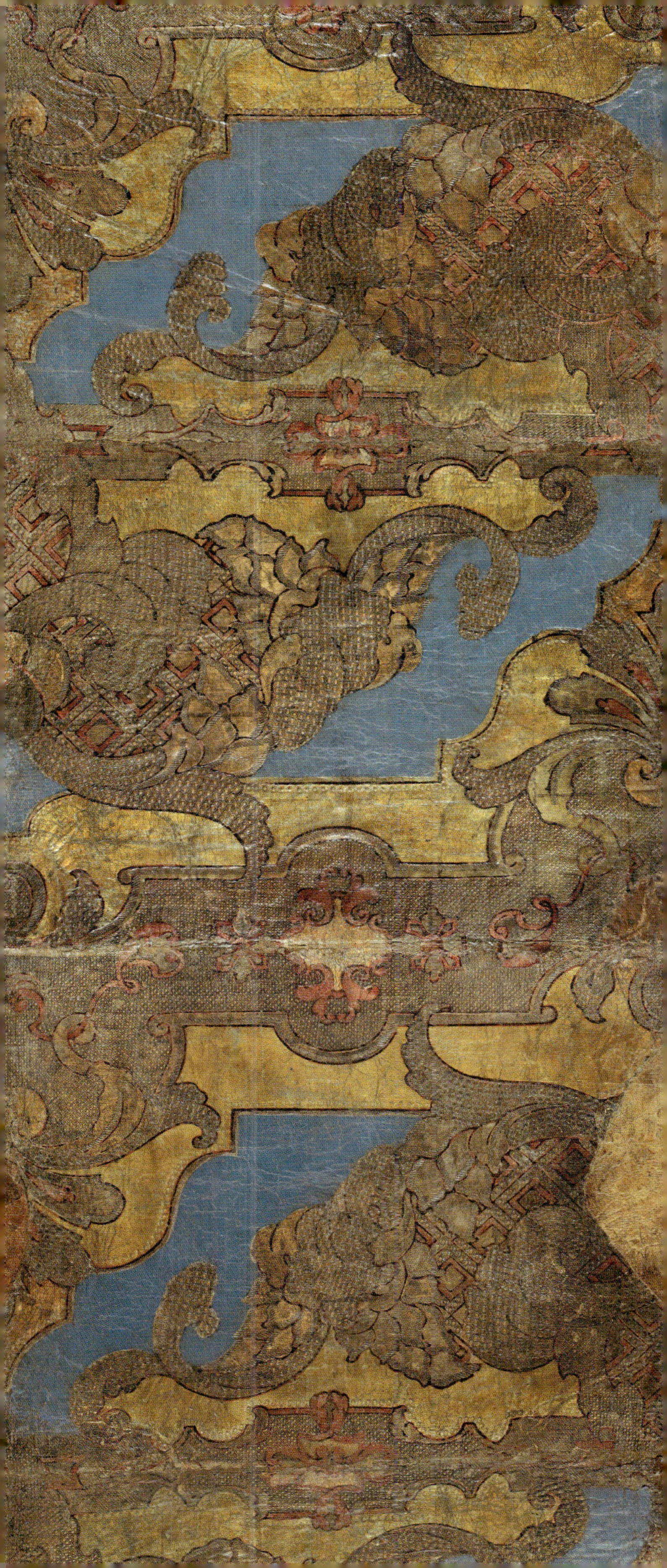

12 Goldledertapete mit »Chinesen« Version mit rotem Fond

Italien, um 1725

Leder (vermutlich Ziege), versilbert, goldgelb lackiert, punziert, bemalt

41,5 x 43,5 cm

Provenienz: Schloß Moritzburg bei Dresden

mhk · Deutsches Tapetenmuseum, Kassel, Inv. Nr. DTM 33/33a

Bei diesem Exponat handelt es sich sehr wahrscheinlich um ein Muster aus einer venezianischen Werkstatt, das im Zuge der Umbauarbeiten und Neueinrichtung von Schloß Moritzburg an den Sächsischen Hof gelangte.[1] Die für diese Tapete zu konstatierenden Größenunterschiede zwischen den floralen Gebilden, den perspektivisch verzerrten Architekturelementen und der menschlichen Figur sind typische Merkmale der bizarren Seiden. Als weitere Einflußquelle kommen auch Textilien aus dem persischen Kulturraum des 17. Jahrhunderts in Frage, auf denen sich ebenfalls menschliche Figuren zwischen riesenhaften Blüten bewegen.[2] Auf asiatische Anregungen hingegen gehen die pagodenartigen Architekturgebilde zurück, die zum Formenrepertoire der Chinoiserie gehören. Mit diesem Begriff werden nicht nur chinesische oder asiatische Einflüsse in der Kunst des 17. und 18. Jahrhunderts bezeichnet, sondern auch »exotisch-orientalische« Motive aus dem türkischen und persisch-indischen Kulturraum. Als Vorlagen für die Chinoiserien dienten neben Porzellan- und Lackarbeiten auch Berichte und Illustrationen der (Handels-)Reisenden über ferne Länder. Bei der künstlerischen Umsetzung ging es aber nicht um eine exakte Wiedergabe, sondern um die Erschaffung verblüffender und neuartiger Bilder. So erscheint auf dem Goldleder, dessen Fond wahrscheinlich in Anlehnung an chinesische Lackarbeiten in einem kräftigen Rot gehalten ist, rechts eine Männergestalt, die einerseits stereotype »chinesische« Züge trägt – etwa die schmalen Bartsträhnen –, andererseits aber eher europäisch gekleidet ist. Der bogenförmig gesäumte Schulterumhang erinnert an Narrenkostüme, ebenso die Streifen der Kopfbedeckung, die von der Commedia dell'arte inspiriert sein könnte.[3] Weiterhin sind die fremdartig anmutenden Stützen des Baldachins im linken Bildfeld auf europäische Vorlagen zurückzuführen, wie ein Ornamentstich aus der Zeit um 1610 belegt.[4] Dagegen orientiert sich die Form des pagodenartigen Dachs am linken Mauerrand eindeutig an einem asiatischen Vorbild. Zu den Kuriositäten dieses Tapetenmusters gehört die Dachbekrönung in Form eines aufblühenden Zierstabes, die ihren Platz auf der Mauer neben dem Baldachin findet. Daneben ragt ein bizarr geformter Schirm ins Bild, der auf dem fehlenden rechten Karree von einem sitzenden »Chinesen« gehalten wird (Abb. 21). In dieser eklektizistischen Verfahrensweise, Szenarien surreal zu gestalten, liegt ein besonderer Reiz der chinoisen Motive.

Literatur: Schulze 2004, S. 52

1 Vgl. Bärnighausen 2004, S. 53f.
2 Abegg-Stiftung, Inv.-Nr. 108; vgl. AK Riggisberg 1986, Kat. Nr. 4.
3 Zum Personal der Commedia dell'arte und ihren Kostümen als Vorbild für Porzellanfiguren vgl. AK Berlin 2001.
4 Vgl. Berliner 1981, Bd. 2, Abb. 618.

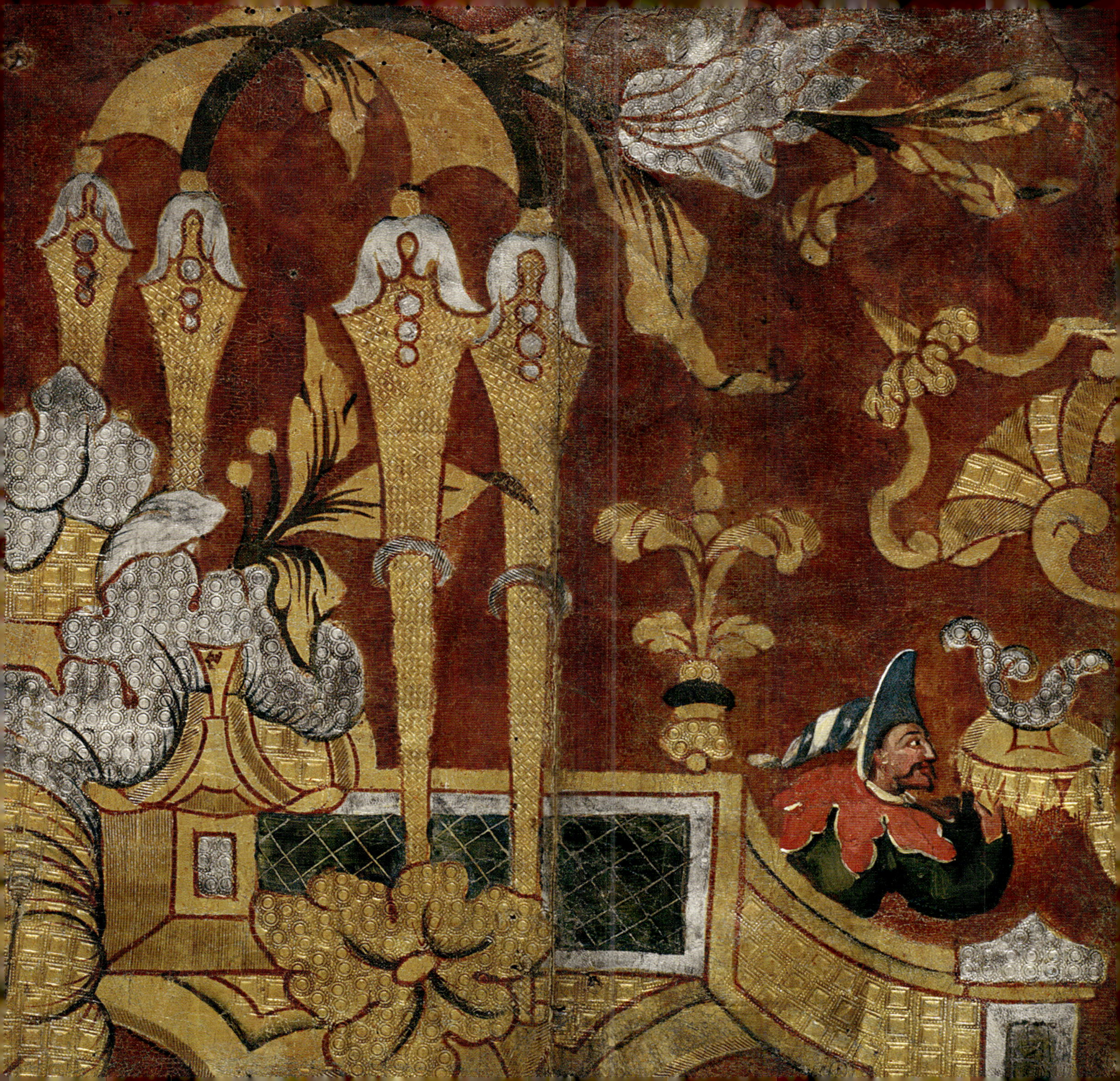

13 Goldledertapete mit »Chinesen«
Version mit silbergrauem Fond

Italien, um 1725

Leder (vermutlich Ziege), versilbert, goldgelb lackiert, punziert, bemalt

57,5 x 42 cm

Provenienz: Schloß Moritzburg bei Dresden

mhk · Deutsches Tapetenmuseum, Kassel, Inv. Nr. DTM 33/33b

Mit dem Goldleder, einer Variante von Kat. 12, ist noch heute das nach dem exotischen Dessin der Tapete benannte »Chinesenzimmer« in Schloß Moritzburg ausgekleidet. Die Karrees unterscheiden sich in der Farbstellung und in den Details einzelner Motive. Besonders auffällig erscheint dabei der – im Gegensatz zum rotgrundigen Pendant – silberfarbene Fond des Leders. Trotz der starken Verschwärzung läßt sich die ursprünglich strahlend-helle Wirkung des dekorativen Wandschmucks erahnen (Abb. 21).

Literatur: Schulze 2004, S. 52

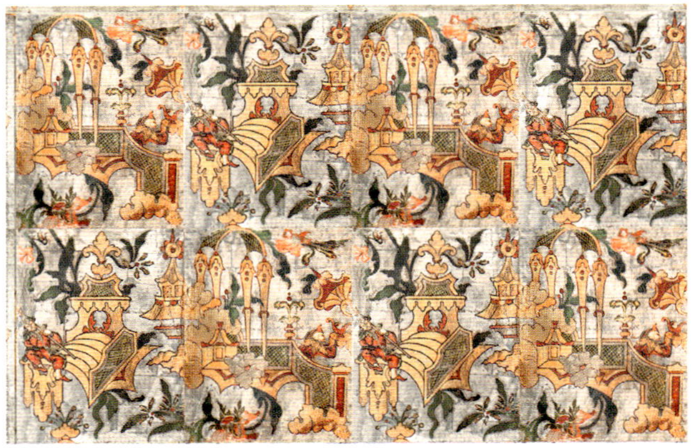

Abb. 21 Rekonstruktion des Rapports, Andreas Schulze, Landesamt für Denkmalpflege Sachsen, Dresden

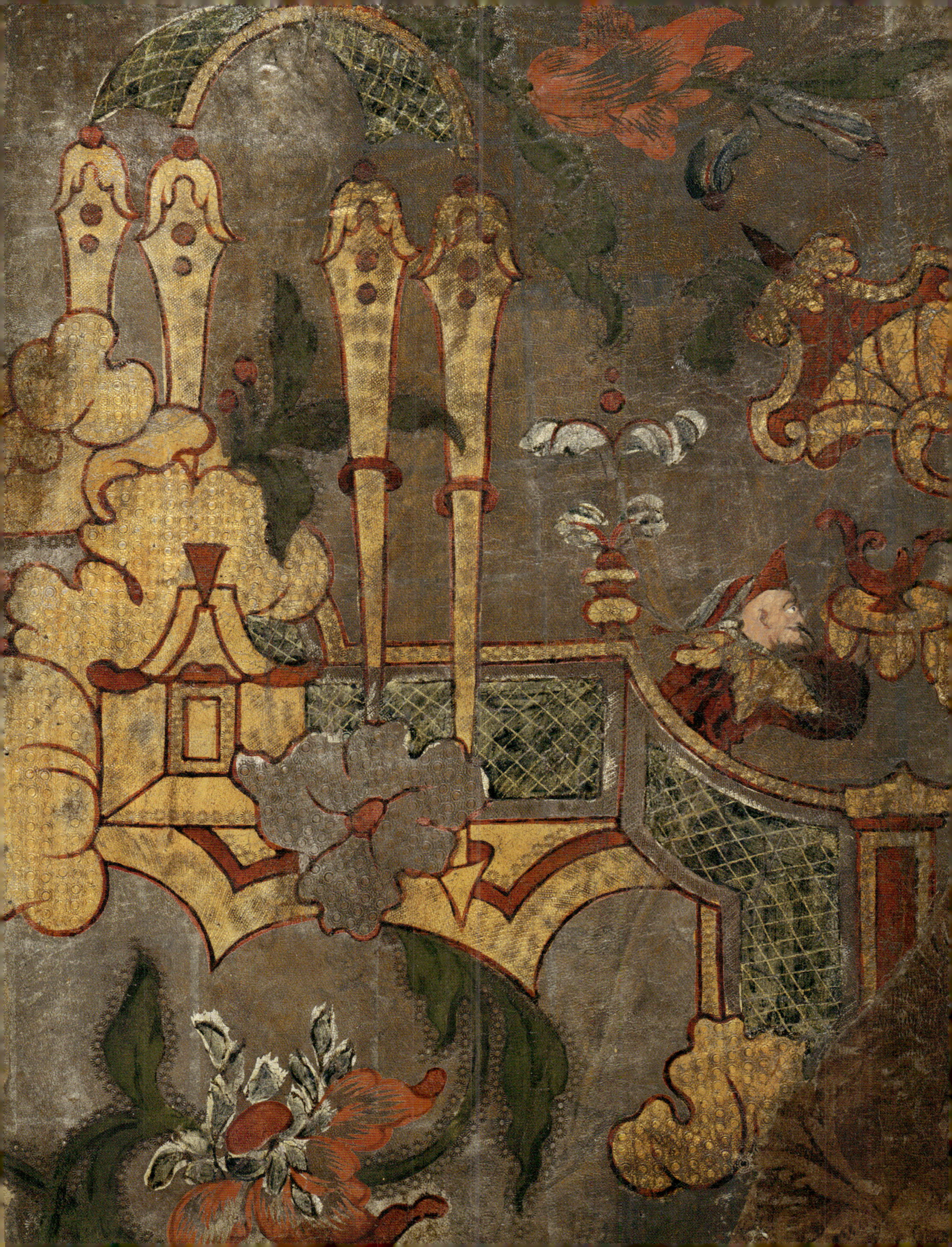

14 Stuhl mit »chinesischen« Komödiantenfiguren

Dresden, vor 1727

Hoftäschner Samuel Girckhoff, Dresden

Rotbuche, gedreht, mattiert; Leder versilbert, goldgelb lackiert, punziert, bemalt

108 x 46 x 51 cm

Provenienz: Schloß Moritzburg bei Dresden

Leihgabe Kunstgewerbemuseum, Staatliche Kunstsammlungen Dresden

Einen Hinweis auf die Provenienz dieses Stuhls gibt die Kennzeichnung auf der Rückseite, die auch an anderen Stühlen aus dieser Serie zu finden ist: Das umkränzte, bekrönte Monogramm *AR* (*Augustus Rex*) verweist auf den Auftraggeber, August den Starken, und es wird noch ergänzt durch *Moritzb: 1727.*[1] Das Leder ist auf der Rückenlehne und der Sitzfläche mit den Darstellungen eines tanzenden »chinesischen« Komödianten und seines weiblichen Pendants bemalt. Die in Rot und Blau gewandeten Figuren werden kartuschenartig von punzierten Ranken und Bandelwerk gerahmt. Ornamentik und Punzformen sind den italienischen Tapeten in Schloß Moritzburg so ähnlich, daß von einem Werkstattzusammenhang auszugehen ist.[2] Insbesondere das figürliche Motiv des Stuhlleders erinnert an den »Chinesen« auf der Goldledertapete, wenngleich auch die Unterschiede nicht zu leugnen sind. Doch erscheinen diese nicht ungewöhnlich, wurden doch die Motive von Goldleder auf Stühlen normalerweise abgewandelt bzw. verkleinert.[3] Den Tanzenden auf der Rückenlehne kennzeichnen seine engen Beinkleider und die Schnabelschuhe als Narr. Die Hutform findet sich hingegen auch auf zeitgenössischen Abbildungen von »Chinesen« wieder, deren Variationen scheinbar keine Grenzen gesetzt waren, folgt man den zahlreichen Beispielen des 17. und 18. Jahrhunderts.[4] Auch bei der Frauenfigur sind europäische und »chinesische« Attribute vermischt.

Tanzen und Musizieren gehörten zum Habitus der Narren und Komödianten.[5] Ihr Auftreten war ein wichtiger Bestandteil der Festkultur. Diese Beobachtung erklärt auch die Verwendung hybrider Figuren – wie auf dem Goldleder geschehen –, welche die chinoisen Eigenheiten mit der europäischen Komödiantentradition vereinen, werden doch die »Chinesen« ebenfalls häufig innerhalb eines festlichen Kontextes gezeigt. Beide Personengruppen dienen insofern als Projektionsfläche des Exotisch-Fremdartigen und erfüllen damit das barocke Bedürfnis nach dem Außergewöhnlichen, dem Erstaunen angesichts des überraschend Anderen.

Literatur: Haase 1986, Abb. 91; AK Münster 1998/99, S. 64f.; Schulze 2004, S. 52–54

1 Vgl. Schulze 2004, S. 52.
2 Ebd., S. 53.
3 Ebd.
4 Auf einer französischen Stickarbeit von um 1710 ist jede der 14 Gestalten mit einer anderen, phantastisch-exotischen Kopfbedeckung ausgestattet, die z. T. auch an Komödiantendarstellungen erinnern; vgl. Honour 1961, Abb. 15.
5 Als beispielhaft kann die Stichfolge *Balli di Sfessania*, um 1622, von Jacques Callot angesehen werden; vgl. AK Berlin 2001, S. 16f.

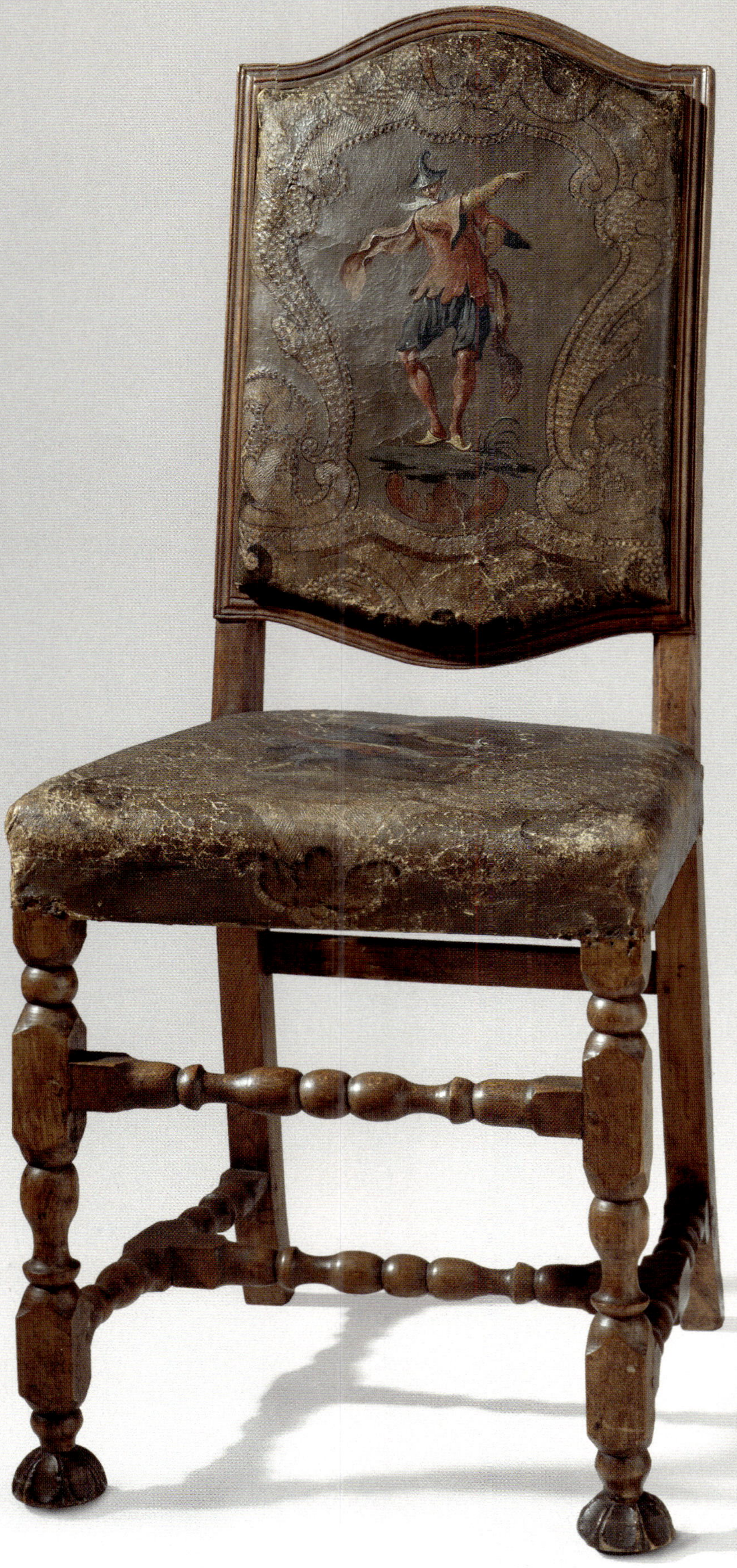

15 Fragment eines Antependiums mit der Madonna und den heiligen Sebastian und Rochus

Italien, 1. Hälfte 17. Jahrhundert

Leder, versilbert, goldgelb lackiert, punziert, bemalt

94 x 43,5 cm

Provenienz: im Kunsthandel erworben

mhk · Deutsches Tapetenmuseum, Kassel, Inv. Nr. DTM 110/110

Im liturgischen Bereich fand Goldleder ebenfalls Verwendung, wie die Inventare italienischer Kirchenschätze um 1300 belegen.[1] In der katalanischen Stadt Vic ist in der Kathedrale Santa Lucia ein Antependium (Altarbehang) aus Goldleder von 1345 nachgewiesen.[2] Kaseln, die überwurfartigen Obergewänder der Priester, können ebenfalls aus Goldleder gefertigt sein. Maßgeblich war dabei – was auch für die Wandverkleidungen galt – die im Vergleich zu Textilien längere Haltbarkeit in Verbindung mit einer gleichfalls prunkvollen Wirkung.

Die thronende Madonna auf dem Antependium, flankiert vom heiligen Sebastian (links) und dem heiligen Rochus (rechts), steht in der Tradition der italienischen Andachtsbilder des 15. und 16. Jahrhunderts. Maria gilt als oberste Märtyrerin, weshalb sie auch die wichtigste Fürbitterin ist und als Mittlerin zwischen den Gläubigen und Gott fungiert. Die himmlische Sphäre, in welcher sie thront, ist durch Wolken gekennzeichnet. Maria, der Konvention entsprechend in Rot und Blau gewandet, hält in ihrem linken Arm den Christusknaben. Bei ihren Begleitern handelt es sich um Pestheilige. Der frühchristliche Märtyrer Sebastian wurde auf Befehl des römischen Kaisers Diokletian mit Pfeilen getötet. Seine Verehrung ist in Rom, wo er unter der Kirche San Sebastiano alle Catacombe begraben ist, seit dem 4. Jahrhundert dokumentiert.[3] Stehend ist er an einen Baumstamm gefesselt und von Pfeilen durchbohrt, die Wunden wurden mit Pestbeulen assoziiert. Auf dieses Martyrium deutet sein Gegenüber, der heilige Rochus, welcher der Legende nach Ende des 13. Jahrhunderts in Montpellier geboren wurde.[4] Er pilgerte nach Rom, heilte mit dem Kreuzzeichen Kranke und infizierte sich in Piacenza mit der Pest, woraufhin er sich in eine Höhle zurückzog. Diese lag auf dem Grundstück eines italienischen Gutsbesitzers, dessen Hund Rochus mit Brot versorgte. Er wurde geheilt, kam in Montpellier als Landstreicher in den Kerker und verstarb dort. 1485 wurde in Venedig – einem wichtigen Handelshafen, von dem aus sich Seuchen rasch verbreiteten – die dem Heiligen geweihte Kirche San Rocco errichtet. Auf dem Antependium wird der Pestheilige traditionell in Pilgertracht mit kurzem Rock, Umhang und Stab gezeigt, der treue Hund liegt zu seinen Füßen. Rochus hat sein Gewand zurückgeschlagen und präsentiert deutlich sichtbar die offene Pestbeule am Oberschenkel.

Die gesamte figürliche Darstellung wird von einem punzierten Goldgrund hinterfangen, der auf das Göttliche hindeutet und an spätmittelalterliche Altartafeln denken läßt. Das Bildfeld wird von einem rotgrundigen Brokatmuster in Gold und Blau eingerahmt, an das sich Bordüren mit Vasen- und Blumenmotiven anschließen.

[1] Vgl. Schiaparelli 1908, S. 229.
[2] Vgl. Waterer 1971, S. 49.
[3] Vgl. den Artikel *Sebastian*, in: Reclams Lexikon der Heiligen und der biblischen Gestalten. Legende und Darstellung in der bildenden Kunst, 8. Aufl. Stuttgart 1996, S. 507f.
[4] Vgl. den Artikel *Rochus*, in: ebd., S. 494f.

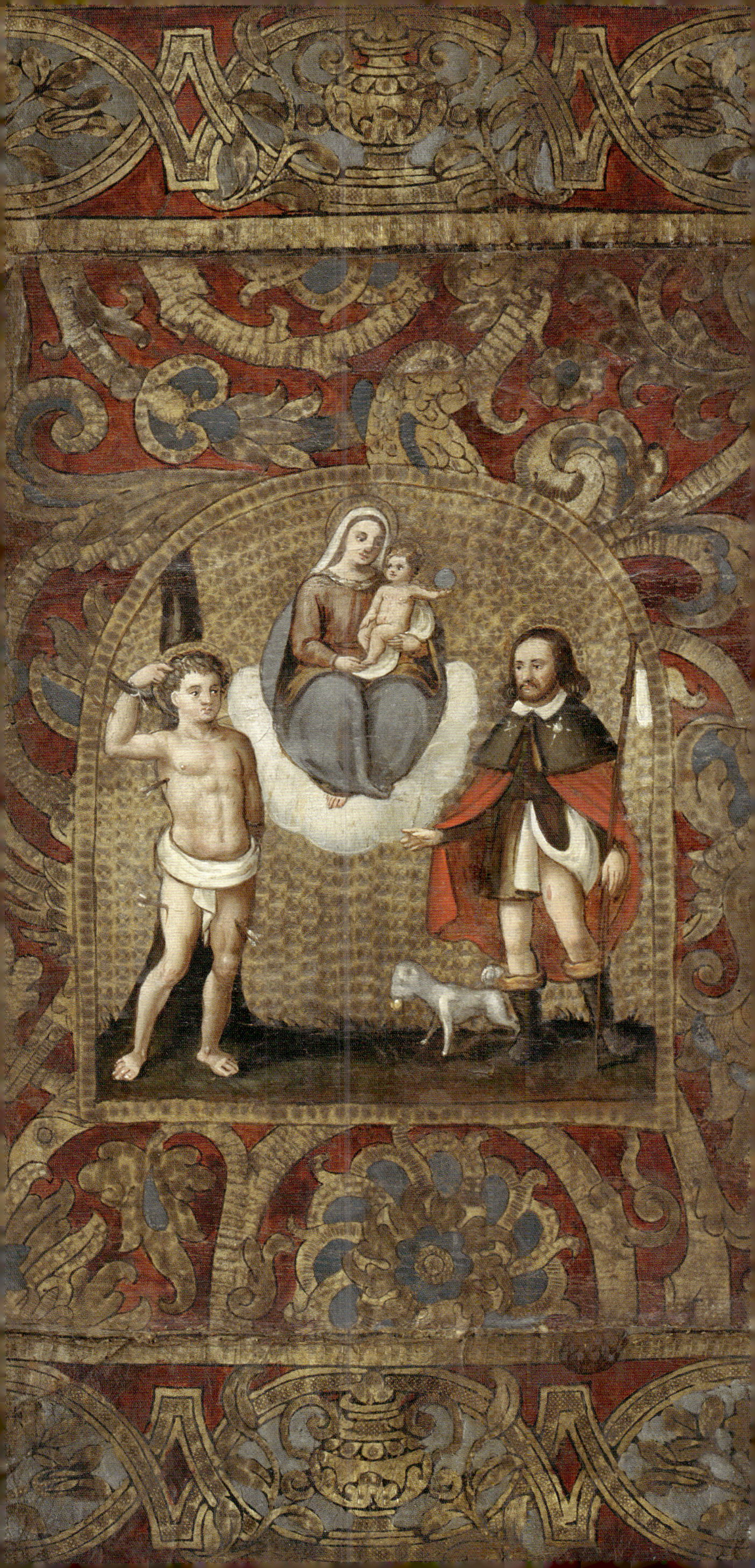

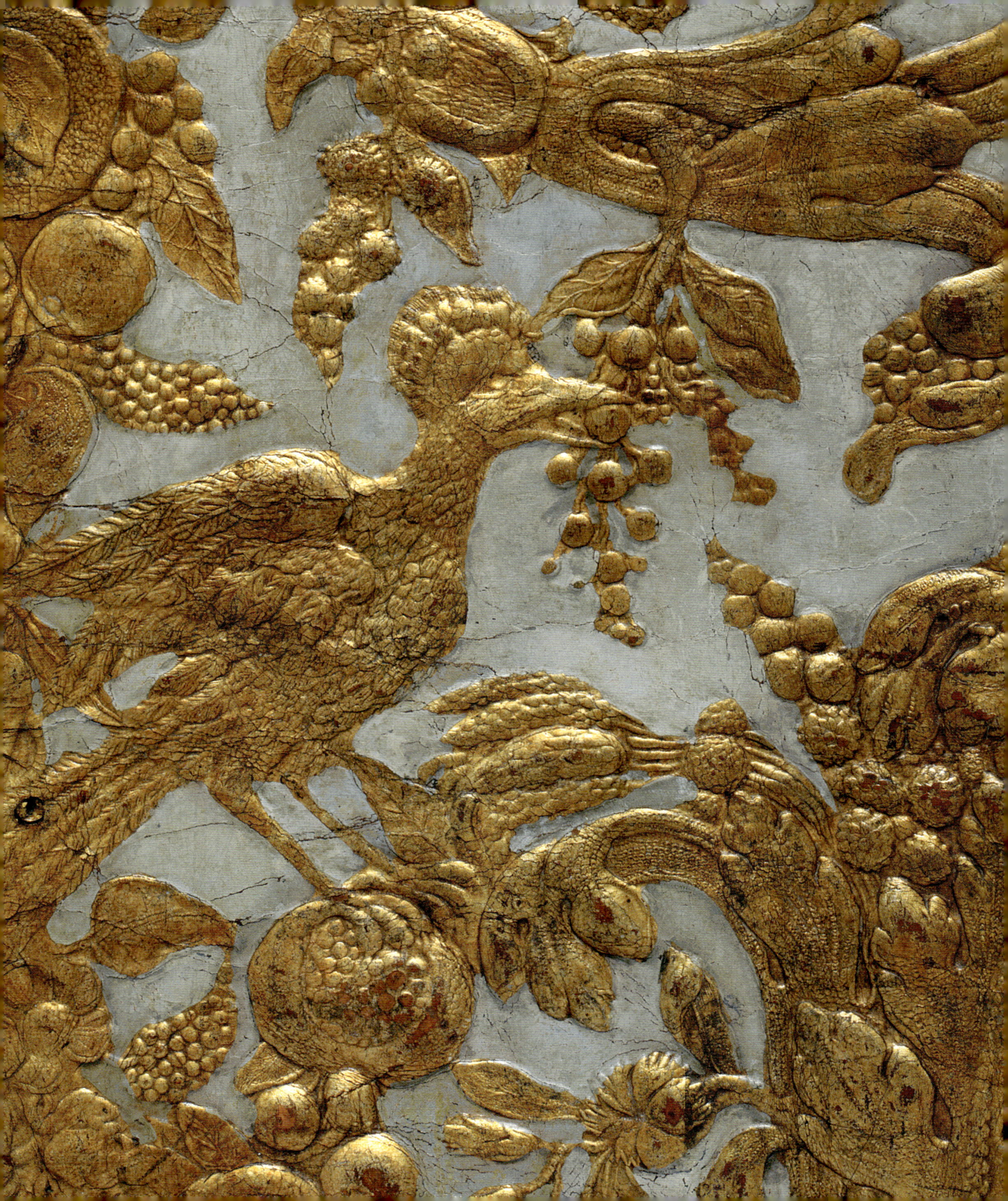

Niederländische Goldledertapeten des Barock

Zu den Ländern, in denen während des 16. Jahrhunderts Goldleder produziert wurde, gehörten neben Spanien, Italien und Frankreich auch die Niederlande. Mit Beginn des 17. Jahrhunderts kam es dort zu einer folgenreichen technischen Neuerung, die von Jacob Dircxz. de Swart (vor 1594–1641) in Den Haag 1628 zum Patent angemeldet wurde.[1] Das Leder wurde nicht mehr punziert, sondern mit Hilfe von Holz- oder Metallmodel geprägt, wobei ein Hochrelief von bis zu 3 cm Höhe entstand. Damit war dem Goldleder ein völlig neuer Charakter verliehen worden, der nach einer entsprechend neuen Ornamentierung verlangte. Die Vorbilder wurden nun bei zeitgenössischen, mit Reliefs versehenen Metallarbeiten bzw. den zugrundeliegenden Vorlageblättern gesucht. Beide Gattungen zeugen von einer Blüte der Künste, die heute noch als *Goldenes Zeitalter* gilt.

Die Rapporte der niederländischen Tapeten setzen sich üblicherweise aus vier Karrees zusammen. Besonders beliebt waren üppige Rankenformationen mit Früchten und Blumen, die an die Stillebenmalerei dieser Zeit erinnern. Die Bilder sollten den Betrachter nicht nur erfreuen, sondern auch belehren und wurden dementsprechend von der gebildeten Schicht goutiert. Die Kombination von Blumen, die im Jahreszeitenverlauf nicht gleichzeitig blühen, konnte als Verweis auf das Paradies gelesen werden.[2] Zugleich ist die Blume im Sinne des barocken Memento mori mit der Erinnerung an die Vergänglichkeit verbunden. Sie symbolisiert die Vergeblichkeit alles Irdischen im Gegensatz zur göttlichen Ewigkeit. Ein ganz irdischer Aspekt zeigt sich dagegen in dem Motiv der exotischen Blume, die als Prestigeobjekt galt und als deren bekanntestes Phänomen die Tulpomanie zu Beginn des 17. Jahrhunderts angesehen wird. Die Tulpenzwiebel war zum Spekulationsobjekt geworden, und als es 1637 zum »Tulpencrash« kam, bedeutete dies für viele den Bankrott. Dennoch – oder vielleicht gerade deshalb – avancierte die Tulpe zu einem der beliebtesten Motive auf den niederländischen Goldledertapeten des 17. Jahrhunderts.

Das Goldleder wurde nicht nur in andere europäische Länder, sondern auch nach Asien exportiert. Begünstigt wurde der internationale Handelsverkehr durch die zentrale Lage der Niederlande. Der wirtschaftlichen Expansion war allerdings der Freiheitskampf der calvinistischen Provinzen im Norden des Landes vorausgegangen. 1648 kam es zum Westfälischen Frieden, die südlichen Niederlande, etwa dem Territorium des heutigen Belgien entsprechend, gehörten weiter zu Spanien. Während des Krieges war Amsterdam im Norden des Landes zum bedeutendsten Handels- und Wirtschaftszentrum der Republik der Vereinigten Niederlande aufgestiegen, der führenden Handelsmacht Europas im 17. Jahrhundert.[3] In Amsterdam wurde folgerichtig eine der ersten Goldleder produzierenden Werkstätten gegründet, die unter Hans le Maire Goldleder in der neuartigen Prägetechnik herstellte.[4] Le Maire (1586–1641) hatte vor seinem Umzug nach Amsterdam im Jahr 1617 bereits mit Jacob Dircxz. de Swart in Den Haag zusammengearbeitet.[5] Weitere Gründungen folgten bald danach in den Städten Utrecht, Dordrecht und Middelburg.[6] Die Vielzahl der Werkstätten erschwert eine exakte Zuschreibung der Tapeten, da es zur üblichen Praxis gehörte, erfolgreiche Motive zu imitieren.

[1] Vgl. AK Essen 1998, S. 11–12.
[2] Vgl. AK Hamm/Mainz 2000/2001, S. 72.
[3] Die *Vereinigte Ostindische Companie* wurde 1602 gegründet und erlangte in der ersten Hälfte des 17. Jahrhunderts eine große Bedeutung für den Fernhandel, im Jahr 1621 folgte die Gründung der *Westindischen Companie*.
[4] Vgl. AK Essen 1998, S. 12
[5] Vgl. AK Den Haag/Groningen 1989, S. 35–52.
[6] Vgl. AK Essen 1998, S. 12.

16 Goldledertapete mit Blumengebinde und Vogel

Niederlande, 2. Hälfte 17. Jahrhundert

Werkstatt *De Gecroonde Son* oder *De Vergolde Roemer* in Amsterdam (zugeschrieben)[1]

Leder, versilbert, goldgelb lackiert, geprägt, bemalt

64 x 58,5 cm

mhk · Deutsches Tapetenmuseum, Kassel, Inv. Nr. DTM 31/31

Vergleichsbeispiele: Kunstgewerbemuseum, Staatliche Kunstsammlungen Dresden, Cooper-Hewitt National Design Museum (New York), Musée des Arts Décoratifs (Bourges), Museum Vleeshuis (Antwerpen), The Museum of Leathercraft (Northampton), Rijksmuseum (Amsterdam)

In einem Rankengeflecht aus Blättern, Früchten und Blumen zeigt sich unter einem Feston links unten ein großer Vogel. Er wendet den Kopf nach hinten in Richtung eines Äffchens, das auf einer Akanthusranke im rechten Bildfeld hockt und einen Zweig mit Früchten gefaßt hat. Von dem Obst möchte das Tier wohl im nächsten Moment naschen, verkörpert es doch den Geschmackssinn. Der Affe war bereits in den sogenannten Drôlerien, figürlichen Verzierungen spätmittelalterlicher Handschriften, ein beliebtes Thema. Dort fungierte er als Versinnbildlichung menschlicher, jedoch zumeist negativer, Eigenschaften. Das Sujet des sinnenfreudigen Affen inmitten einer üppig-fruchtbaren Vegetation legt die ursprüngliche Montierung des Goldleders in einem Speiseraum nahe. Das Karree ist gegengleich zum Rapport zu ergänzen: Im komplettierten Muster fügt sich das Fruchtgebinde zu einem Feston zusammen.

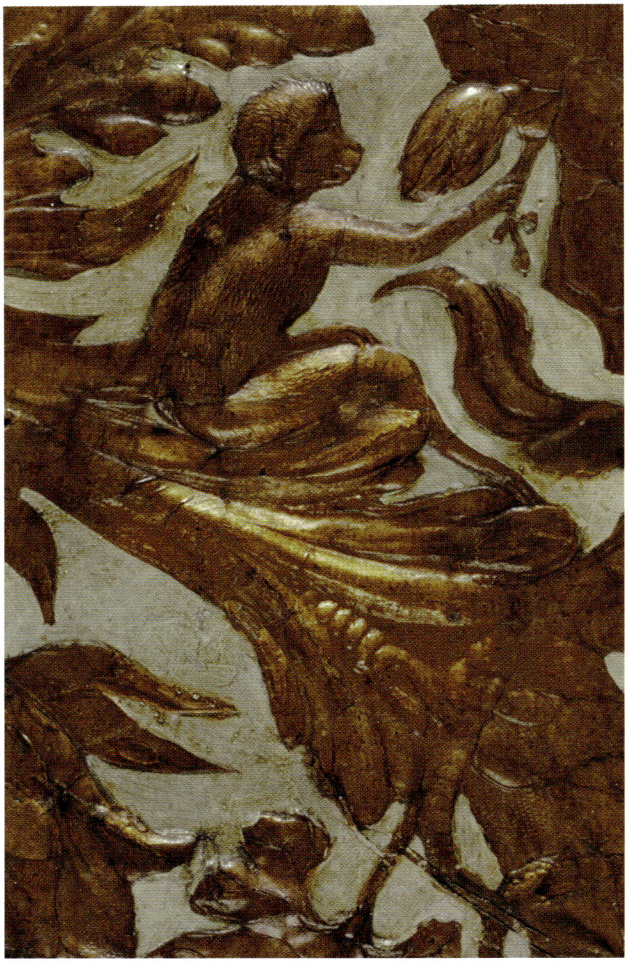

Literatur: Wormser 1913, Abb. 17, 18; Clouzot 1925, Abb. 10; Leiß 1970, S. 77, Abb. 51; Waterer 1971, Taf. 38a; Bender 1992, Abb. 1c; AK Essen 1991, Nr. 14; AK Essen 1998, S. 92–99; Fournet 2004, Bd. 6, S. 1002

[1] Vgl. AK Essen 1998, S. 94.

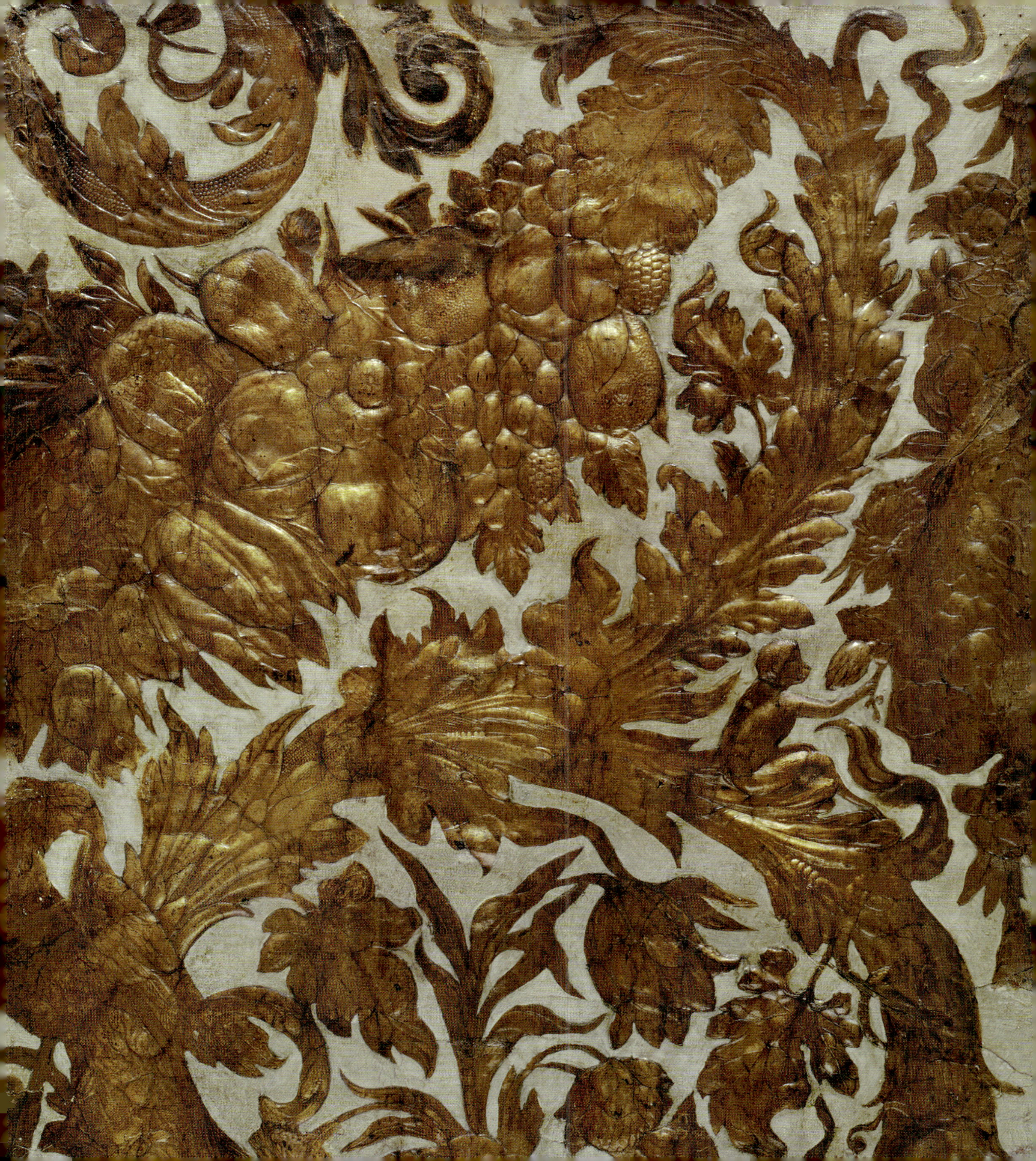

17 Goldledertapete mit Ranken und Vogelmotiven

Niederlande, 2. Hälfte 17. Jahrhundert

Leder (vermutlich Kalb), versilbert, goldgelb lackiert, geprägt, bemalt

73,5 x 57 cm

mhk · Deutsches Tapetenmuseum, Kassel, Inv. Nr. DTM 29/29

Vergleichsbeispiele: Museum Plantin-Moretus (Antwerpen), Musée National de la Renaissance (Écouen)

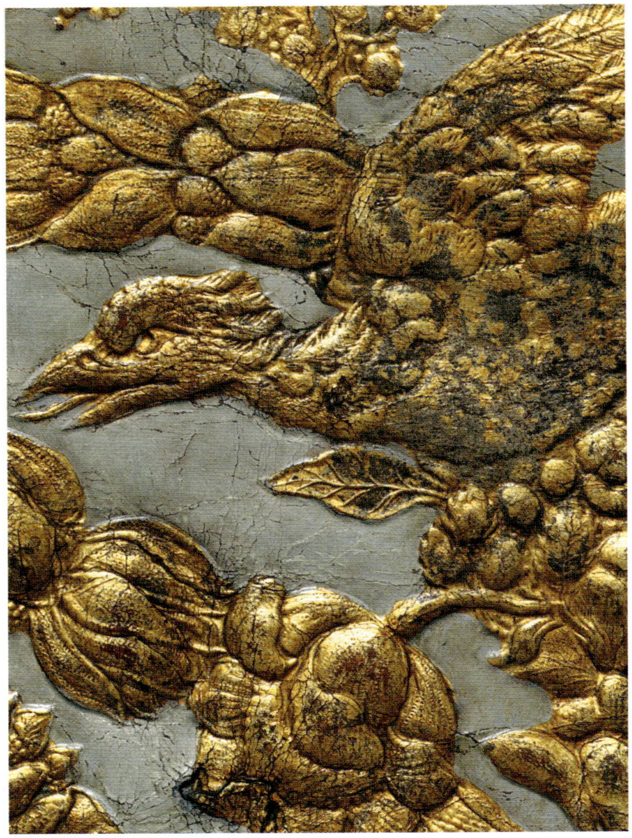

Goldene Ranken breiten sich großflächig auf dem hellgrauen Fond aus. Vielfach verzweigt, tragen sie Festons mit Granatäpfeln, Beeren, Eicheln und Getreideähren. Daneben sind Blumen dargestellt, die sich mit ihren plastisch gearbeiteten Blüten und fleischigen Blättern emporwölben. Diese verschwenderische Fülle der Natur dient zwei Vögeln als Nahrung. Während jener rechts oben den geöffneten Schnabel mit der gierig schlängelnden Zunge in Richtung der Beeren reckt, hat der Gefiederte unten links bereits die Beerenbeute gepackt.

Literatur: AK Essen 1991, Nr. 8; AK Den Haag/Groningen 1989, Nr. 85

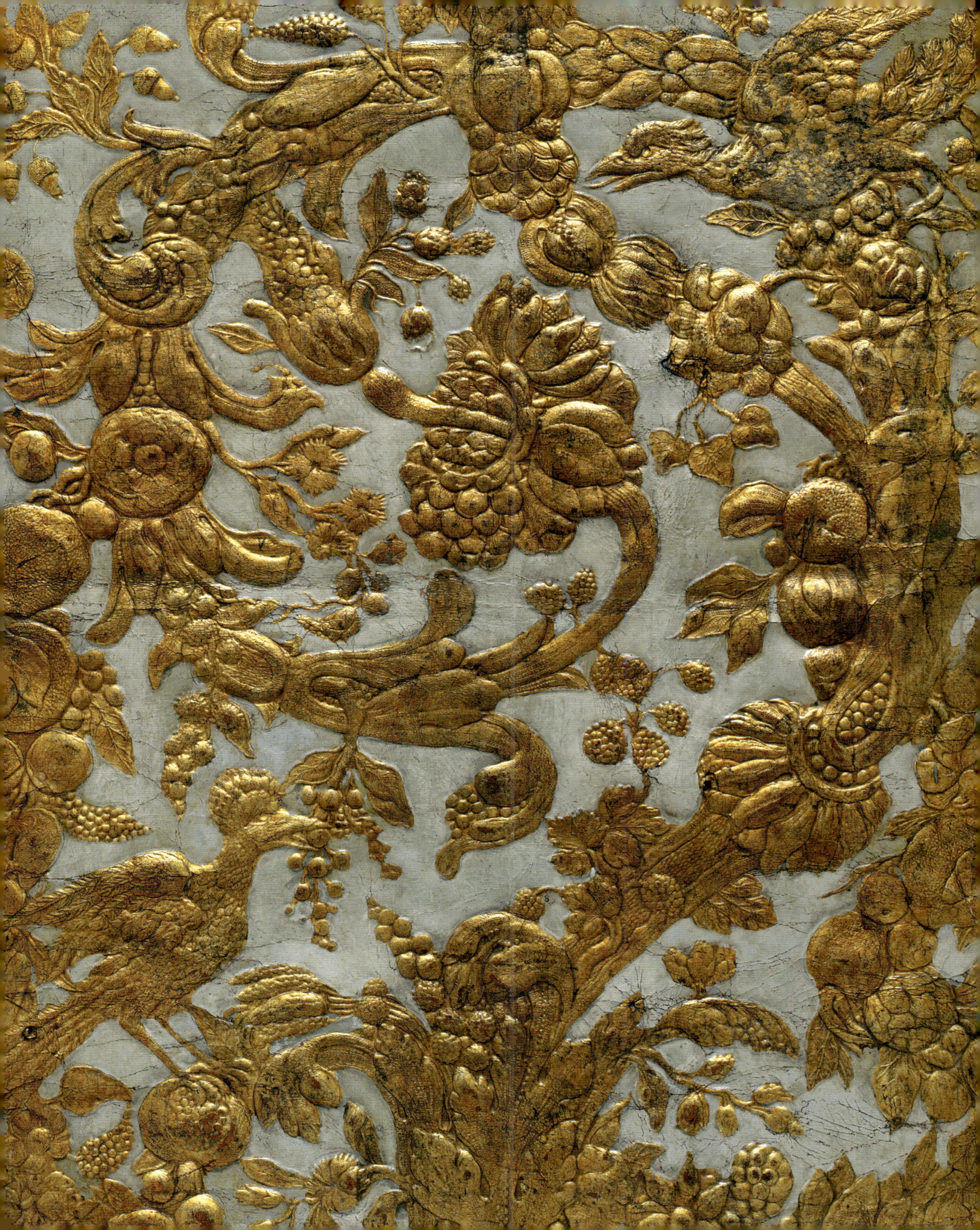

18 Goldledertapete mit der Allegorie der *Fünf Sinne*

Niederlande, um 1660

Leder (vermutlich Kalb), versilbert, goldgelb lackiert, geprägt, bemalt

53 x 53 cm

mhk · Deutsches Tapetenmuseum, Kassel, Inv. Nr. 58/58

Vergleichsbeispiele: Kunstgewerbemuseum, Staatliche Kunstsammlungen Dresden, Museo Nacional de Artes Decorativas (Madrid), Rijksmuseum (Amsterdam)

Sinnbilder und Personifikationen waren ein besonders beliebtes Motiv in der barocken Kunst. Dazu gehört auch die Verkörperung der fünf menschlichen Sinne in Gestalt von Putten, die mit entsprechenden Attributen ausgestattet wurden. Auf dieser niederländischen Tapete ist das Thema in eine Umgebung aus Ranken, Früchten und Blumen eingebettet. Oben wird ein Ensemble aus Muscheln ausgebreitet, das mit den Blumen- und Fruchtgebinden darunter eine Dreiecksform bildet, die für das niederländische Goldleder dieser Zeit typisch ist. In ihrer Mitte entfaltet sich eine Narzissenblüte, deren eingerollten Stiel ein Knabe ergreift. Er zieht auf diese Weise eine kleine runde, kirschenartige Frucht zu sich heran und symbolisiert damit den Geschmackssinn. Ein zweiter Putto in der rechten oberen Ecke schnuppert an einer Blume und bietet einen deutlichen Hinweis auf den Geruchssinn. Da die Tapete beschnitten wurde, ist bedauerlicherweise die Personifikation des Tastsinns oben am linken Rand nur noch an den Beinen zu erkennen, die Verkörperungen des Gesichts- und des Gehörsinns fehlen ganz. Eine abgewandelte Version dieses Sujets hat sich auf einem Kupferstich erhalten.[1]

Literatur: Wormser 1913, Abb. 15; Leiß 1970, Abb. 46; AK Essen 1998, S. 91f.; Thümmler 1998, S. 20f.; Fournet 2004, Bd. 1, S. 172

[1] Amsterdam, Rijksmuseum, Rijksprentenkabinet, Inv.-Nr. 1965–916; Koldeweij 1996, Abb. 89.

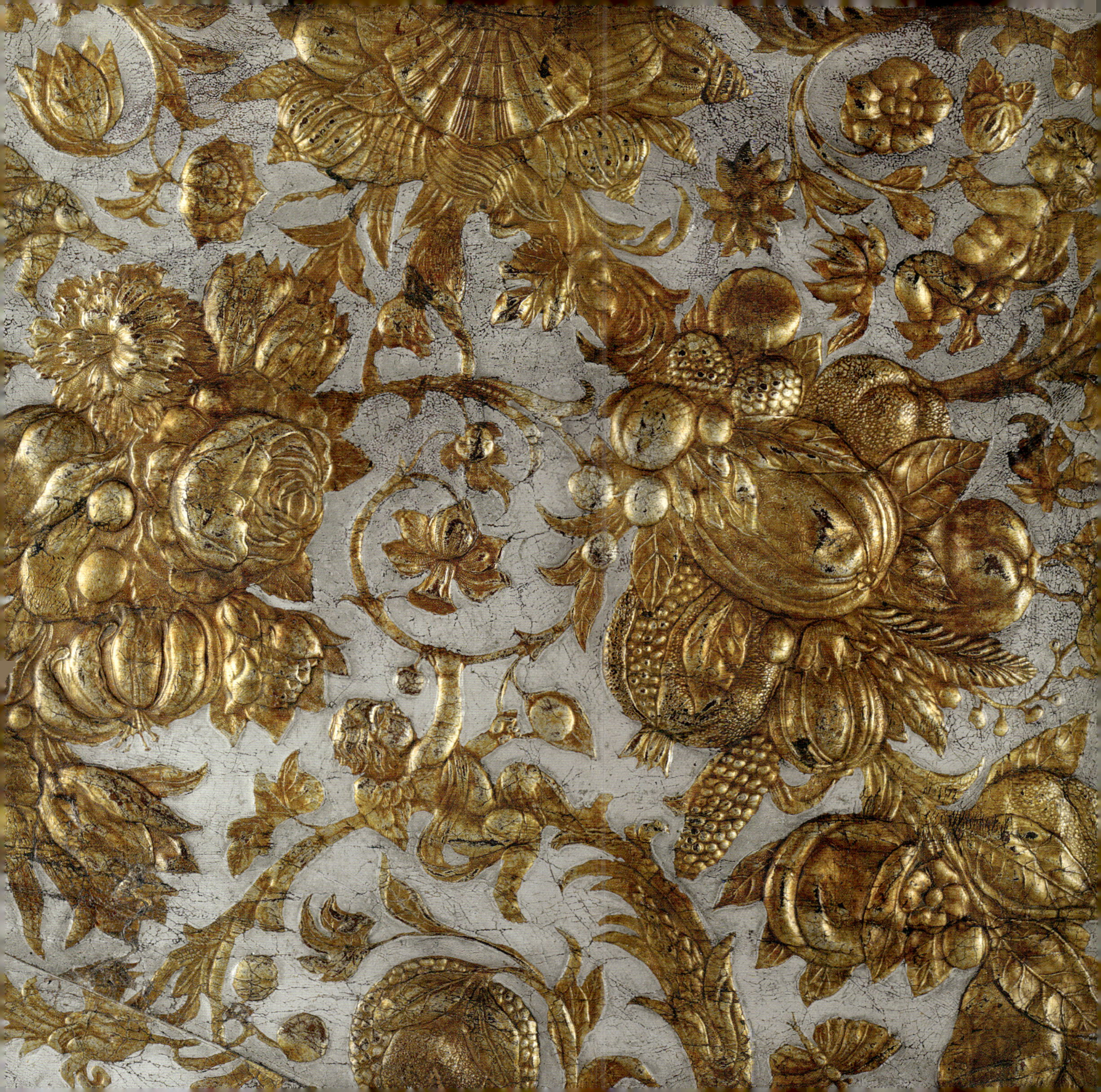

19 Goldledertapete mit der Allegorie

Sine Cerere et Baccho friget Venus

Niederlande, um 1670

Leder (vermutlich Kalb), versilbert, goldgelb lackiert, geprägt, bemalt

73 x 60 cm

mhk · Deutsches Tapetenmuseum, Kassel, Inv. Nr. DTM 68/68

Vergleichsbeispiele: Historisches Museum (Frankfurt/Main), Deutsches Ledermuseum – Schuhmuseum Offenbach, Museu de l'Art de la Pell (Vic), Rijksmuseum (Amsterdam), Diözesanmuseum und Muzeum Narodowe (Warschau), Victoria and Albert Museum (London)

Kopfüber wendet sich im oberen Teil dieser Tapete ein rebenbekränzter Putto seinen beiden Gefährten zu, die es sich unten auf einem Feston bequem gemacht haben. Dieser wird links von einem Affen und rechts von einem Vogel gehalten. Der Knabe links trägt einen Ährenkranz und hält eine Getreideähre empor, der rechte präsentiert einen Pfeil. Diese Attribute weisen auf die Bedeutung der Komposition hin: Die Knaben verkörpern antike Göttergestalten, die zum Personal eines Sinnspruchs gehören, welcher dem römischen Dichter Terenz zugeschrieben wird: »Sine Cerere et Baccho friget Venus.« – »Ohne Ceres (die Göttin der Getreidefrucht), und Bacchus (der Gott des Weines), friert Venus (die Göttin der Liebe).« (Ceres symbolisiert den fruchtbaren Sommer, kann aber auch den ewigen Frühling im mythischen Goldenen Zeitalter verkörpern.) Salopp formuliert, bedeutet dieser antike Aphorismus: Liebe geht durch den Magen. Dazu passend bestehen die Ranken des Tapetenmusters hauptsächlich aus Fruchtgehängen, die mit Perlschnüren verziert sind und von kleinen Tieren bevölkert werden. Zahlreiche voll erblühte Blumen ergänzen das sinnenfrohe Bild. Inmitten von Perlenketten flattert ein Schmetterling. Eine Eidechse klettert links oben auf eine Ranke, den Gegenpart übernimmt ein springendes Eichhörnchen auf der rechten Seite.

Es ist davon auszugehen, daß diese Tapete mit ihrer impliziten Aufforderung zum kulinarischen Genuß als Wandschmuck für einen Speisesaal vorgesehen war. Eine ähnliche Variation dieses Motivs entstand in der Amsterdamer Werkstatt des Maarten van der Heuvel (1647–1711), die zu den bedeutendsten der nördlichen Niederlande gehörte.[1] Davon hat sich ein Kupferstich erhalten, der das Dessin potentiellen Käufern vorstellen sollte[2] – entsprechende Entwürfe wurden oft von hochkarätigen Silberschmieden und anderen Künstlern angefertigt.[3] Wie beliebt das Terenz-Thema während der Barockzeit war, belegen insgesamt vierzehn verschiedene Variationen dieses Sujets.[4]

Literatur: Clouzot 1925, Abb. 32; Waterer 1971, Abb. 37; AK Essen 1998, S. 77; AK Essen 1991, Nr. 5; Bender 1992, Nr. 40; AK Essen 1998, Nr. 27; Thümmler 2004, Abb. 2

[1] Vgl. Koldeweij 2004, S. 18.
[2] Ebd.
[3] Vgl. AK Essen 1998, S. 25.
[4] Ebd., S. 66.

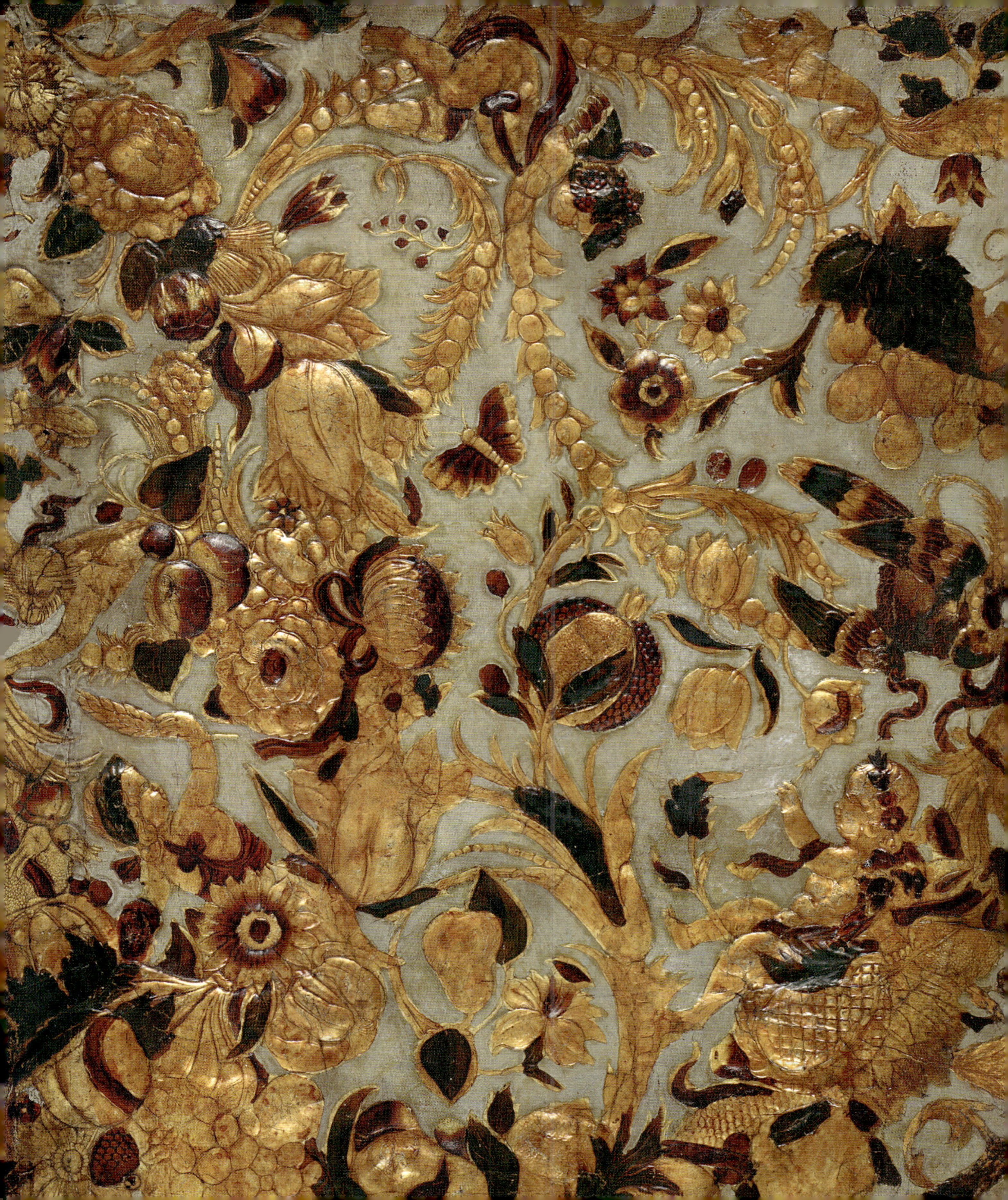

20 Goldledertapete mit Vogel und drei Putten

Niederlande, um 1655–1665

Werkstatt *Compagnie van Goudleermaken van der Heuvel* in Amsterdam (zugeschrieben)[1]

Leder, versilbert, goldgelb lackiert, geprägt, bemalt

78,5 x 65 cm

Provenienz: Schenkung von Herrn und Frau Dedo von Kerssenbrock-Krosigk, Barntrup

mhk · Deutsches Tapetenmuseum, Kassel, Inv. Nr. DTM 88/88

Vergleichsbeispiele: Kunstgewerbemuseum, Staatliche Kunstsammlungen Dresden, Schloß Dyrham Park (bei Chippenham), Museo Nacional de Artes Decorativas (Madrid)

Bei dem Motiv handelt es sich um eine weitere Variante eines verbildlichten Sinnspruchs – »Sine Cerere et Baccho friget Venus« –, als dessen Verfasser der römische Dichter Terenz gilt. Die Komposition ist weitgehend symmetrisch aufgebaut: Von der oberen Vogelgestalt ausgehend, schwingen zwei Perlschnüre und Ranken nach unten aus, zwischen denen drei Putten schweben. Unter ihnen ist ein Frucht- und Blumenfeston ausgebreitet. Die drallen Knaben präsentieren mit ausgestreckten Armen die ihrer Bedeutung entsprechenden Attribute:

Der linke trägt Trauben (Bacchus), der mittlere hält Getreideähren und Obst (Ceres), während der rechte von Blumen, u. a. auch einer Rose, umgeben ist (Venus). Aufschlußreich sind in diesem Zusammenhang die Parallelen der Symbolik zu einer weiteren im Barock sehr beliebten Allegorie, den personifizierten *Vier Jahreszeiten*. Dementsprechend können die Weintrauben auch den Herbst, die Ähren den Sommer und die Blumen den Frühling verkörpern. Aufgrund der fehlenden Personifikation des Winters ist diese Bedeutungsebene hier allerdings ausgeschlossen, da die Jahreszeiten ausschließlich im Viererverbund dargestellt werden.

Literatur: Waterer 1971, Abb. 38a/b; AK Essen 1998, Nr. 24

[1] AK Essen 1998, S. 24.

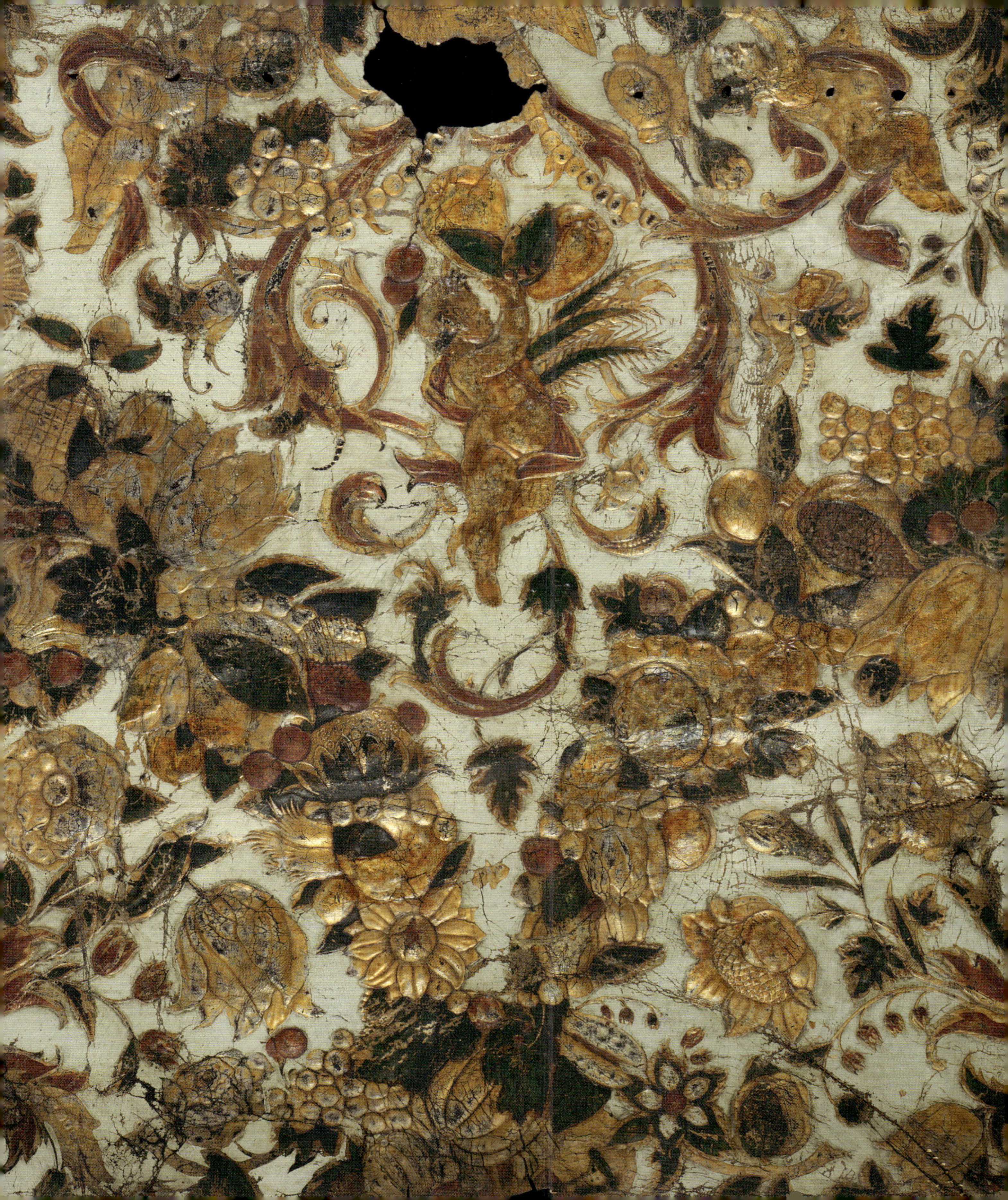

21 Goldledertapete mit einem Putto als Personifikation des Sieges, mit zugehöriger Bordüre

Niederlande, Mitte 17. Jahrhundert

Leder, versilbert, goldgelb lackiert, geprägt, bemalt

74 x 50,5 cm; 25,2 x 52

Provenienz: 1958 im Kunsthandel erworben

mhk · Deutsches Tapetenmuseum, Kassel, Inv. Nr. DTM 85/85a–c

Vergleichsbeispiel: Schloß Ehreshoven (bei Köln)

Das Karree zeigt eine ungewöhnliche Farbgebung, indem das Motiv nicht in Gold, sondern in Silber gehalten ist. Farbige Akzente setzen die in grüner und roter Lüsterfarbe hervorgehobenen Details. In einem verzweigten Rankengeflecht schwebt von rechts ein lorbeerbekränzter Putto heran. In seiner rechten Hand hält er einen Kranz, mit der Linken umgreift er eine Fanfare. Der Kranz gehört zur traditionellen Ausstattung der römischen Siegesgöttin Victoria. Schräg über dem Putto ergänzt ein zweiter bekränzter Knabe das musikalische Ensemble. Dieser hält ein Tamburin empor und ist im Begriff, das Schlaginstrument zum Klingen zu bringen. Er steht auf einer der zahlreichen Verästelungen, die alternierend Blüten, Blätter oder Obst tragen. Unterhalb der Ranke, die ihm als Standfläche dient, spreizt ein taubenartiger Vogel seine Flügel. Den Kopf nach links gewandt, hält er im Schnabel einen Olivenzweig, der symbolisch für den Frieden steht, dessen Sieg hier womöglich gefeiert wird.

Erfreulicherweise hat sich die ursprüngliche Bordüre der Goldledertapete erhalten, von der eine weitere Variante in Schloß Skokloster bei Stockholm aufbewahrt wird.[1] Das Kasseler Exponat zeigt zwei einander zugewandte Fabeltiere, links einen Greif, rechts einen Drachen, deren Leiber aus Blütenbouquets emporwachsen. Die mythischen Tiere gehören zum Formenvokabular der Grotesken, deren phantasievoll-bizarre Mischwesen im 17. Jahrhundert sehr populär waren (vgl. Kat. 7). Zwischen ihnen sprießen mannigfaltige beerenartige Pflanzen und Blumenzweige in einer Hülle aus Akanthusblättern.

[1] Vgl. AK Essen 1998, S. 118.

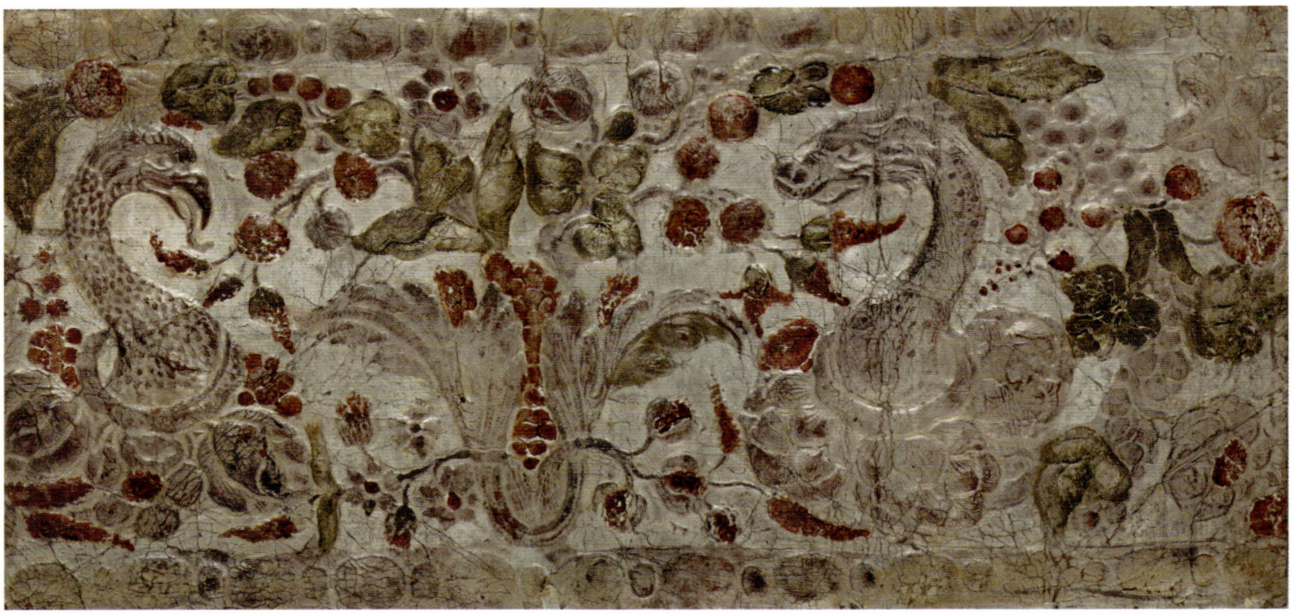

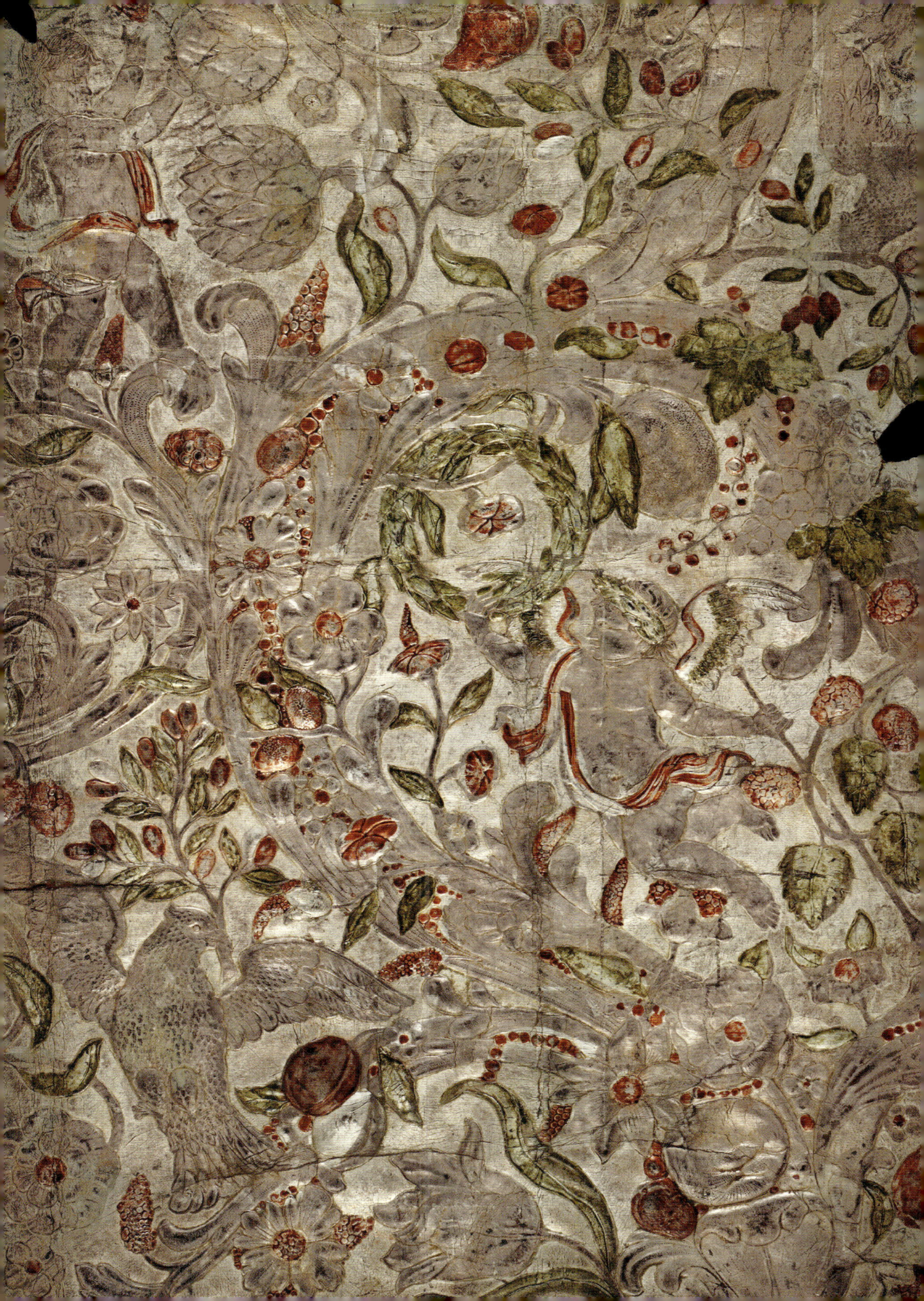

22 Goldledertapete mit Ranken und kleinem Drachen

Niederlande, Mitte 17. Jahrhundert

Leder (vermutlich Ziege), versilbert, goldgelb lackiert, geprägt, bemalt

74 x 58 cm

mhk · Deutsches Tapetenmuseum, Kassel, Inv. Nr. DTM 91/91

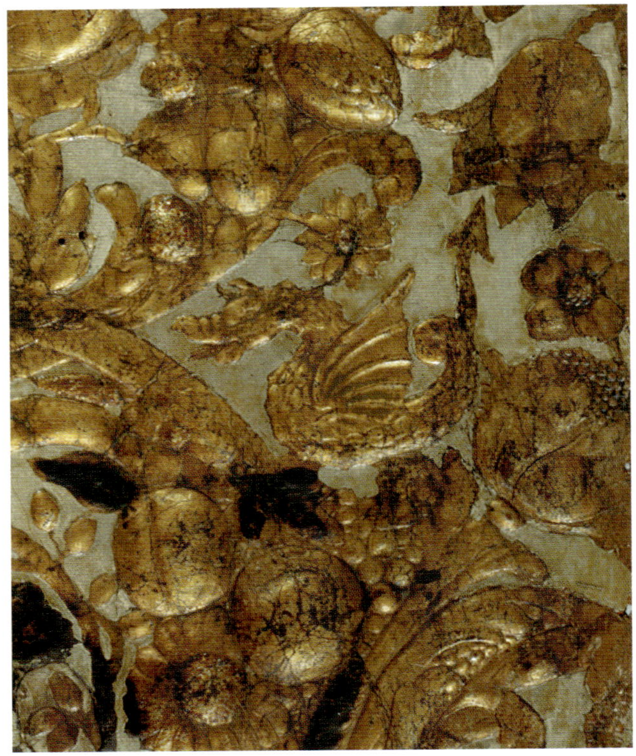

Wuchernde goldene Ranken mit einzelnen dunkelgrünen Farbspuren biegen sich unter der Last von Früchten. Darunter sind Trauben, Birnen, Pflaumen und Beeren zu erkennen. Neben einer Vielzahl von Blumen ergänzen Maiskolben und Eicheln den Pflanzenschmuck. Im rechten Mittelgrund spreizt ungewöhnlicherweise ein kleiner Drache seine Flügel, während auf vergleichbaren Tapeten zumeist Vögel, Affen oder Insekten dargestellt sind.

Literatur: Clouzot 1925, Bd. 2, Taf. XX; AK Den Haag/Groningen 1989, Nr. 11; AK Essen 1991, Nr. 7a

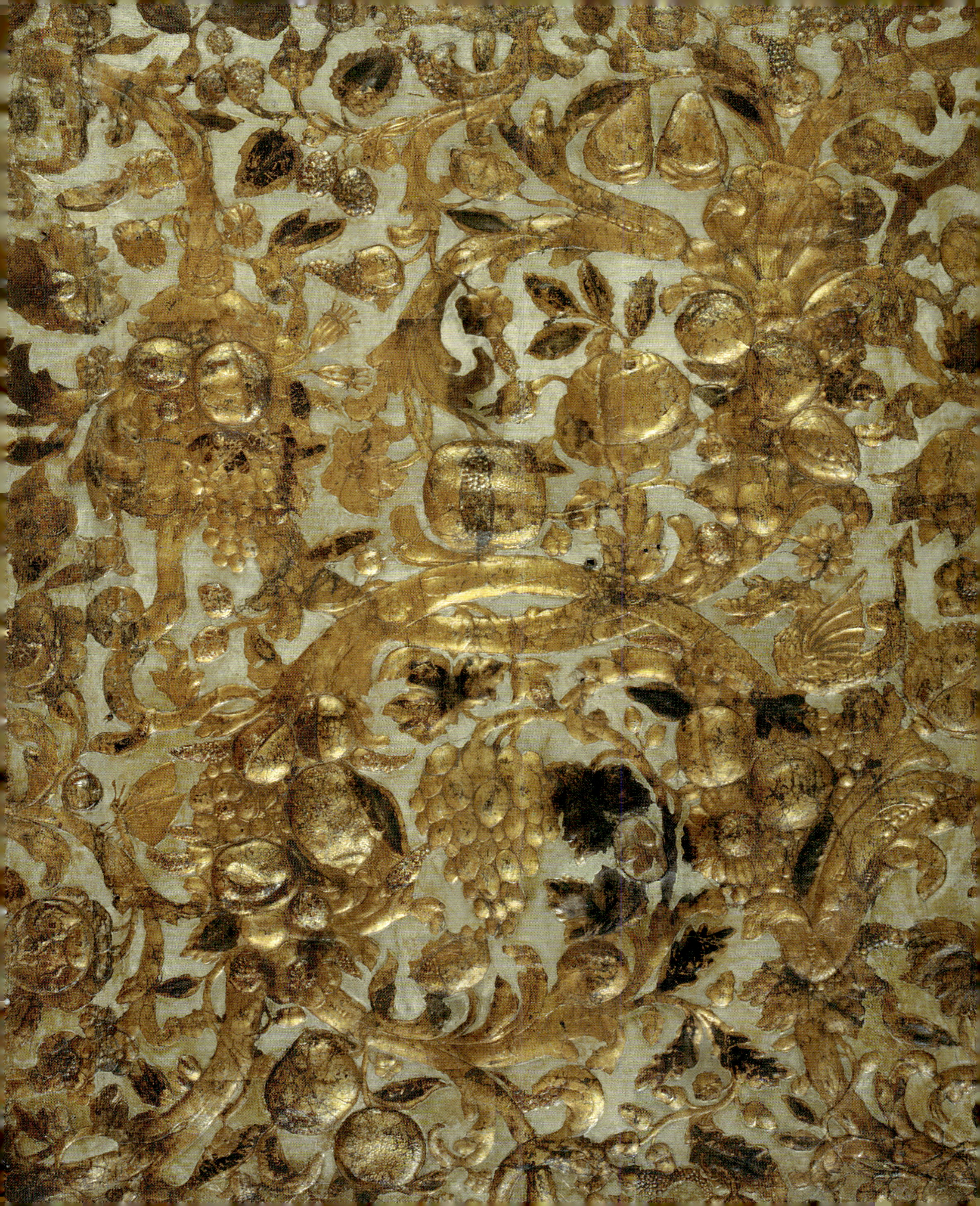

23 Goldledertapete mit Meleager und Atalante

Niederlande, um 1640–1660

Werkstatt *De Gecroonde Son* oder *De Vergulde Roemer* in Amsterdam (zugeschrieben)[1]

Leder, versilbert, goldgelb lackiert, geprägt, bemalt

140 x 110 cm

Provenienz: Hanley Castle, Severn End near Malvern (G3)

Leihgabe Kunsthandel Glass, Essen

Vergleichsbeispiele: Deutsches Tapetenmuseum (Kassel), Deutsches Ledermuseum – Schuhmuseum Offenbach, Bijlokemuseum voor Oudheden (Gent), Brooklyn Museum (New York), Highclere Castle (Newbury), Musée des Beaux-Arts (Lille), Museum Gruuthuse (Brügge), Museu de l'Art de la Pell (Vic), Kunstgewerbemuseum, Staatliche Kunstsammlungen Dresden, Rijksmuseum (Amsterdam), Schloß Skokloster (bei Stockholm), Victoria and Albert Museum (London)

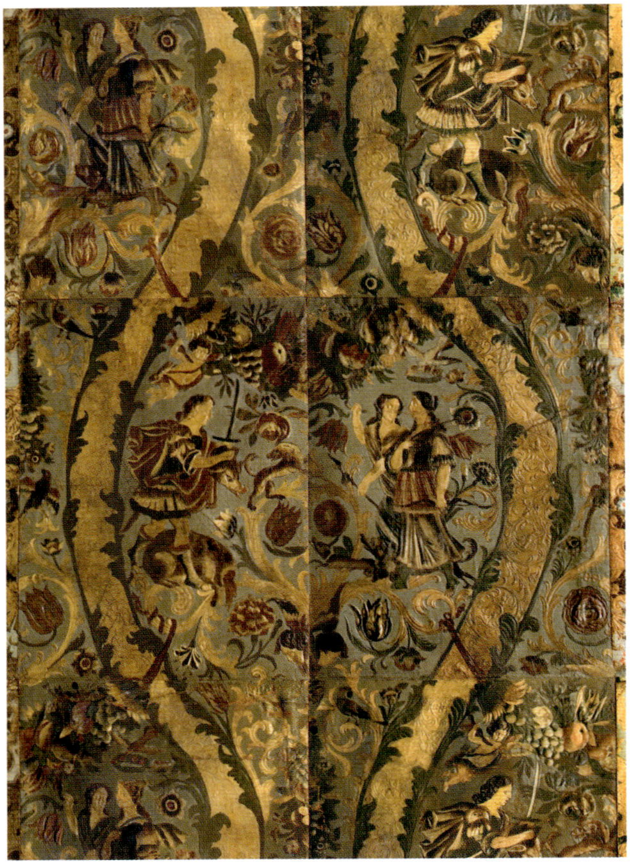

Abb. 22 Goldledertapete mit Meleager und Atalante, Niederlande, um 1640–1660, mhk · Deutsches Tapetenmuseum, Kassel, Inv. Nr. DTM 81/81

»Und dann rief er: Du Mädchen von Nonacris, nimm die Trophäen. Ich verfüge darüber: Mit Dir will die Ehre ich teilen!«[2] Mit diesen Worten wendet sich der Jäger Meleager an seine Jagdgefährtin Atalante. Diese Verse aus den *Metamorphosen* des römischen Dichters Ovid sind in bildlicher Form auf der Tapete umgesetzt: Meleager (links) überreicht Atalante (rechts mit einer Dienerin) den Kopf eines Ebers, dessen Leib auf dem Boden vor ihm liegt.

In seiner Mythensammlung schildert Ovid die Geschichte von Meleager und Atalante auf der Jagd nach dem Kalydonischen Eber. Das Untier war den Menschen von Artemis, der Göttin der Jagd, gesandt worden, da der Vater Meleagers, Oineus, ihr nicht gebührend geopfert hatte. Während der Mythos tragisch endet, wurde für die vorliegende Darstellung eine verheißungsvolle Episode ausgewählt. Es wird sogar ein fiktives Eheglück angekündigt, da eine Taube mit Hochzeitskranz über Atalante flattert und über Meleagers Kopf ein kleiner Amor ebenfalls einen Kranz hält. Die Jagdthematik wird in den miniaturhaften Szenen innerhalb der wellenförmigen Rankenbänder wieder aufgegriffen.

Literatur: Clouzot 1925, Abb. 42; Leiß 1970, S. 75, Abb. 48; Waterer 1971, Taf. 40; AK Den Haag/Groningen 1989, S. 128, Nr. 15; AK Essen 1998, Nr. 17, 18; AK Barcelona 1992, Nr. 180, S. 49, 103; Bulletin van het Rijksmuseum, Bd. 36 (1988), Heft 4, S. 343, 349; Thümmler 2004, Abb. 3; Fournet 2004, Bd. 9, S. 1460

[1] AK Essen 1998, S. 58.

[2] Ovid, Metamorphosen, 8. Buch, Verse 426–442.

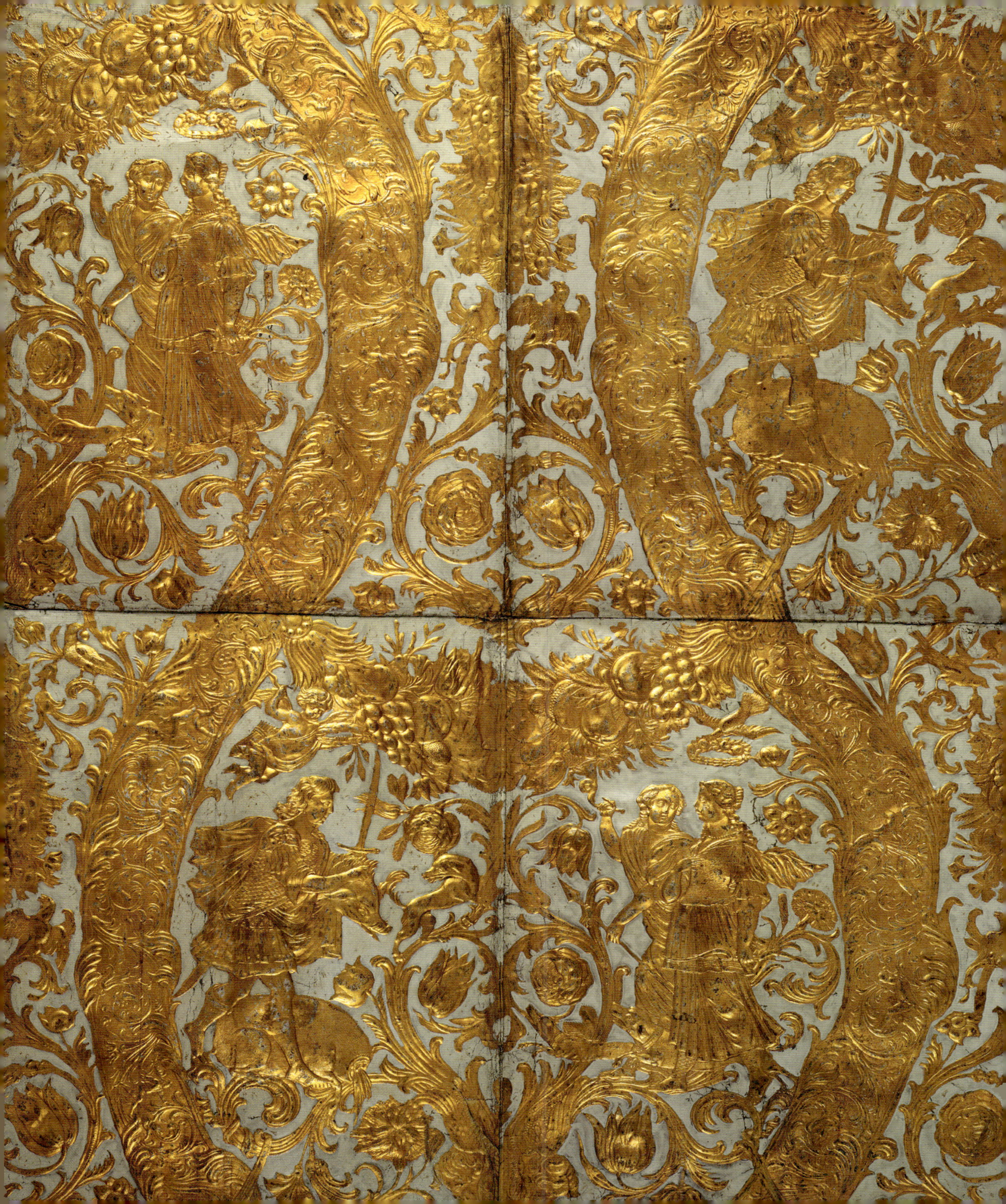

24 Goldledertapete mit Bacchus

Niederlande, um 1670

Leder, versilbert, goldgelb lackiert, geprägt, bemalt

54 x 56 cm

Provenienz: von Gustav Iven, Hamburg, gestiftet

mhk · Deutsches Tapetenmuseum, Kassel, Inv. Nr. DTM 70/70

Der rebenbekränzte Gott des Weines, Bacchus (griech. Dionysos), hat auf einer umwucherten Akanthusranke Platz genommen. Er hält in seiner Linken einen großen Pokal, mit der Rechten umfaßt er einen Weinkrug. Dieses der römischen Mythologie entnommene Motiv läßt an die Bacchanalien denken, die festlichen Gelage, die Bacchus zu Ehren veranstaltet wurden.

Links unten auf dem Karree wendet ein Vogel den Kopf in Richtung der Göttergestalt. Ob es sich hier um einen Adler handelt, den König der Lüfte, in den sich Zeus nach Belieben verwandeln konnte, muß dahingestellt bleiben – plausibel wäre es aber insofern, da Zeus als Vater des Dionysos gilt. Ein weiteres Rätsel geben Kleidung und Haltung des sitzenden Bacchus auf, denn er ist in ein mittig gegürtetes Kleid mit weiten, flatternden Ärmeln gehüllt, eine Gewandform, die üblicherweise von Frauen getragen wurde. Das linke Bein ist über das rechte gelegt und bis übers Knie entblößt – auch diese Pose ist eher weiblich konnotiert. Möglicherweise wurde beim Entwurf dieses Tapetenmotivs auf antike Vorbilder zurückgegriffen, denn diese zeigen den Weingott ebenfalls mit femininen Zügen, wie z. B. eine Darstellung auf einem Tellergriff aus dem 3. Jahrhundert n.Chr.[1] Der Goldledertapete zeitlich näher steht die barocke Malerei, die den jugendlichen Bacchus manchmal mit androgynen, bisweilen aber auch mit weiblichen Zügen ausstattete.

[1] Vgl. Hamdorf 1986, Abb. 70.

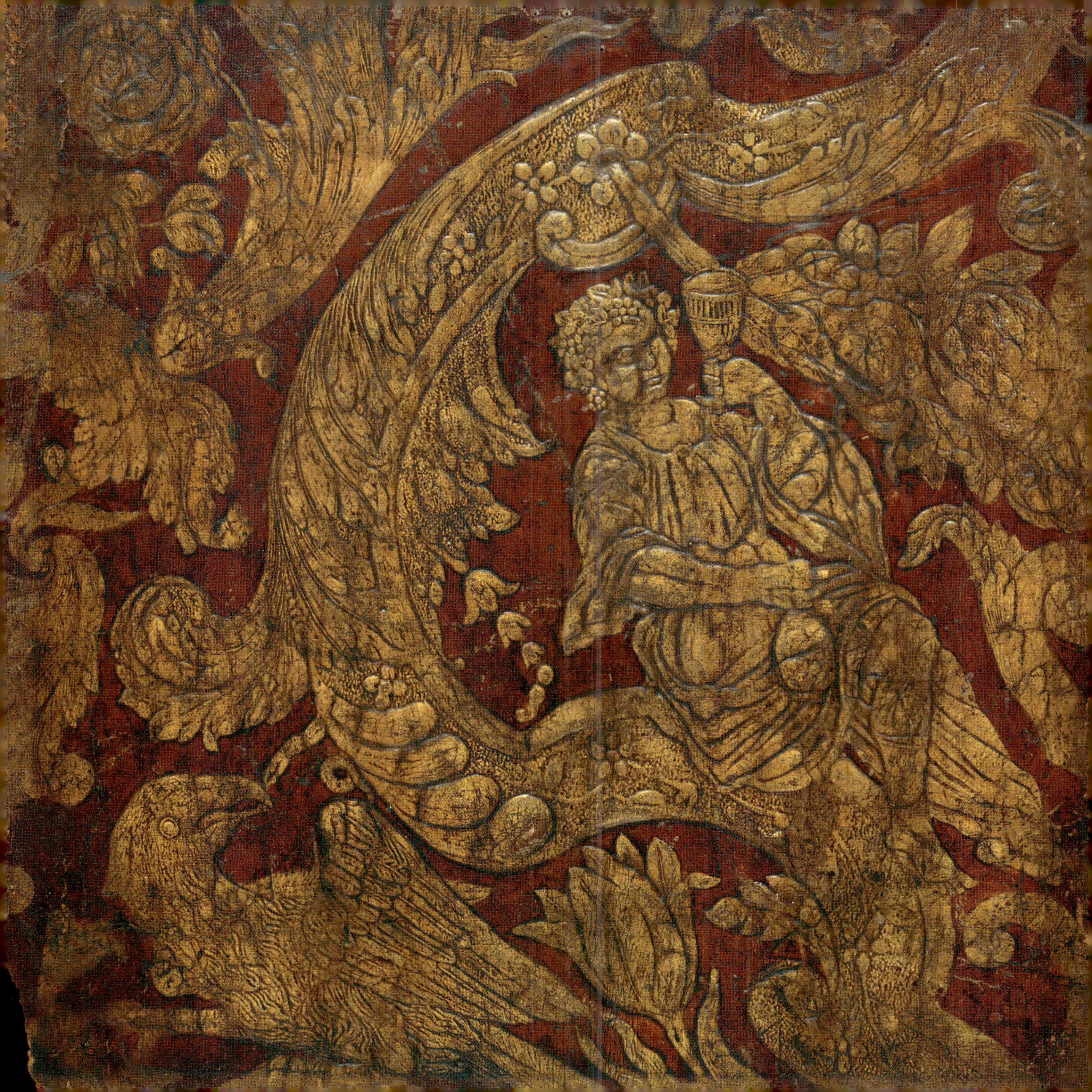

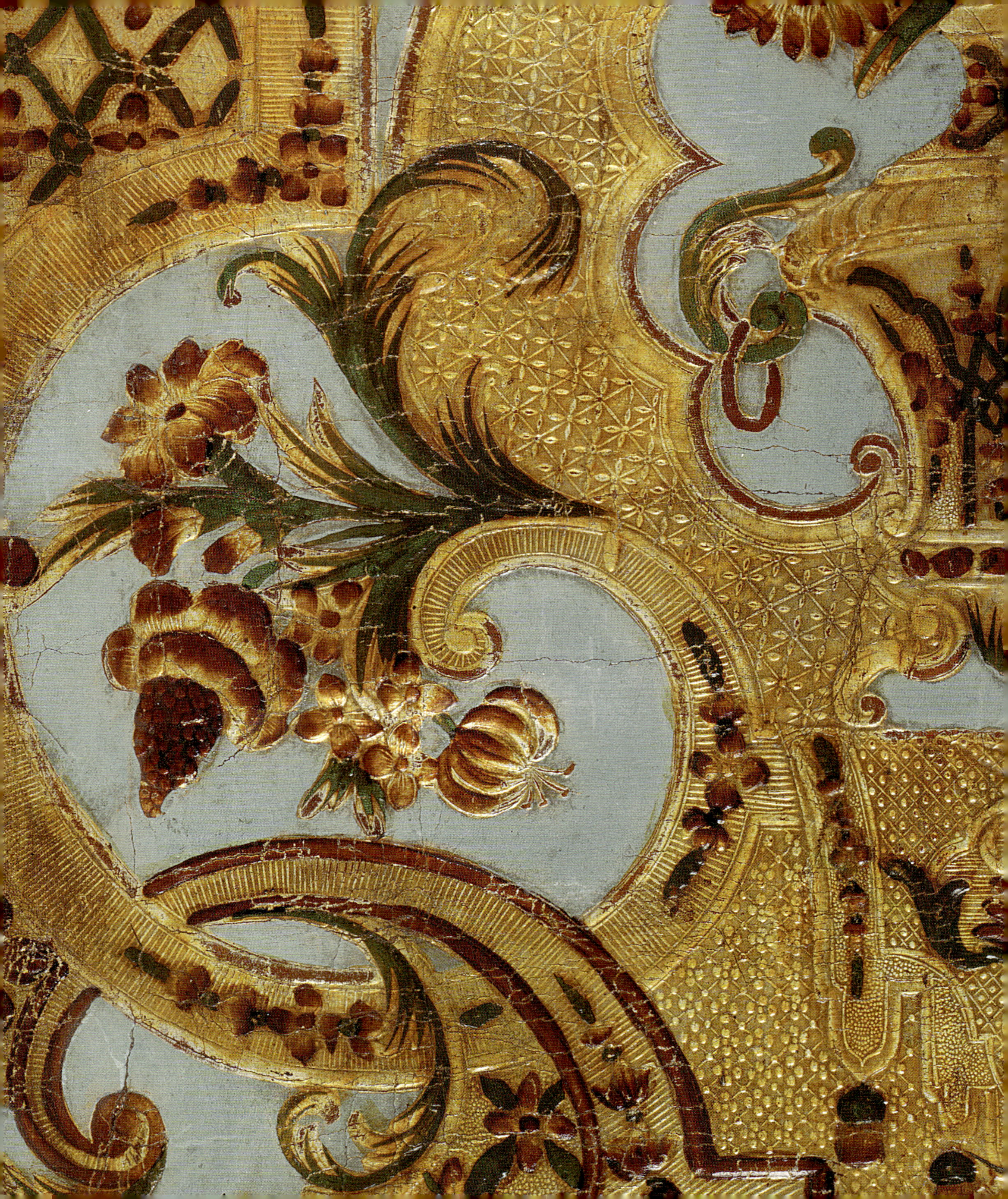

Niederländische Goldledertapeten des Spätbarock

Gegenüber den üppigen barocken Formen sind die neuen niederländischen Entwürfe der Zeit um 1700 flacher geprägt und zierlicher in der ornamentalen Ausführung. Diese Tendenz spiegelt sich insgesamt auch in der Raumgestaltung wider, denn der repräsentativ-zeremonielle Charakter tritt in den Hintergrund und macht einer subtileren Eleganz Platz. Dementsprechend werden flache Pilaster den massiven Säulen vorgezogen, hellere Farben und feinere Ornamente bestimmen die Wandgestaltung. Der zeittypische Dekor zeigt in erster Linie geometrische Kompositionen in symmetrischem Aufbau mit stilisierten Palmetten, geschwungenen Bändern und Gitterwerk. Damit unterscheidet sich auch das Goldleder deutlich von den älteren niederländischen Tapeten. Im Gegensatz zu den hohen Reliefpartien und den wuchernden Formationen dominieren nunmehr weniger ausgeprägte Reliefs, die interessanterweise partiell auch die alte Technik des Punzierens imitieren. Eine weitere Differenz in der Gestaltung betrifft den Rapport, der sich jetzt auf ein Karree beschränkt, während er sich vor 1700 häufig über zwei bis vier Tafeln erstreckte.

Wichtige Impulse verdanken die Entwürfe zu Beginn des 18. Jahrhunderts dem Franzosen Daniel Marot (1661–1752), der bereits im Zusammenhang mit den italienischen Tapeten erwähnt wurde.[1] Durch die Publikation seiner Ornamentstiche in den Jahren 1703 und 1712[2] trug er entscheidend zur Popularität der Muster mit geschwungenen Rahmenleisten bei, dem sogenannten Bandelwerk.[3] 1685 hatte er, wie so viele Hugenotten, nach der Aufhebung des Edikts von Nantes aus Frankreich fliehen müssen. Im niederländischen Exil stand er unter anderem in den Diensten König Wilhelms von Oranien. Im Auftrag dieses Herrschers entstand eine der eindrucksvollsten Schöpfungen des französischen Künstlers, das niederländische Schloß Het Loo mit seinen aufwendigen Gartenanlagen. Marot prägte nachhaltig die Formensprache der *Régence*, der von 1715 bis 1723 reichenden Regierungszeit Philipps II. von Orléans. Der Herzog war der Neffe des französischen Herrschers Ludwig XIV. (1638–1715) und vertrat nach dessen Tod den minderjährigen König Ludwig XV. (1710–1774). Philipp verlegte den Regierungssitz von Versailles nach Paris und beförderte eine freiheitliche Atmosphäre, in welcher sich die Salons als gesellschaftlich-kulturelle Zentren etablieren konnten.

[1] Vgl. Ottenheym/van Eck 1988.

[2] Die Publikation erfolgte unter dem Titel *Patrons d'Etoffes et de Velours;* vgl. Jessen 1892.

[3] Zahlreiche Entwürfe mit Bandelwerk finden sich auch im Werk von Paul Decker d. Ä. (1677–1713), der als Baudirektor in Bayreuth arbeitete und das umfangreiche Vorlagenwerk *Der Fürstliche Baumeister* (1711/1716) publizierte; vgl. Kutscher 1995.

25 Goldledertapete, sogenannte *Vogeltapete*

Niederlande, um 1703–1730

Werkstatt von Carolus Jacobs in Mechelen (zugeschrieben)

Leder, versilbert, goldgelb lackiert, geprägt, bemalt

mhk · Deutsches Tapetenmuseum, Kassel, Inv. Nr. DTM 5/5

Vergleichsbeispiele: Deutsches Ledermuseum – Schuhmuseum Offenbach, Schloß Anholt (Isselburg-Anholt), Schloß Moritzburg (bei Dresden), Schloß Weesenstein (bei Dresden), Schloß Frens (Bergheim), Kunstgewerbemuseum, Staatliche Kunstsammlungen Dresden, Centraal Museum (Utrecht), Frans Hals Museum (Haarlem), Stedelijke Musea (Mechelen), Museum Gruuthuse (Brügge), Koninklijke Musea voor Kunst en Geschiedenis (Brüssel), Musée National de la Renaissance (Écouen), Musée des Beaux-Arts (Lille), Musée des Arts Décoratifs (Paris), Museo Stibbert (Florenz), Museum Vleeshuis (Antwerpen), Metropolitan Museum of Art (New York), Nijmeegs Museum Commanderie van Sint-Jan (Nijmegen), Rijksmuseum (Amsterdam), Victoria and Albert Museum (London)

26 Goldledertapete, sogenannte *Vogeltapete*

Variante von Kat. 25

mhk · Deutsches Tapetenmuseum, Kassel, Inv. Nr. DTM 26/26b

27 Goldledertapete, sogenannte *Vogeltapete*

Variante von Kat. 25

mhk · Deutsches Tapetenmuseum, Kassel, Inv. Nr. DTM 26/26a

Noch heute kündet die weite Verbreitung von der enormen Beliebtheit dieses Dessins, das auf einen Stoff-Entwurf Daniel Marots in seinen *Patrons d'Etoffes et de Velours* zurückgeht.[1] Auf dem Goldleder ist eine sechseckige Bandelwerkkartusche dargestellt, die den Binnenfond für das zentrale Motiv bildet: Ein sich verjüngendes Gitterwerkpodest, das eine stilisierte Palmette zwischen einem Vogelpaar trägt. Die symmetrisch angeordneten Vögel haben ihre Flügel gespreizt und verharren in einer artifiziellen Haltung, indem sie in Schnabel und Krallen blühende Zweige festhalten. Weitere Blütenmotive zieren auch die geometrischen Bildelemente und tragen damit insgesamt zum raffiniert-verspielten Effekt dieses Arrangements bei. Im Bestand des Deutschen Tapetenmuseums haben sich erfreulicherweise drei Varianten dieses Musters erhalten, deren jeweils unterschiedliche Farbkombination eine spezifische Wirkung hervorruft. Während die Reduktion auf Grau und Schwarz einen zurückhaltend-feierlichen Eindruck vermittelt, wirkt die Variation mit dem dunkelroten Randbereich festlich. Dagegen erscheint die dritte Variation mit hohem Blauanteil farbenfroh und heiter.

Literatur: Wormser 1913, Abb. 33; Clouzot 1925, Abb. 15; AK Madrid 1955, Nr. 230; Leiß 1970, S. 78, Abb. 52; Waterer 1971, Abb. 53, 54; Werner 1972, Abb. 9; AK Den Haag/Groningen 1989, Nr. 36; Gall 1965, Abb. 237; AK Essen 1991, Nr. 15, 16; Bender 1992, Nr. 108; AK Essen 1998, S. 139–145, 159f.; Thümmler 1998, S. 22; Fournet 2004, Bd. 9, S. 1441

[1] Vgl. Jessen 1892, Abb. 3

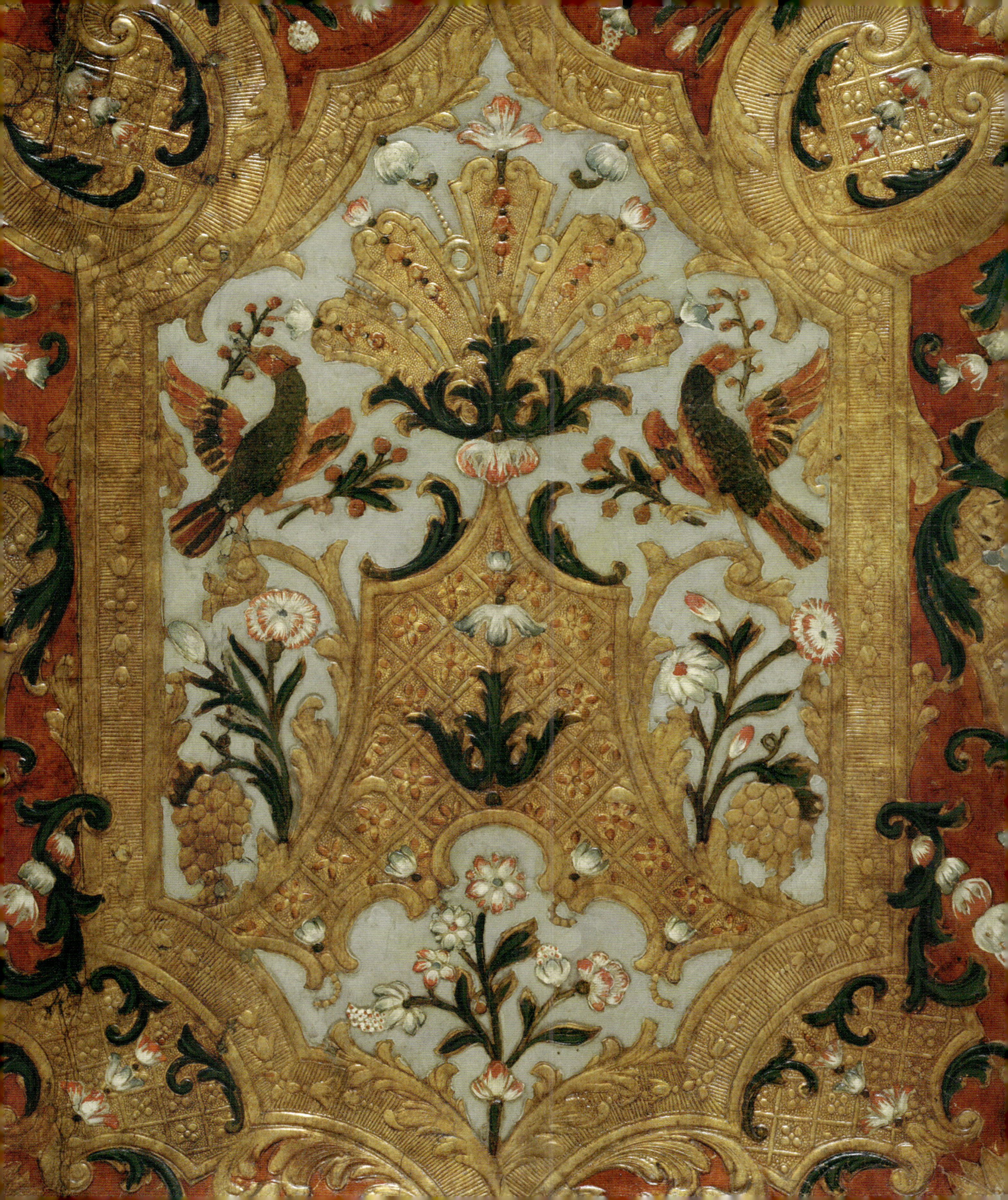

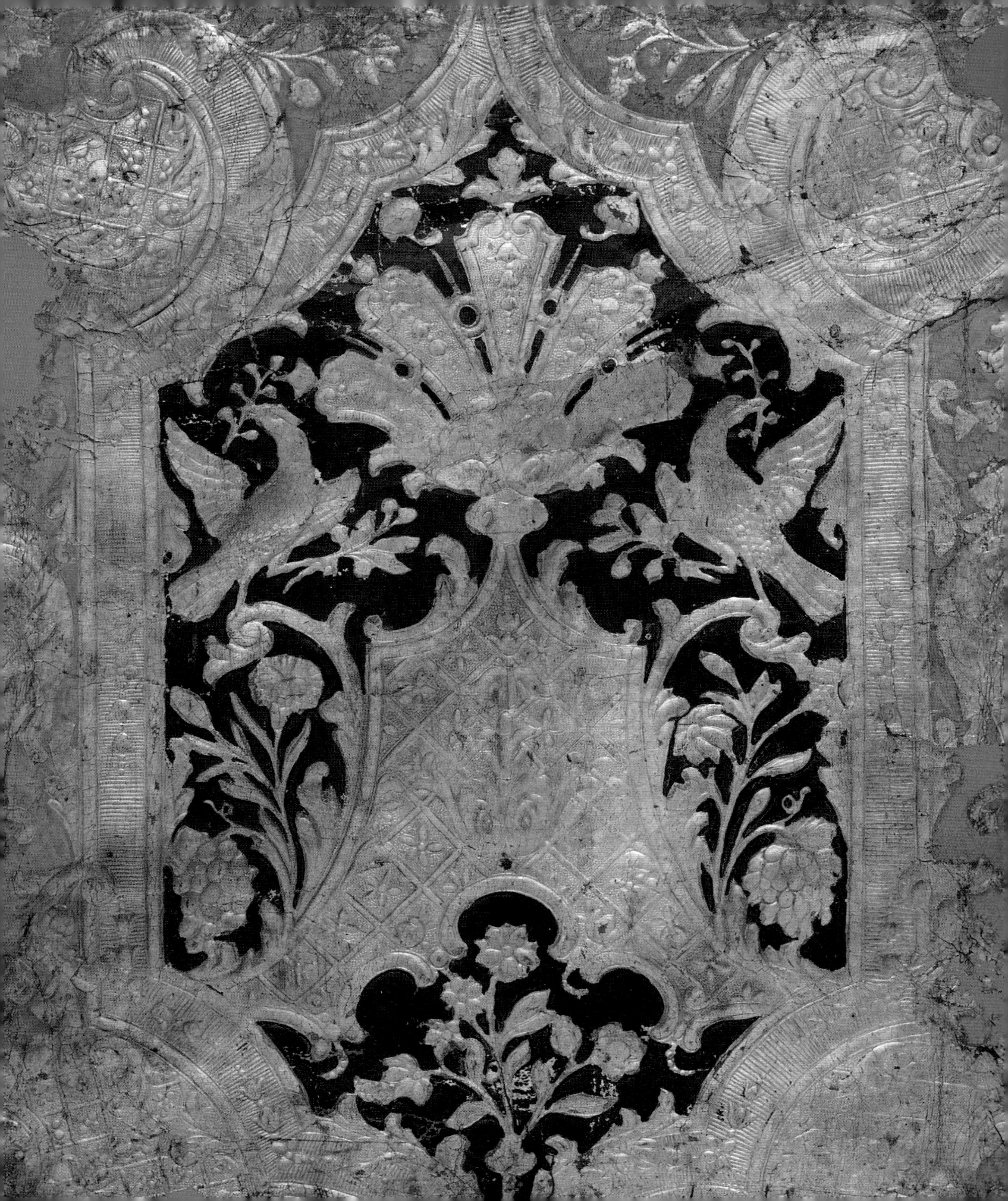

28 Goldledertapete mit Blumenfächer

Niederlande, um 1720–1730

Werkstatt von Carolus Jacobs in Mechelen (zugeschrieben)[1]

Leder (vermutlich Kalb), versilbert, goldgelb lackiert, geprägt, bemalt

65 x 51 cm

Provenienz: im Kunsthandel erworben

mhk · Deutsches Tapetenmuseum, Kassel, Inv. Nr. DTM 64/64

Vergleichsbeispiele: Kunstgewerbemuseum, Staatliche Kunstsammlungen Dresden, Schloß Anholt (Isselburg-Anholt), Schloß Jever (Jever), Schloß Augustusburg (Brühl), Museum Vleeshuis (Antwerpen), Museum Mayer van den Bergh (Antwerpen), Rijksmuseum (Amsterdam), Nederlands Leder en Schoenenmuseum (Waalwijk), Museo Nacional de Artes Decorativas (Madrid)

Ein von Akanthusblättern flankierter Goldrahmen aus Bandelwerk trennt bei dieser Tapete die äußeren, blau bemalten Felder vom hellgrauen, kartuschenartig aufgebauten Binnenraum ab. Dieser Farbdreiklang wird überdies durch das Rot der stilisierten Muschelform belebt, deren Zentrum ein Blumengebinde ziert. Im unteren Kartuschenfeld prangt ein Fruchtarrangement, das die strenge Symmetrie des Ornaments auflockert. Zu dieser Wirkung tragen ebenfalls die zierlichen Blütenzweige bei, die den Rahmenbereich umranken.

Literatur: Wormser 1913, Abb. 29; AK Madrid 1955, Tafel LXXXVIII, Nr. 233; Leiß 1970, Abb. 54; AK Essen 1998, Nr. 122

[1] AK Essen 1998, S. 194.

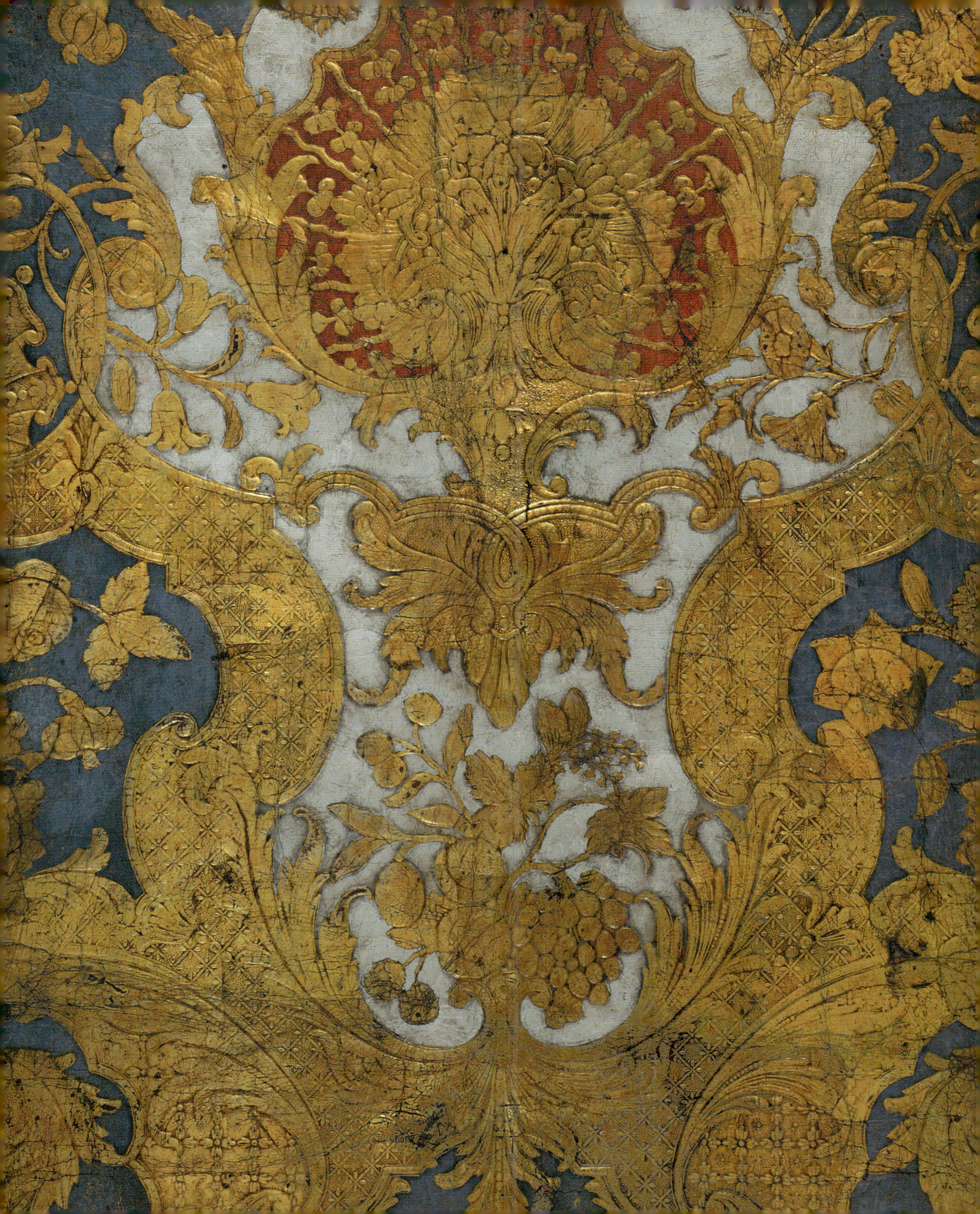

29 Stuhl, mit Goldleder bespannt

Darmstadt (?), 1715–1720

Walnußholz; Leder, versilbert, goldgelb lackiert, geprägt, bemalt

123 x 51 x 55 cm

Provenienz: Besitz der Landgrafen von Hessen-Darmstadt

Leihgabe Hessische Hausstiftung, Kronberg i. T.

Wie beliebt das Fächermotiv mit stilisierter Muschelform (vgl. Kat. 28) war, zeigt neben seiner weiten Verbreitung auch das Beispiel dieses prunkvollen Stuhls. Dem dekorativen Goldleder entspricht die aufwendige Bearbeitung der hölzernen Partien, die mit großer Kunstfertigkeit ausgeführt worden sind. Die Initialen *EL* auf dem oberen Teil der Rückenlehne weisen auf den Auftraggeber, Ernst Ludwig Landgraf von Hessen-Darmstadt (1667–1739), hin.

Literatur: AK Portland 2005, S. 43; Fournet 2004, Bd. 1, S. 188

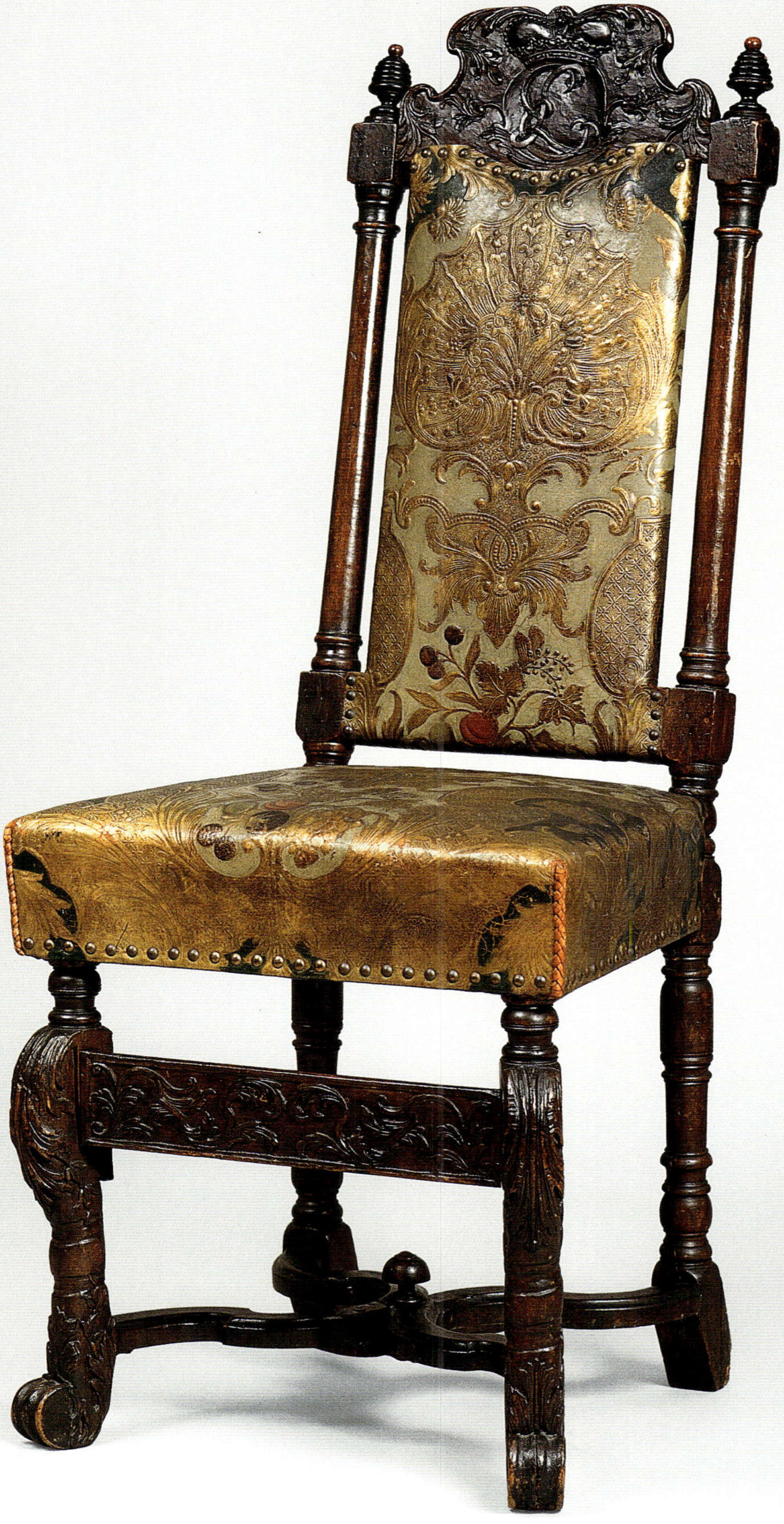

30 Goldledertapete mit Vasenmotiv

Niederlande, um 1703–1730

Leder (vermutlich Kalb), versilbert, goldgelb lackiert, geprägt, bemalt

65 x 51 cm

Provenienz: um 1930 erworben

mhk · Deutsches Tapetenmuseum, Kassel, Inv. Nr. DTM 63/63

Vergleichsbeispiele: Löwenburg, museumslandschaft hessen kassel, Kunstgewerbemuseum, Staatliche Kunstsammlungen Dresden, Deutsches Ledermuseum – Schuhmuseum Offenbach, GRASSI Museum für Angewandte Kunst (Leipzig), Staatliche Museen zu Berlin – Kunstgewerbemuseum Schloß Köpenick (Berlin), Bijlokemuseum (Gent), Musée des Arts Décoratifs (Paris), Musée Historique Lorrain (Nancy), Museo Nacional de Artes Decorativas (Madrid), Rijksmuseum (Amsterdam), Stedelijke Collectie im Stadhuis (Oudenaarde), Victoria and Albert Museum (London), Museum Plantin-Moretus (Antwerpen), Nordiska Museet (Stockholm), Metropolitan Museum of Art (New York)

Abb. 23 Entwurf von Daniel Marot, Patrons d'Etoffes et de Velours, Paris 1703/1712

Der Entwurf dieser Tapete läßt sich auf eine Ornamentvorlage von Daniel Marot (1661–1752) zurückführen, die in seinem Werk *Patrons d'Etoffes et de Velours*[1] zu Beginn des 18. Jahrhunderts publiziert wurde (Abb. 23). Blickfang ist ein Podest mit einer reich skulptierten Vase, aus deren Hals ein Strauß mit Tulpen, Rosen und Sonnenblumen emporwächst. Das Gefäß ist prunkvoll in Szene gesetzt, indem das tragende Piedestal mit einem aufwendigen Behang bedeckt ist. Über den Blumen wölbt sich ein schmückender Baldachin. Dieser Effekt wird durch den großflächig aufgetragenen Goldlack noch gesteigert, dessen Glanz durch die Bemalung von Details in Rot und Grün weiter betont wird. Das Rahmenwerk dieses Dessins besteht aus raffiniert verschränkten Bögen und Schwüngen, in deren Zwischenräumen Blumendekor ausgebreitet ist. Rautenförmig angeordnete Blüten nehmen das dezent geprägte Gittermuster des Rahmens auf und überführen es in eine komplementäre Farbigkeit – sattes Rot für die Blüten und leuchtendes Grün für die stilisierten Blätter.

Literatur: Wormser 1913, Abb. 37; AK Madrid 1955, Nr. 217, 219, 220, 222, 223; Waterer 1971, Taf. 51, 76; AK Den Haag/Groningen 1989, Nr. 39, Abb. 1; AK Essen 1991, Nr. 19, 20; AK Barcelona 1992, Nr. 285, S. 55, 127; Bender 1992, Kat. Nr. 174; AK Essen 1998, S. 170–177; AK Girona 2004, S. 23; Thümmler 2004, Abb. 4; Fournet 2004, Bd. 6, S. 923

[1] Vgl. Jessen 1924, S. 195.

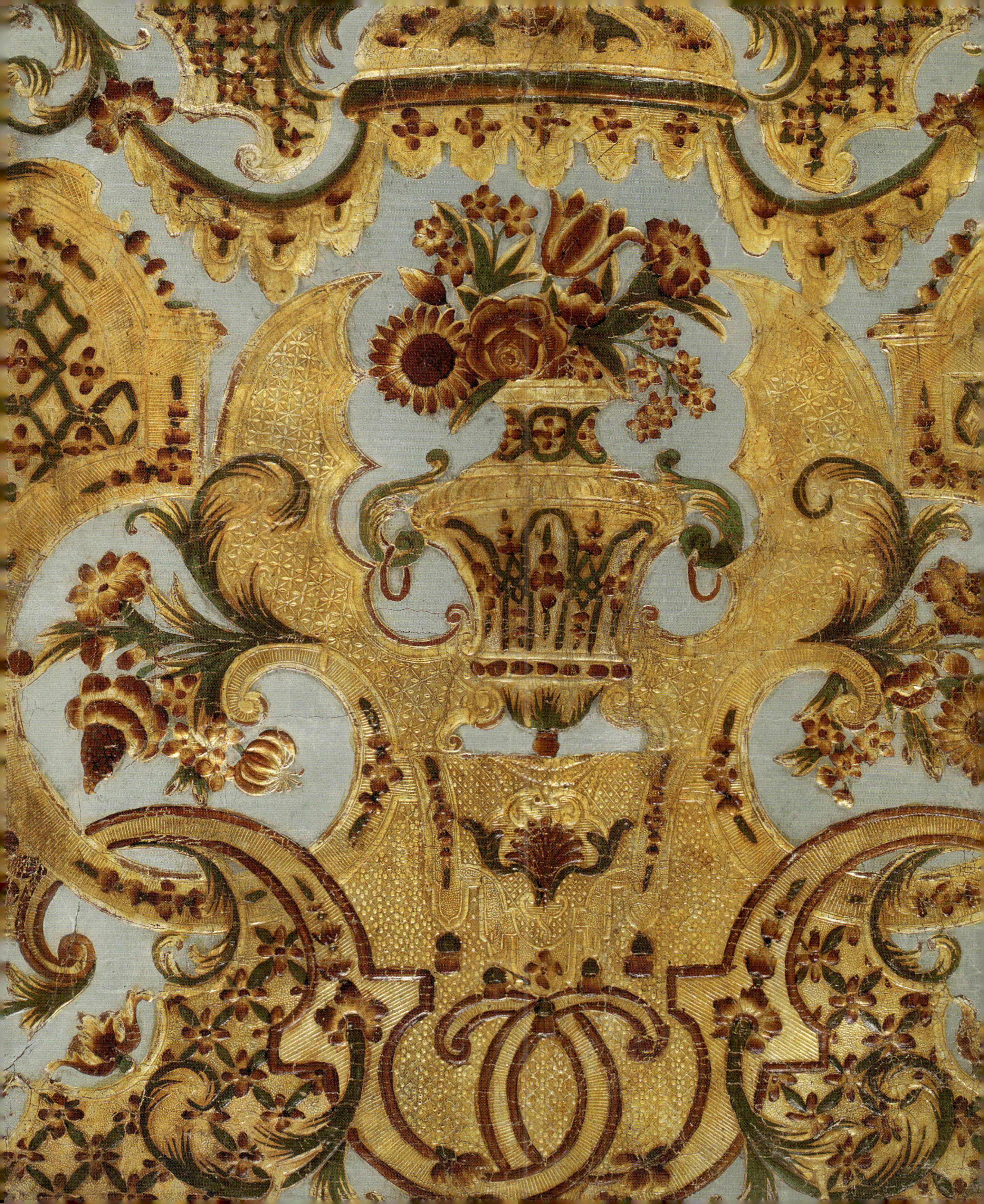

31 Goldledertapete mit Blumen im Bandelwerkrahmen

Niederlande, 1720–1730

Leder (vermutlich Kalb), versilbert, goldgelb lackiert, geprägt, bemalt

68 x 52 cm

Provenienz: unbekannt

mhk · Deutsches Tapetenmuseum, Kassel, Inv. Nr. DTM 71/71

Vergleichsbeispiele: Kunstgewerbemuseum, Staatliche Kunstsammlungen Dresden, Hallwylska Museet (Stockholm), Rijksmuseum (Amsterdam), Kasteel-Museum Sypesteyn (Loosdrecht), Museo Nacional de Artes Decorativas (Madrid)

Wie unterschiedlich das Vasenmotiv wirken kann, wenn einige Details und die Farbstellung geändert werden, zeigt dieses Karree im Vergleich zum vorangehenden Exemplar. Die Farbwahl, die auf das Gold des Motivs auf schwarzem Fond reduziert ist, verleiht dem Dekor Feierlichkeit und Eleganz. Von komplexer Anlage zeigen sich die Binnenornamente des breiten Kartuschenrahmens und der Randpartien: Die üppige Blumenpracht in der stilisierten Vase korrespondiert mit dem reichhaltigen Fruchtensemble am unteren Rand.

Literatur: AK Essen 1998, Nr. 123

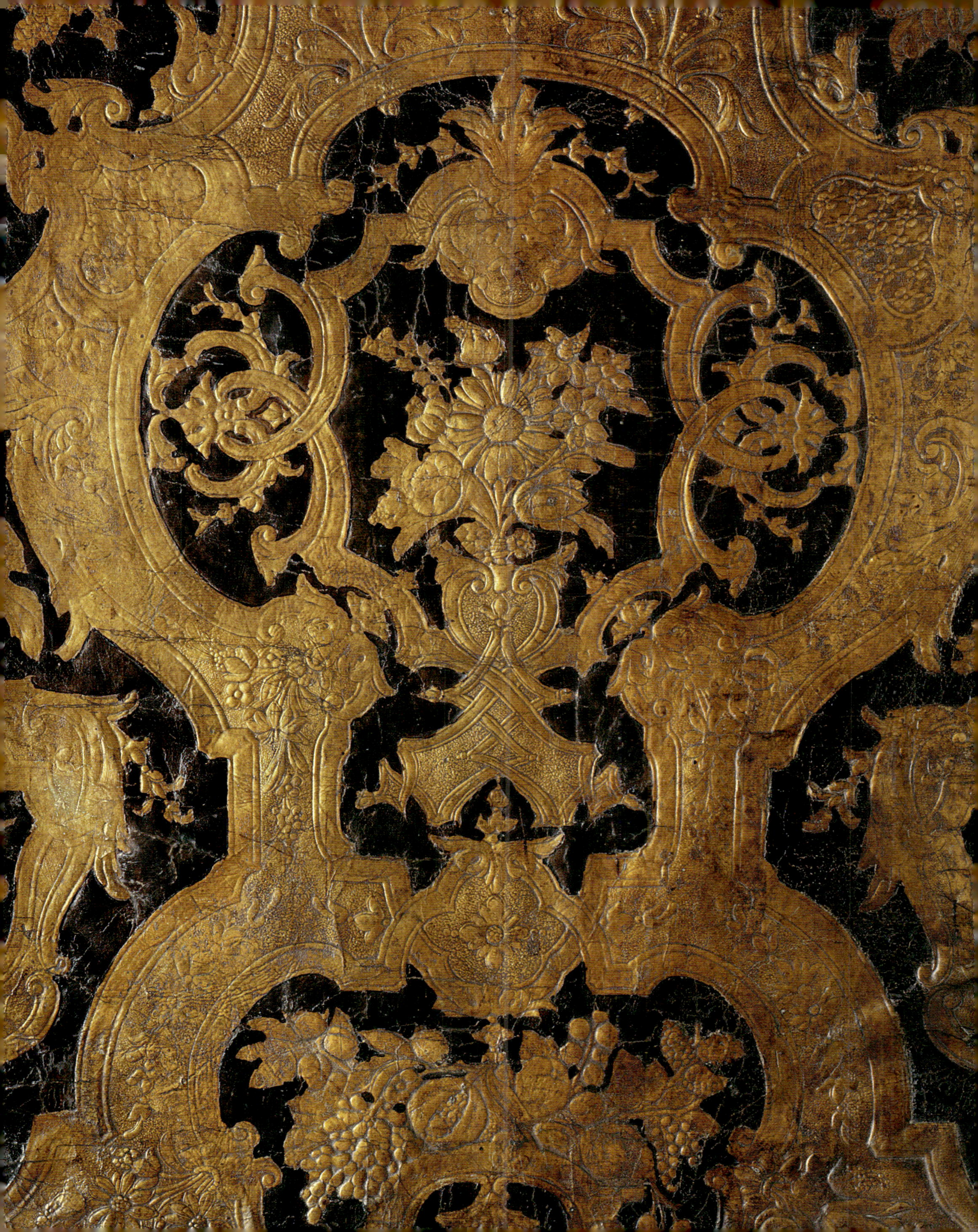

32 Goldledertapete mit monumentalem Blumenmotiv

Niederlande, um 1720–1730

Leder (vermutlich Kalb), versilbert, goldgelb lackiert, geprägt, bemalt

150 x 58 cm

Provenienz: 1956 im Kunsthandel erworben

mhk · Deutsches Tapetenmuseum, Kassel, Inv. Nr. DTM 114/114

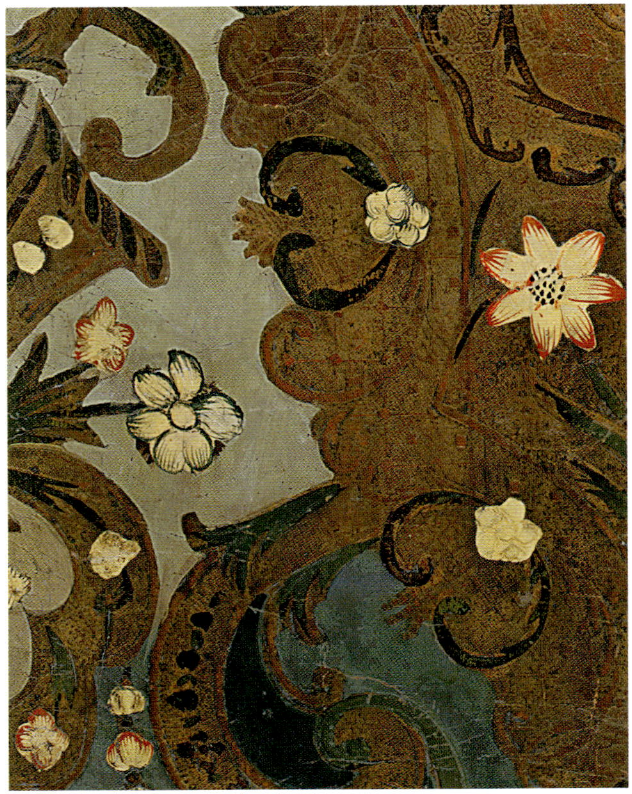

Bei diesem Exponat handelt es sich um zwei übereinander angeordnete Paneele, die jeweils das gleiche Dessin aufweisen. Aus einer großen, zentral positionierten goldfarbenen Rosette sprießen zwei blumengeschmückte Stauden empor. Der Fond ist hellgrau, nur in der oberen und unteren Partie ist er in einem kräftigen Blau gehalten. Weiße Blüten unterschiedlicher Größe sind über die gesamte Bildfläche verteilt. Weitere farbliche und gestalterische Akzente setzen die dunkelgrünen Pflanzenstiele mit lanzettförmigen Blättern.

Literatur: Wormser 1913, S. 113, Abb. 10; Waterer 1971, S. 112, Abb. 40; AK Den Haag/Groningen 1989, S. 124, Abb. 15

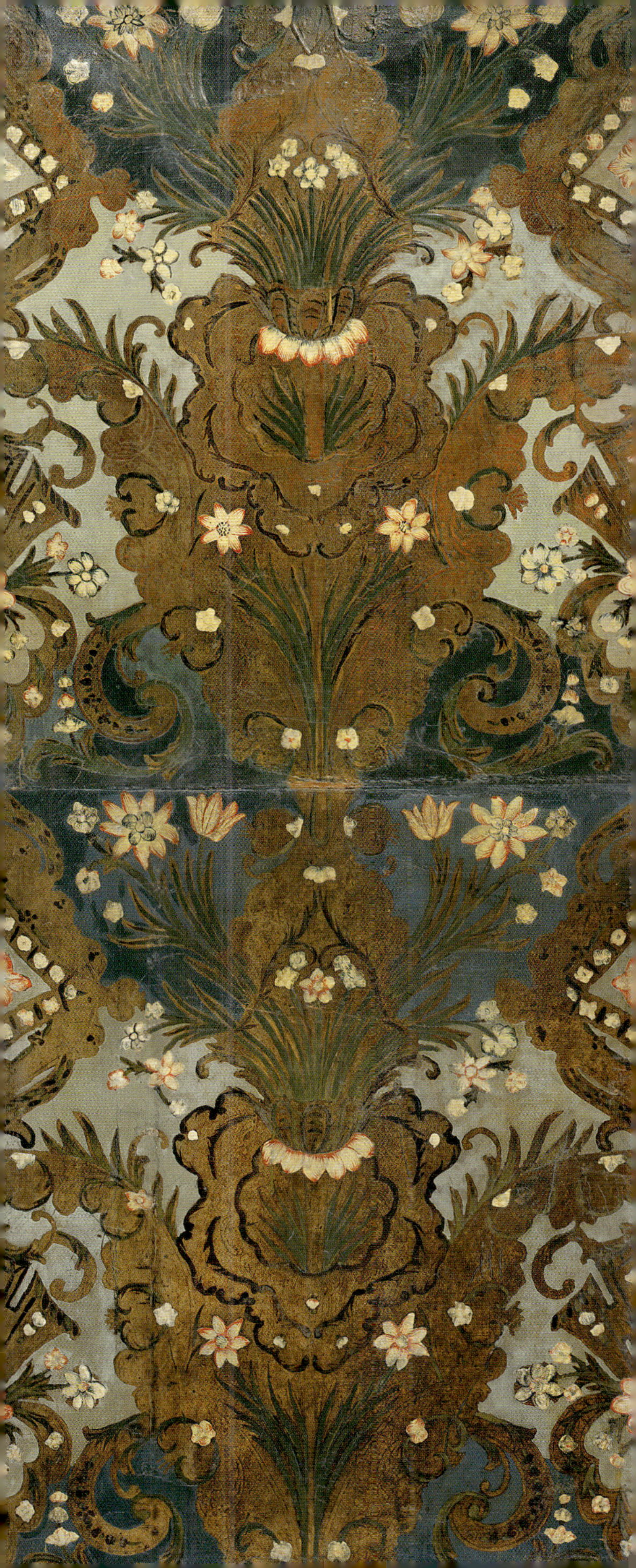

33 Goldledertapete mit Blumenstrauß

Niederlande, um 1720–1730

Leder, versilbert, goldgelb lackiert, geprägt, bemalt

73,5 x 57,5 cm

Provenienz: unbekannt

mhk · Deutsches Tapetenmuseum, Kassel, Inv. Nr. DTM 28/28

Vergleichsbeispiele: Deutsches Ledermuseum – Schuhmuseum Offenbach, Kunstgewerbemuseum, Staatliche Kunstsammlungen Dresden

Innerhalb einer Kartuschenform, die durch eine aufwendig geschwungene, goldfarbene Rahmenkonstruktion gebildet wird, ist ein üppiger Blumenstrauß aufgestellt. Die kräftigen Farben der Zierpflanzen – Dunkelrot, Dunkelgrün und Hellrot – setzen deutliche Akzente vor dem hellgrauen Hintergrund. Opulent aufgefaßt, breiten sich die stilisierten Zweige bis über die Randbereiche aus, die ebenfalls mit zarten, geflammten Blüten bedeckt sind. Die Vasenform scheint sich organisch aus einer Gitterwerkformation zu entwickeln, deren Ornament auch andere Partien der Rahmenbänder füllt.

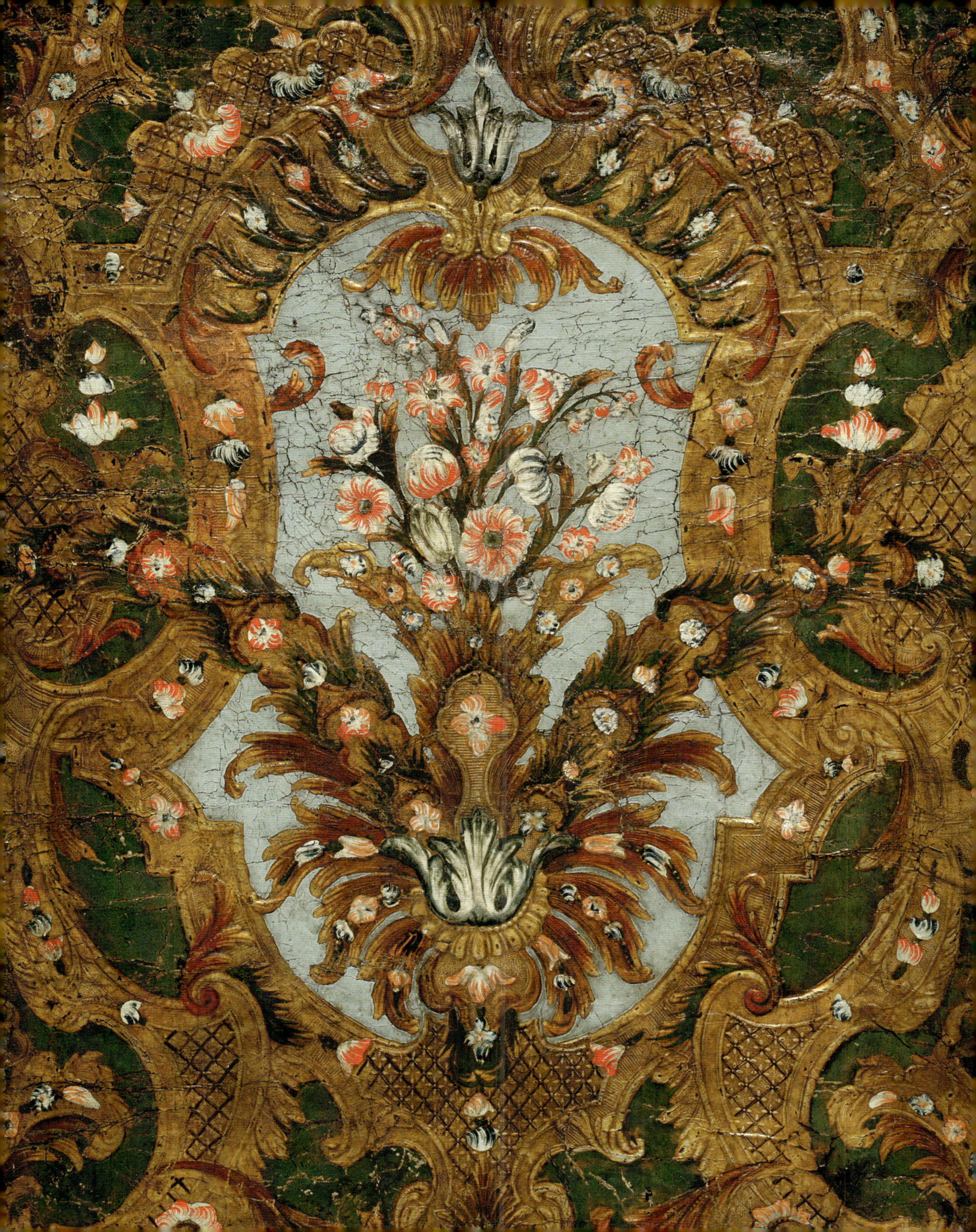

34 Paravent, bezogen mit Goldleder

Niederlande, um 1720–1730

Leder (vermutlich Ziege), versilbert, goldgelb lackiert, geprägt, bemalt

225 x 240 cm

Provenienz: 1971 im Kunsthandel erworben

mhk · Deutsches Tapetenmuseum, Kassel, Inv. Nr. DTM 36/86

Goldleder spielte auch bei der Herstellung von Möbeln, Behältnissen und anderen Einrichtungsgegenständen, wie etwa Stühlen, Tischdecken, Kissen, Spiegelkästen, Truhen und Koffern, eine wichtige Rolle. Auch Paravents – transportierbare Wandschirme, die vor Zugluft schützen – konnten mit künstlerisch gestaltetem Leder verkleidet sein.

Der vierflügelige Paravent ist mit zwölf Karrees aus Goldleder überzogen. Deren symmetrisches Muster, das im Umriß aus einem Oval über einem Halbkreis auf grünem Fond besteht, beeindruckt durch seinen Detailreichtum. In ebensolcher Komplexität und Dichte sind die geprägten Punzenimitationen mit ihren Akzenten in Weiß, Rot und Dunkelgrün ausgeführt. Im Zentrum des Dessins entwickeln sich aus einer stark stilisierten Gitterwerkvase Palmettenzungen, deren Silhouette oberhalb der Blattreihe, allerdings in eckiger Form, wieder aufgegriffen wird. Eine Vielzahl von Akanthusranken und blühenden Zweigen ist neben der Vase flächig drapiert.

Literatur: AK Essen 1991, Nr. 28

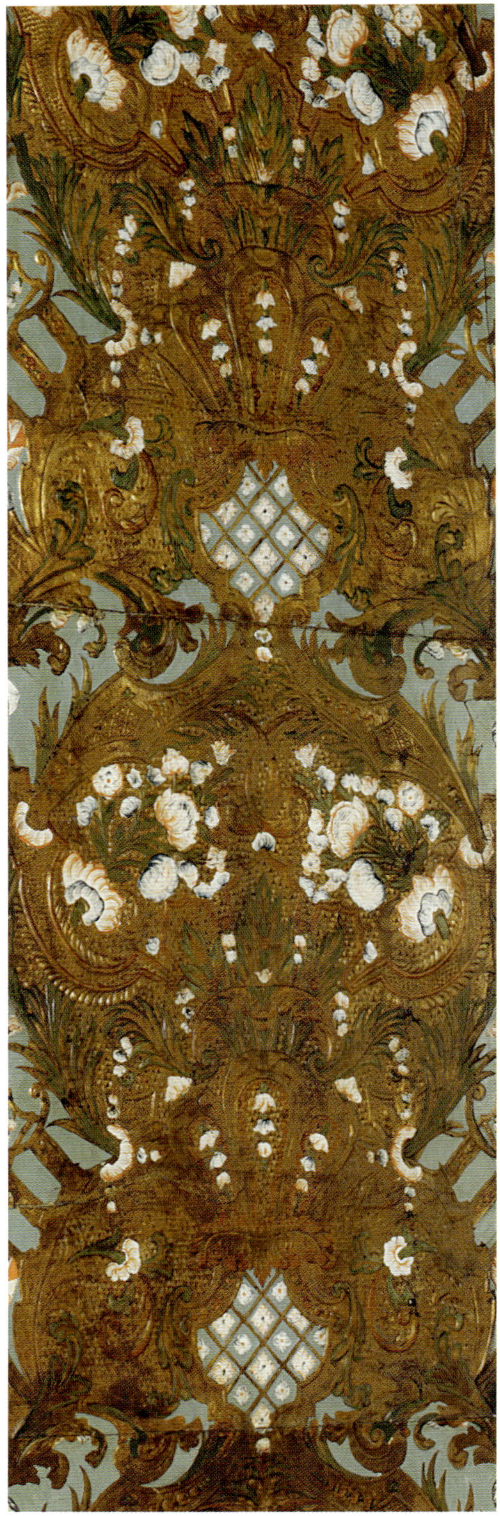

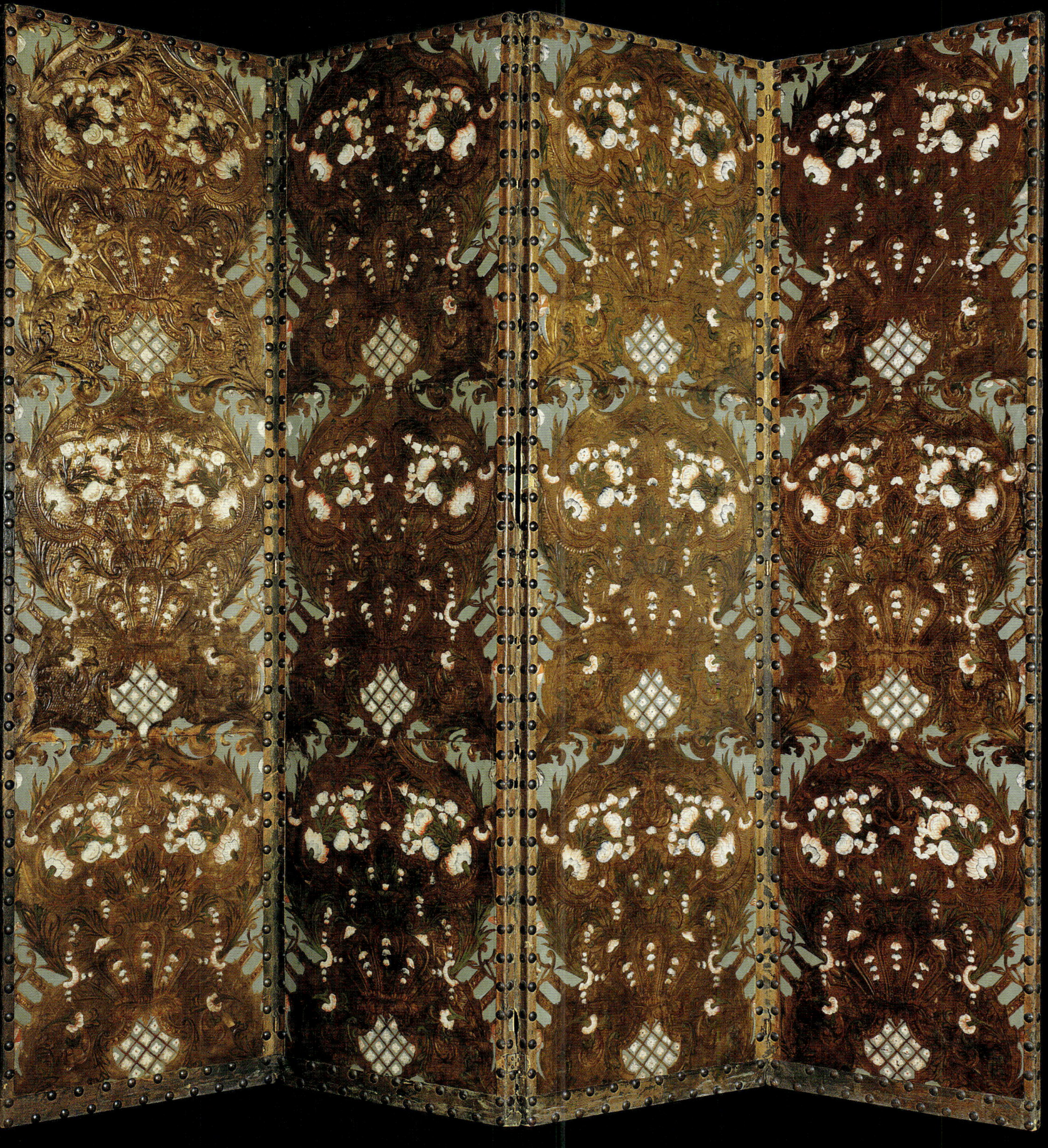

35 Lederkästchen

Niederlande, 1. Hälfte 18. Jahrhundert

Holz; Leder, versilbert, goldgelb lackiert, geprägt, bemalt

19 x 29 x 18 cm

Provenienz: 1918 aus der Sammlung Wassermann erworben

Leihgabe Deutsches Ledermuseum – Schuhmuseum Offenbach

Aufgrund seiner Materialeigenschaften und der kostbaren Wirkung wurde Goldleder für die Verkleidung von Behältnissen unterschiedlichster Funktion verwendet. Das stabile, hölzerne Kästchen mit verstärkten Kanten, geschmiedeten Tragegriffen und einem Schließmechanismus diente vielleicht der Aufbewahrung von Münzen oder Schmuck. Auf dem Leder sind geflammte Blüten, Zweige und Gitterwerk zu erkennen, die für die Motivik des beginnenden 18. Jahrhunderts charakteristisch sind.

Literatur: AK Den Haag/Groningen 1989, Nr. 43

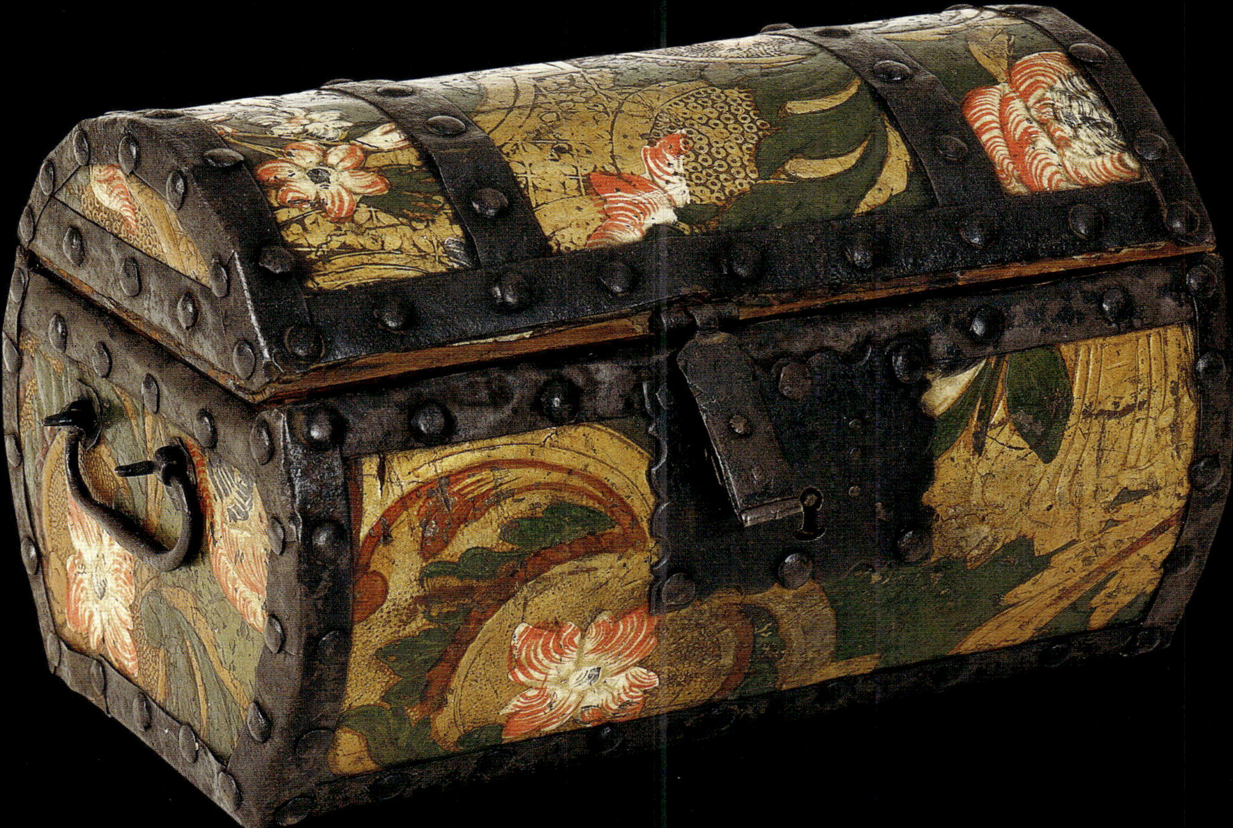

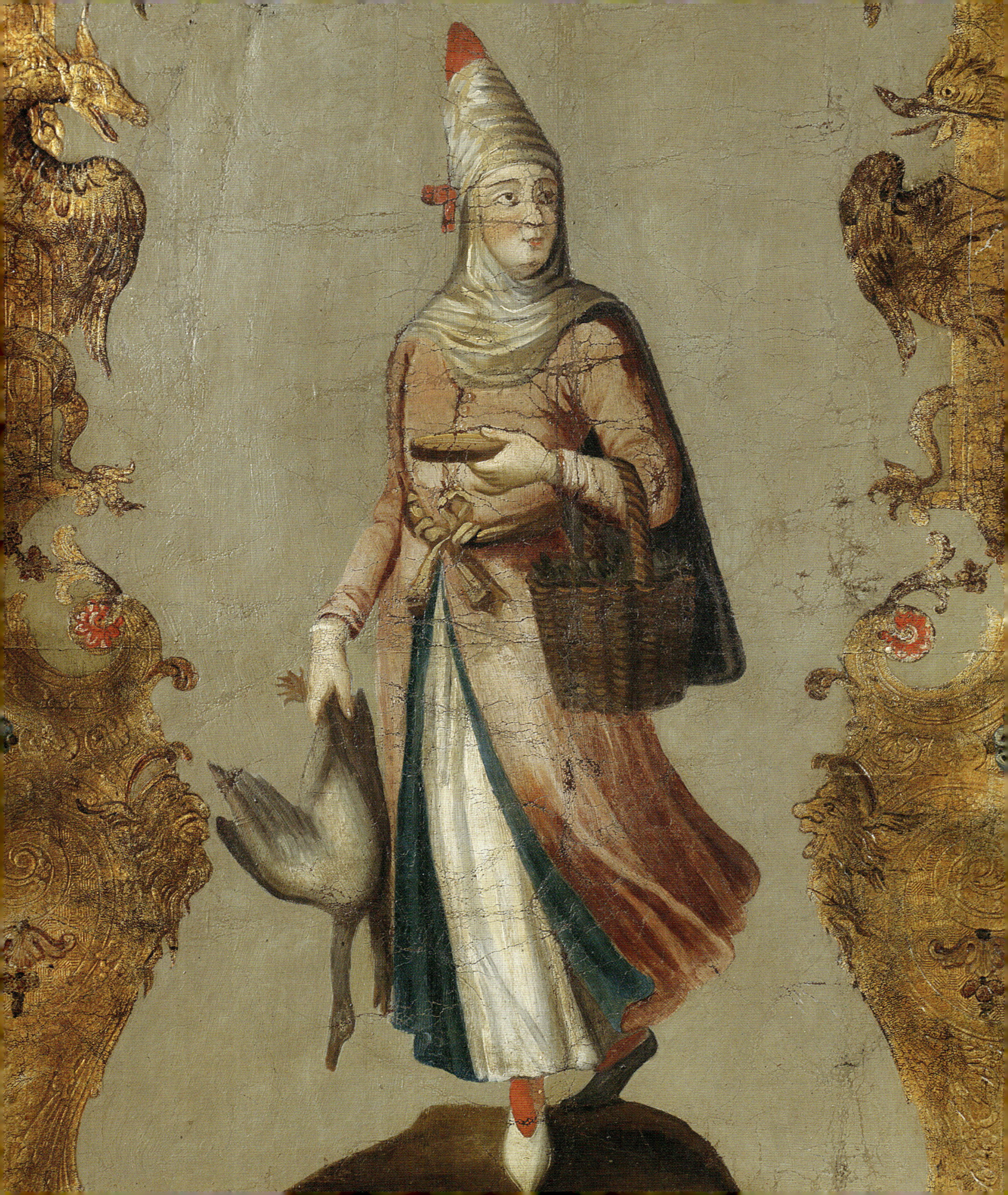

Französische Goldledertapeten des Spätbarock

Neben Spanien, Italien und den Niederlanden gehörte auch Frankreich zu den Zentren der Goldlederherstellung. Die Handwerkskunst ist dort bereits für das 16. Jahrhundert nachgewiesen.[1] Neben Paris wurde das im Süden des Landes gelegene Avignon zu einem bekannten Produktionszentrum, dessen wichtigste Manufaktur in den Händen der Familie Boissier lag.[2]

In bezug auf die Gestaltung der französischen Tapeten waren Tapisserien mit figürlichen Darstellungen vorbildhaft, wie der im 17. Jahrhundert gebräuchliche Ausdruck *tapisserie de cuir doré* belegt.[3] Ein wichtiges Kriterium bei der Herstellung war die Komposition eines Ensembles aus Einzelwerken, die sowohl thematisch als auch formal miteinander in Verbindung standen. Begründet werden kann diese französische Eigenart mit der langen Tradition der Tapisserieanfertigung auf französischem Boden, die sich bis ins Mittelalter zurückverfolgen läßt. Gerade im 17. Jahrhundert, während der Regentschaft Ludwigs XIV., wurde die Bildwirkerei, ebenso wie andere Gattungen des qualitätvollen Kunsthandwerks, sehr gefördert. Die neugegründeten königlichen Tapisseriemanufakturen in Paris und Beauvais rangierten, neben Antwerpen, unter den bedeutendsten Produktionsstätten dieser Zeit.

1 Vgl. AK Essen 1991, S. 1[illegible].
2 Vgl. Fournet 2004, Bd. 3, Teil 2.
3 Ebd., S. 390.

36 Goldledertapete mit Theaterfiguren

Avignon, um 1680–1700

Werkstatt Boissier in Avignon (zugeschrieben)

Leder, versilbert, goldgelb lackiert, geprägt, bemalt

Karree: 116 x 56,3 cm, Bordüren: 116 x 26 cm, 34,5 x 57 cm, 34,5 x 26 cm

Provenienz: 1951 im Kunsthandel erworben

mhk · Deutsches Tapetenmuseum, Kassel, Inv. Nr. DTM 78/78a–e

Dieses französische Goldleder ist eine Rarität der Kasseler Sammlung. Außergewöhnlich ist insbesondere die Erhaltung der Nahtverbindung der Lederkarrees, die nur in seltenen Fällen überdauert hat. Außerdem bestechen sowohl die figürlichen Motive als auch die groteske Ornamentik (Kat. 17) durch ihre qualitätvolle Ausführung. Dargestellt sind fünf Gestalten, deren Kleidung und Accessoires von Theaterfiguren übernommen sind: Ein »adeliger Waffenträger«, daneben eine Bäuerin in »türkischer« Tracht und ein Soldat, sowie eine »Gärtnerin« und ihr männliches Pendant. Alle Figuren nehmen eine tänzerische Pose ein, indem sie die Füße nach außen drehen bzw. die Fußspitzen elegant unter dem Kleidersaum hervorblitzen lassen. Ebenso graziös werden die Hände erhoben, wenn sie nicht Attribute wie Korb oder Lanze umfassen. Die Posen erinnern an ein höfisches Ballet – mit dem *Ballet de Cour* existierte am französischen Hof seit dem 16. Jahrhundert ein solches Ensemble. In diesem Genre, das gerade zu Zeiten barocker Prachtentfaltung Poesie, Musik und Tanz verbindet, zeichneten sich sowohl Bühnenbild als auch Kostüme durch ihre phantasievolle Gestaltung aus. Insbesondere exotische Themen erfreuten sich großer Beliebtheit. Daneben sollten auch Typus und sozialer Rang kenntlich werden, was z. B. bei dem »Gärtnerpaar« auf der Tapete verwirklicht worden ist. Diese verkörpern, genau wie ähnlich kostümierte »Schäfer« und »Schäferinnen«, die Illusion vom einfachen, naturnahen Leben, welches seit der Antike auch in der Dichtung thematisiert wurde. Es ist verständlich, daß sich am absolutistischen Hof das idyllische Dasein in der freien Natur als idealer Gegenentwurf zum strengen Zeremoniell etablieren konnte, wenn auch nur als poetisches Modell.

Literatur: Leiß 1970, S. 79, 82; Fournet 2004, Bd. 3, S. 256; Thümmler 2004, Abb. 5

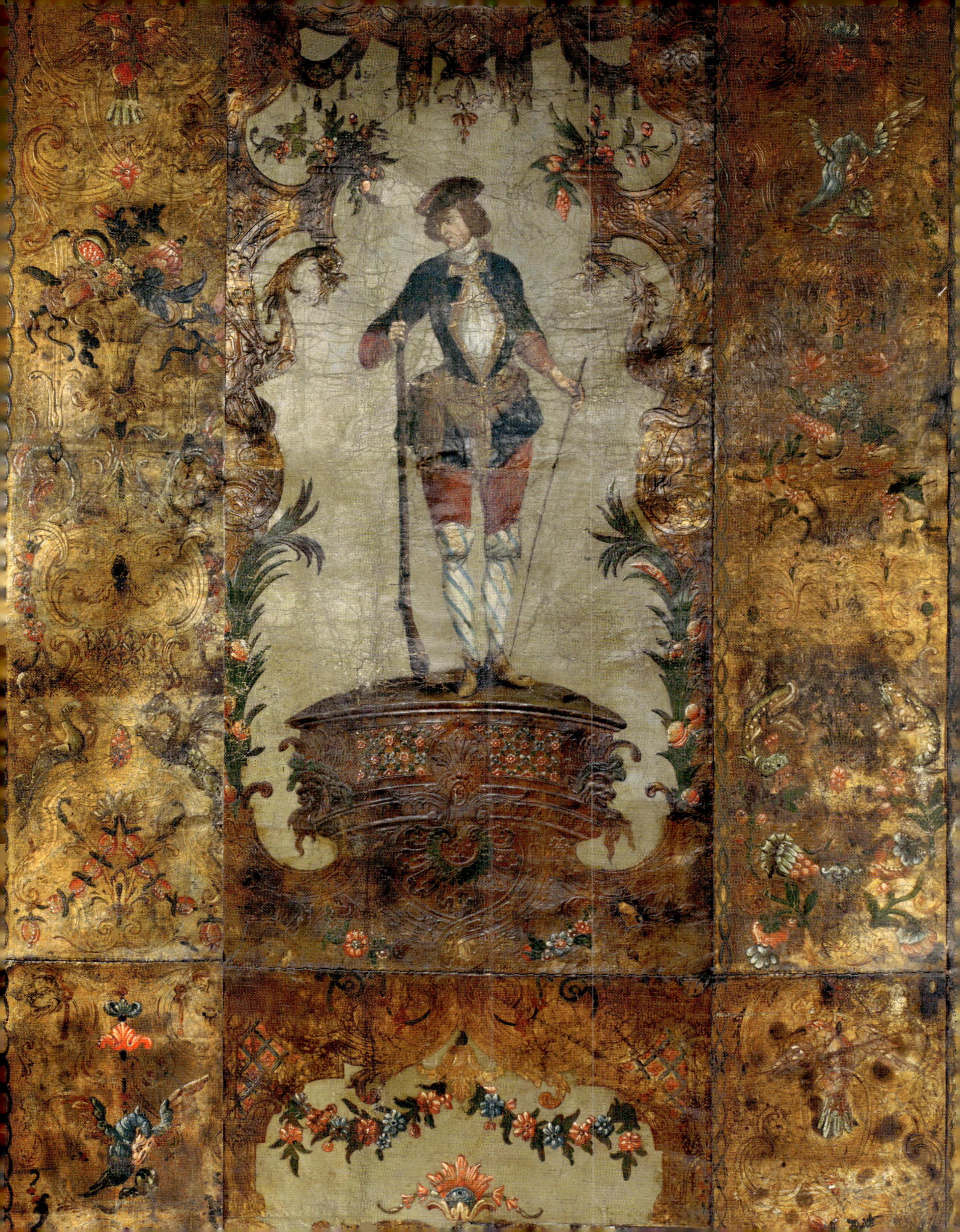

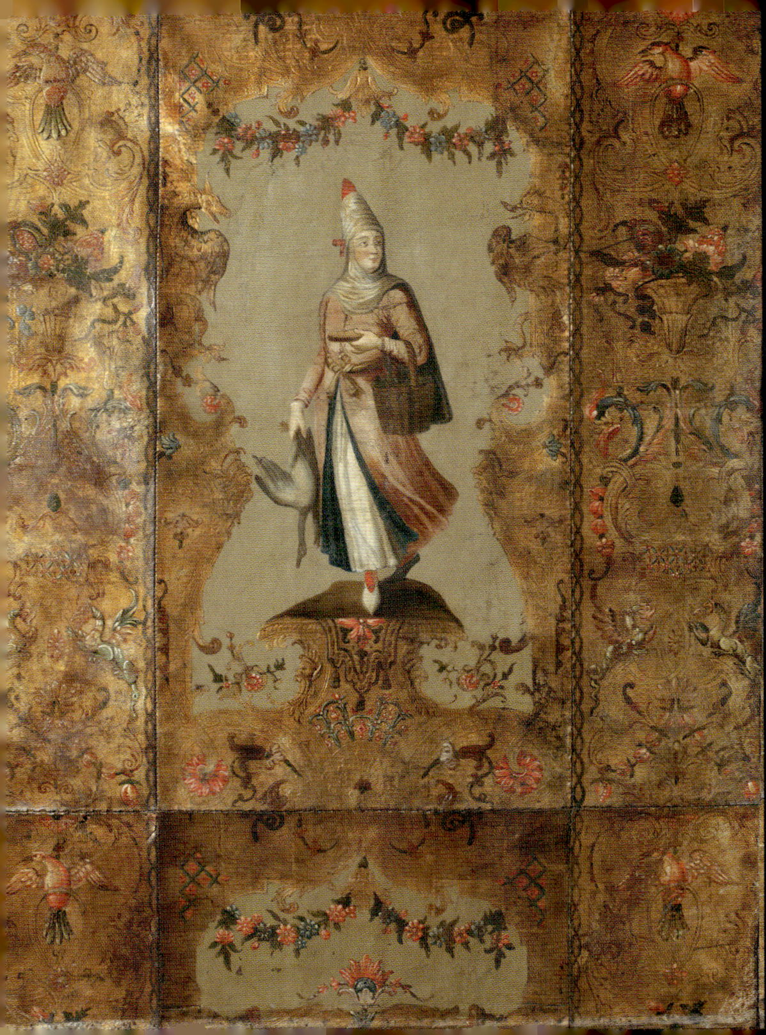
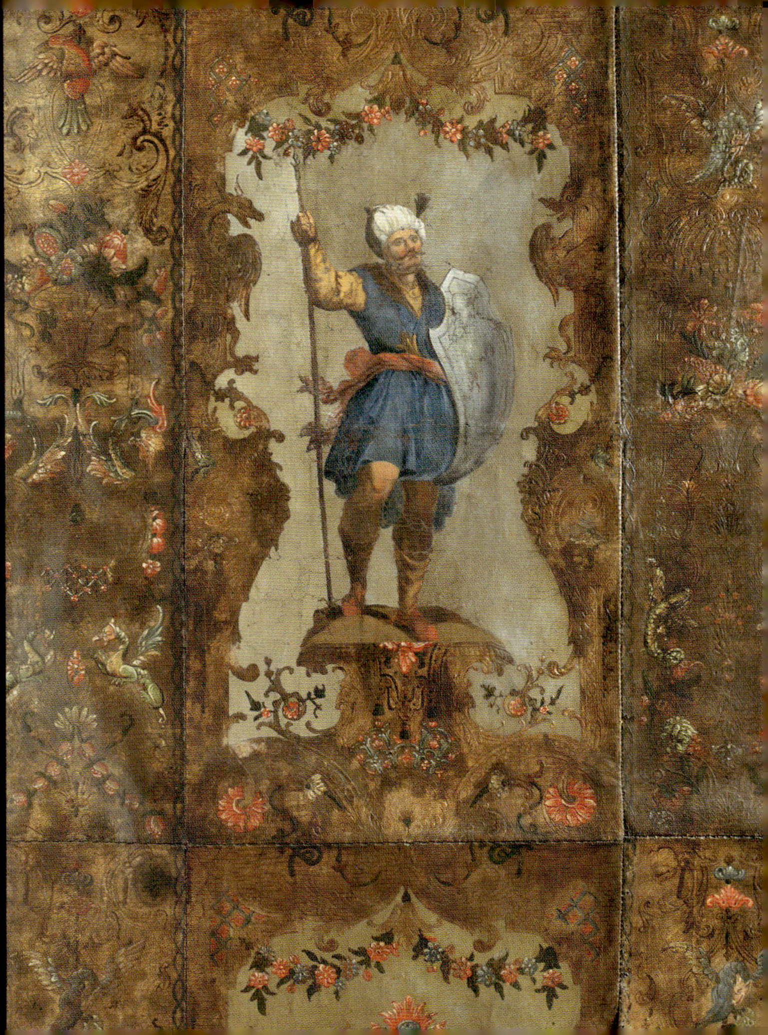

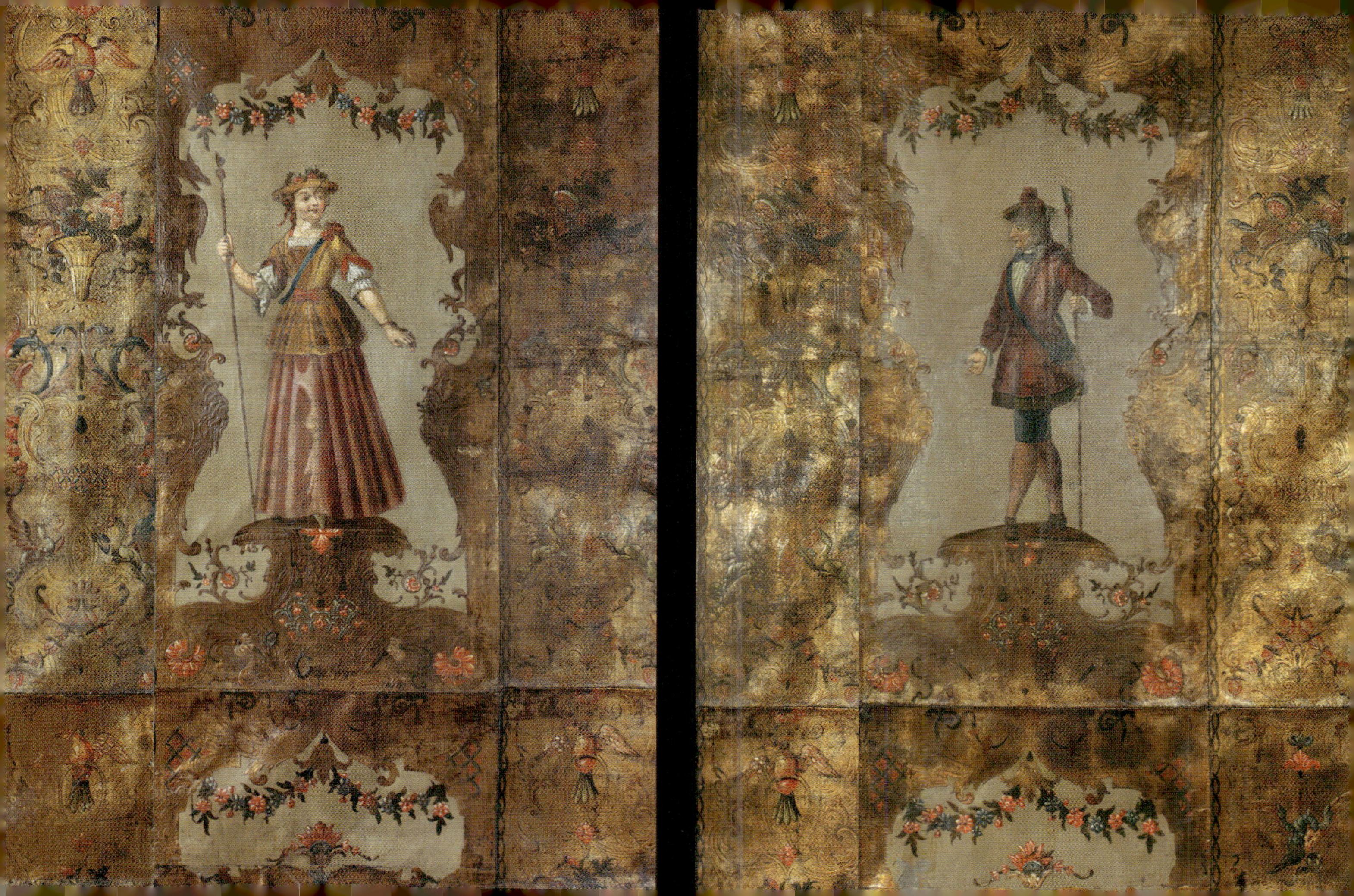

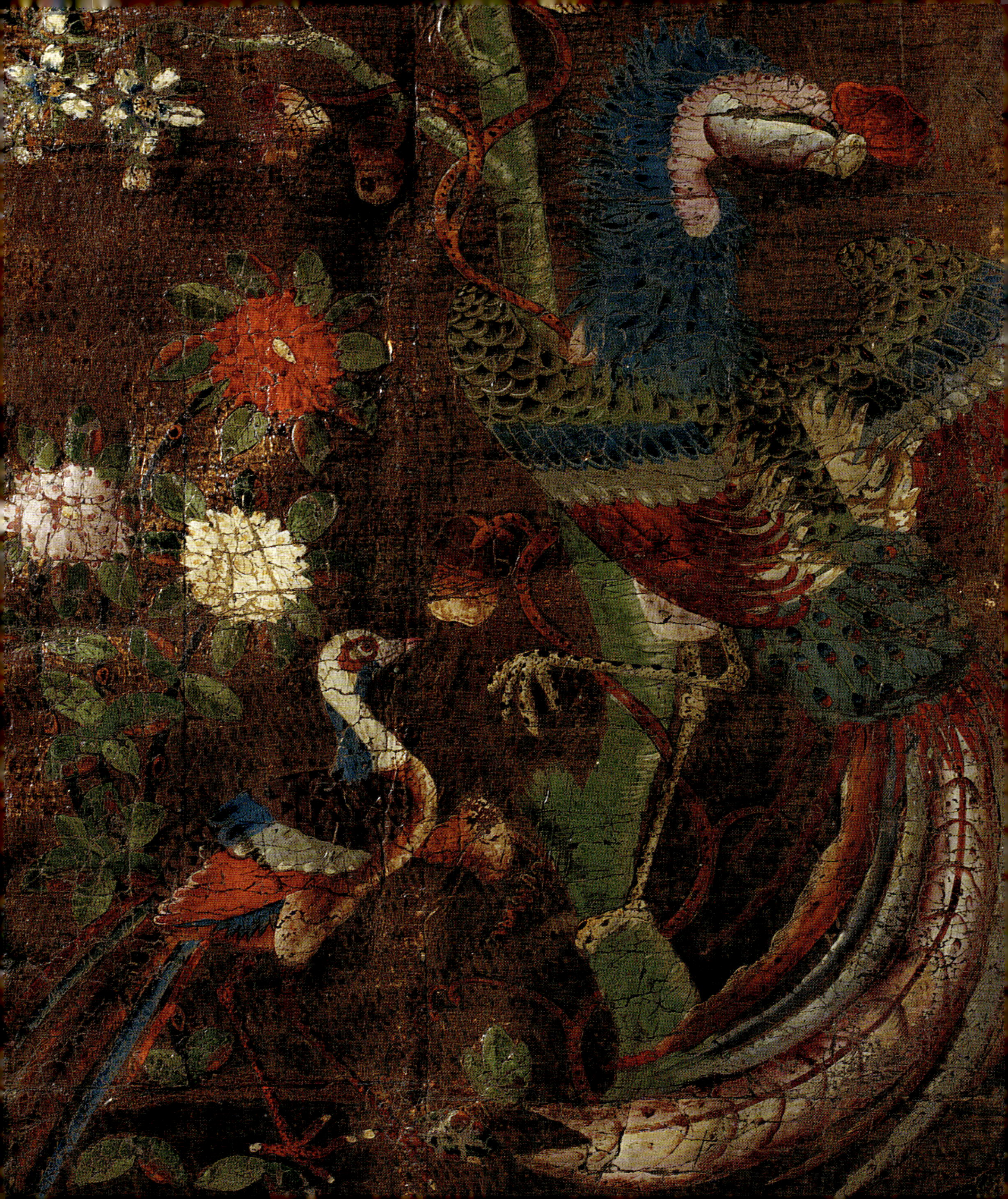

Flämische und englische Goldledertapeten

»Die Tapeten von vergoldetem Leder, welche aus Flandern zu uns kommen, werden fast alle zu Ryssel, Brüssel, Antwerpen und Mecheln gemacht. Die von der letzten Stadt sind die besten von allen.« So äußerte sich Auguste-Denis Fougeroux de Bondaroy in seinem 1763 auf deutsch erschienenen Handbuch zur Goldlederherstellung, dem Werk *Art de Travailler les Cuirs Dorés ou Argentés*.[1] Der gute Ruf des Goldleders aus Mechelen führte dazu, daß diese Provenienz in der Vergangenheit bei zahlreichen flämischen Goldledertapeten angegeben wurde. Heute dagegen ist man mit der Zuschreibung vorsichtiger und beschränkt sich auf das geographisch weitergefaßte Gebiet Flandern. Erkennbare Merkmale der flämischen Ledertapeten des 18. Jahrhunderts sind der goldene Hintergrund aus kleinteilig punzierten Feldern und die flächige Bemalung mit Blumenranken.

In dieser Epoche hielten naturalistisch gemalte, »chinesische« Pflanzen- und Tiermotive Einzug in fürstliche Interieurs, die prägend für den Stil der Chinoiserie waren. Mit der Begründung der *Britischen Ostindien-Kompanie* im frühen 17. Jahrhundert war England ein wichtiger Handelspartner für die Waren aus dem Fernen Osten geworden.[2] Der Import von Erzeugnissen aus Südasien schlug sich auch auf die kunsthandwerkliche Produktion nieder: Im 18. Jahrhundert erfolgte eine Spezialisierung auf Goldleder mit »asiatischen« Dessins. In London hatte sich eine zahlungskräftige Käuferschicht etabliert, da die Stadt im 18. Jahrhundert als liberales wirtschaftliches und kulturelles Zentrum zunehmend an Bedeutung gewann. Vorbilder für das englische Goldleder im sogenannten chinoisen Stil bildeten die beliebten großzügig angelegten, detailreichen chinesischen Vogeldarstellungen und japanische Lackwandschirme. Die Herstellung flächiger, figürlicher Muster ohne sichtbare Trennlinien innerhalb der Motive war möglich, da die Karrees vor der weiteren Bearbeitung zunächst zusammengeleimt wurden.[3] Charakteristisch ist hier die Aufteilung zwischen einem großformatigen Bildfeld und der Bordüre, die auch verschiedenartig gestaltet sein kann.

[1] Die deutsche Ausgabe, bearbeitet von Johann Heinrich Gottlieb von Justi, erschien im Jahr darauf in Leipzig unter dem Titel *Die Kunst das vergoldete und versilberte Leder zu fertigen*; vgl. Thümmler 1998, S. 19.

[2] Vgl. Lawson 1993, S. 1.

[3] Vgl. Fournet 2004, Bd. 1, S. 109f.

37 Goldledertapete mit großflächigem Blumendekor

Flandern, um 1730–1740

Leder, versilbert, goldgelb lackiert, punziert, bemalt

154 x 61 cm

Provenienz: 1941 im Kunsthandel erworben

mhk · Deutsches Tapetenmuseum, Kassel, Inv. Nr. DTM 13/13

Dieses Exponat zeigt die charakteristischen Kennzeichen flämischer Goldlederarbeiten: Eine gleichmäßig punzierte Fläche bildet den Hintergrund für akribisch aufgemalte Blumen und andere Pflanzen. Zwischen diesen werden Vögel, Schmetterlinge und Insekten sichtbar. Auf dem monochromen Goldgrund kommt die Malerei sehr gut zur Geltung.

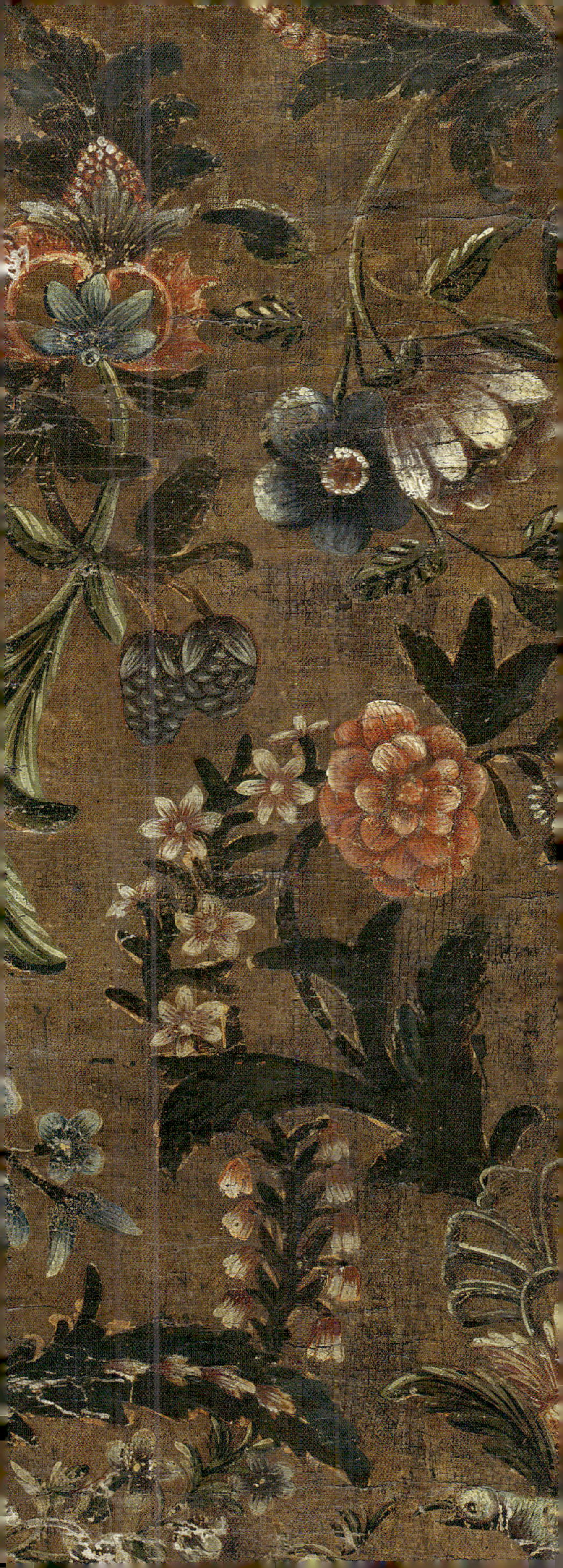

38 Goldledertapete mit Papageien zwischen Blumenranken

Flandern, um 1750

Leder, versilbert, goldgelb lackiert, geprägt und punziert, bemalt

220 x 120 cm

Provenienz: 1922 von J. B. Schaefer gestiftet

mhk · Deutsches Tapetenmuseum, Kassel, Inv. Nr. DTM 19/19

Diese Karrees stellen insofern eine Besonderheit dar, als daß sie als erste Ledertapeten in die Kasseler Sammlung gelangten. Die aus einem Amsterdamer Haus geborgene Tapete weist alle Charakteristika des flämischen Leders auf: Gemalte Pflanzen- und Tierdarstellungen auf einem gleichmäßig gemusterten Goldgrund. Im Gegensatz zu einer weiteren Tapete (Kat. 37), die ebenfalls aus Flandern stammt, wurden die figürlichen Motive vor der Bemalung geprägt, so daß sie sich als Flachrelief vom Hintergrund abheben. Papageien mit farbenprächtigem Federschmuck haben sich auf Blumenranken niedergelassen, deren Blüten vor allem in Weiß, Blau und Rot gehalten sind. Zwischen ihnen zeigen sich Schmetterlinge in schwereloser Anmut.

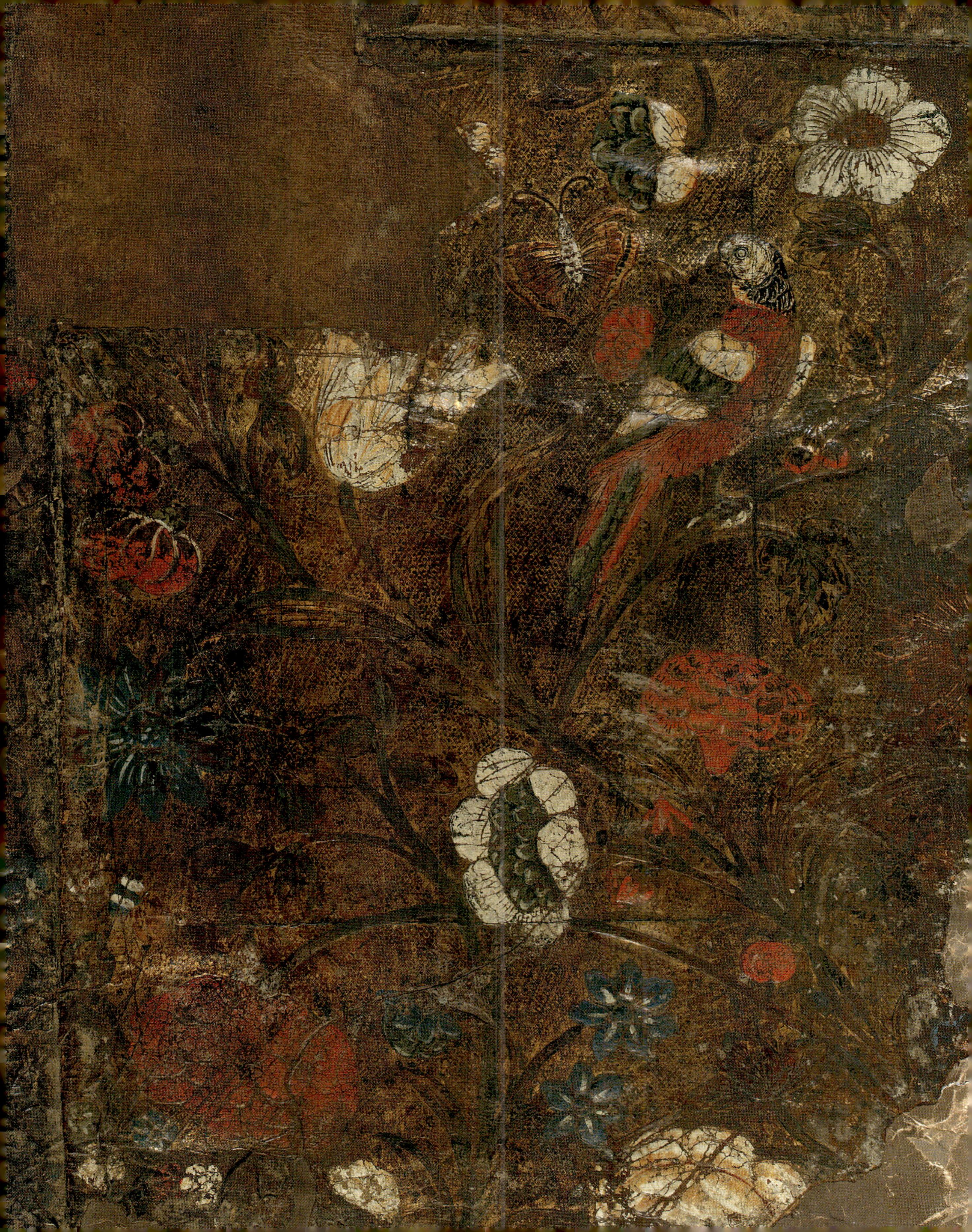

39 Goldledertapete mit chinoisen Tierdarstellungen

England, um 1730–1740

Leder, versilbert, goldgelb lackiert, punziert, bemalt

185 x 76 cm

Provenienz: 1942 im Kunsthandel erworben

mhk · Deutsches Tapetenmuseum, Kassel, Inv. Nr. DTM 12/12

Im unteren Randbereich dieses Goldleders sind längliche Fruchtkörbe und Meeresschnecken, aus denen Blumen sprießen, aufgereiht. Das Hauptmotiv stellt eine Versammlung »exotischer« Vögel mit farbenprächtigem Gefieder in unterschiedlicher Gestalt und Größe dar. Diese sind zwischen einem blühenden Baum und päoniengleichen Blumen positioniert, davor schreitet entlang der diagonalen Uferzone einer angedeuteten Wasserlandschaft ein kleiner Vogel. Interessant ist das Verfahren, wie hier chinesische Malereien auf Papier und Lack imitiert wurden, denn sowohl die Perspektive als auch der Hintergrund sind nicht kenntlich gemacht. Während bei europäischen Landschaftsdarstellungen der gesamte Bildträger mit Farbe bedeckt ist, ließen die chinesischen Künstler den Hintergrund unbemalt. Diese Eigenheit ist beispielsweise auch auf den Lackparavents zu sehen, die sich in Europa großer Beliebtheit erfreuten: Die irisierende Lackoberfläche, deren exquisite Wirkung durch Goldpartikel noch gesteigert werden konnte, fungierte als dekorativer Hintergrund für die chinesischen Motive. Dem europäischen Goldleder des 18. Jahrhunderts ist eine andersartige, jedoch nicht weniger schmückende Wirkung eigen. Hier hinterfängt der goldfarben lackierte Fond die Darstellungen in effektvoller Weise und verleiht damit der chinoisen Szenerie eine kostbare Wirkung. Leder als Verkleidung von Paravents besaß auch einen nützlichen Aspekt, da das Material gegenüber Papier unempfindlicher und damit besonders für das feuchte englische Klima geeignet war.

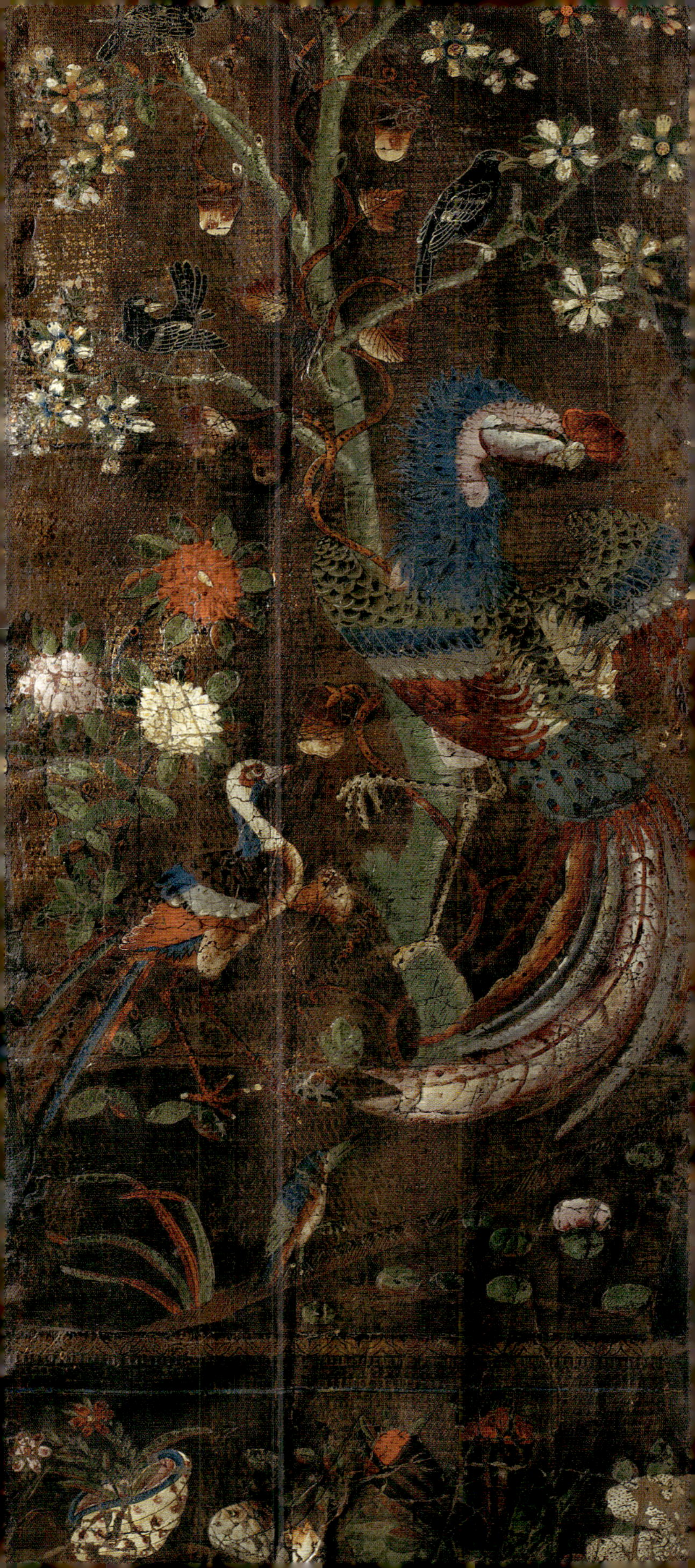

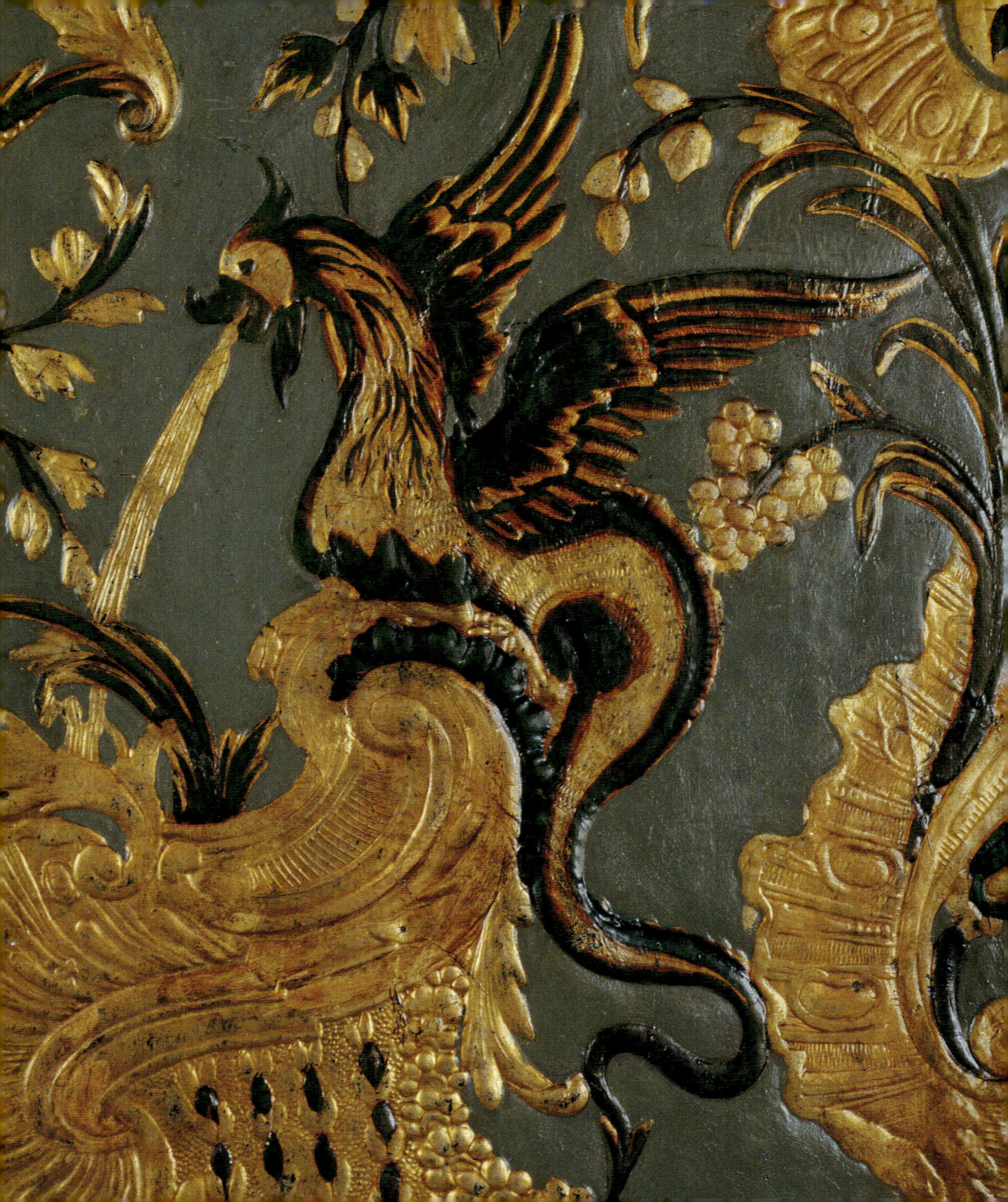

Goldledertapeten des Rokoko

Bereits im 17. Jahrhundert wurde die Prachtentfaltung am französischen Hof zum Vorbild vieler europäischer Herrschersitze. Diese Entwicklung setzte sich im 18. Jahrhundert fort, an dessen Beginn die *Régence*[1] stand, gefolgt vom Rokoko. Von etwa 1730 bis 1770 herrschte das Prinzip der Verfeinerung, des Raffinements, das sich auf alle Lebensbereiche ausdehnte. Die *fêtes galantes* (die galanten Feste) auf den Bildern von Antoine Watteau (1684–1721) wurden nicht nur zum künstlerischen Topos, sondern gleichsam zu einem Sinnbild des Rokoko. Architektur und Raumgestaltung berücksichtigten das Private, dabei wurde die Inneneinrichtung licht und glänzend, und die Möbel bekamen grazile Formen. Auch im Bereich der Graphik und des Kunsthandwerks dominierte die Asymmetrie. Es war vor allem das unregelmäßige Muschel- und Felswerk, *Rocaille* genannt, das diesen Stil prägte. Die phantastischen Kreationen der Rocailleformen erinnern bisweilen an die Grotesken des 16. Jahrhunderts, einer Zeit, in der Brunnen und künstliche Grotten modern waren, wie etwa in den Pratolino-Gärten von Francesco I. de'Medici bei Florenz.

Gegenüber diesen Formen entwickelte die Rocaille des 18. Jahrhunderts ein weitaus einflußreicheres Wirkungsfeld: Sie diente als maßgebliches Ornament für alle Kunstgattungen und wurde als Rahmenform in jeder erdenklichen Hinsicht eingesetzt, was die Werke von Jacques de Lajoue (1686–1761), Juste-Aurèle Meissonnier (1695–1750) und François de Cuvilliés (1695–1768) eindrucksvoll belegen. In ihren Ornamententwürfen sind auch rocailleförmige Architekturelemente zu finden, die der zeitgenössischen Ruinenfaszination eine bizarre, manchmal eine morbide Facette verliehen. Besonders virtuos ist dies in der Graphik von Piranesi (1720–1778) umgesetzt. Das wandelbare Erscheinungsbild der Rocaille entsprach dem herrschenden künstlerischen Prinzip des Kontrastes, der Bewegung und der Überraschung. Andere Elemente der Rokoko-Ornamentik, wie etwa das Gitterwerk und die zierlichen Pflanzenranken, waren dagegen bereits in der Zeit um 1700 populär.

[1] Mit diesem Begriff, der gleichzeitig eine künstlerische Stilrichtung benennt, wird die Herrschaft des Herzogs von Orléans in Frankreich (1715–1723) bezeichnet.

40 Goldledertapete mit Blumenrocaille

Flandern, um 1745–1760

Leder, versilbert, goldgelb lackiert, geprägt, bemalt

62 x 57 cm

Provenienz: 1950 von S. K. H. Prinz Philipp von Hessen gestiftet

mhk · Deutsches Tapetenmuseum, Kassel, Inv. Nr. DTM 53/53

Vergleichsbeispiele: Deutsches Ledermuseum – Schuhmuseum Offenbach, Kunstgewerbemuseum, Staatliche Kunstsammlungen Dresden, Museu de l'Art de la Pell (Vic), Musée du Papier Peint (Rixheim), Museo Nacional de Artes Decorativas (Madrid)

Aus einer Rocaille mit geflammten Blättern im Zentrum sprießen Blüten und Früchte, die sich auf dem blauen Fond einzeln entfalten. Ein opulenter, geschwungener Goldrahmen aus Gitterwerk und Pflanzenschmuck greift die Blau-, Rot- und Grüntöne des mittigen Dekors auf. In den dreieckigen Zwickelzonen hingegen erblühen weißgeflammte Blumen, die wie hingestreut auch im Bereich des Rahmens erscheinen.

Literatur: AK Madrid 1955, Nr. 240–244; Leiß 1970, S. 79–81, Abb. 55; Waterer 1971, Taf. 67; AK Den Haag/Groningen 1989, Nr. 50; Bender 1992, Kat. Nr. 90; AK Essen 1998, S. 240–243; AK Girona 2004, S. 12; Thümmler 2004, Abb. 6; Fournet 2004, Bd. 9, S. 1442

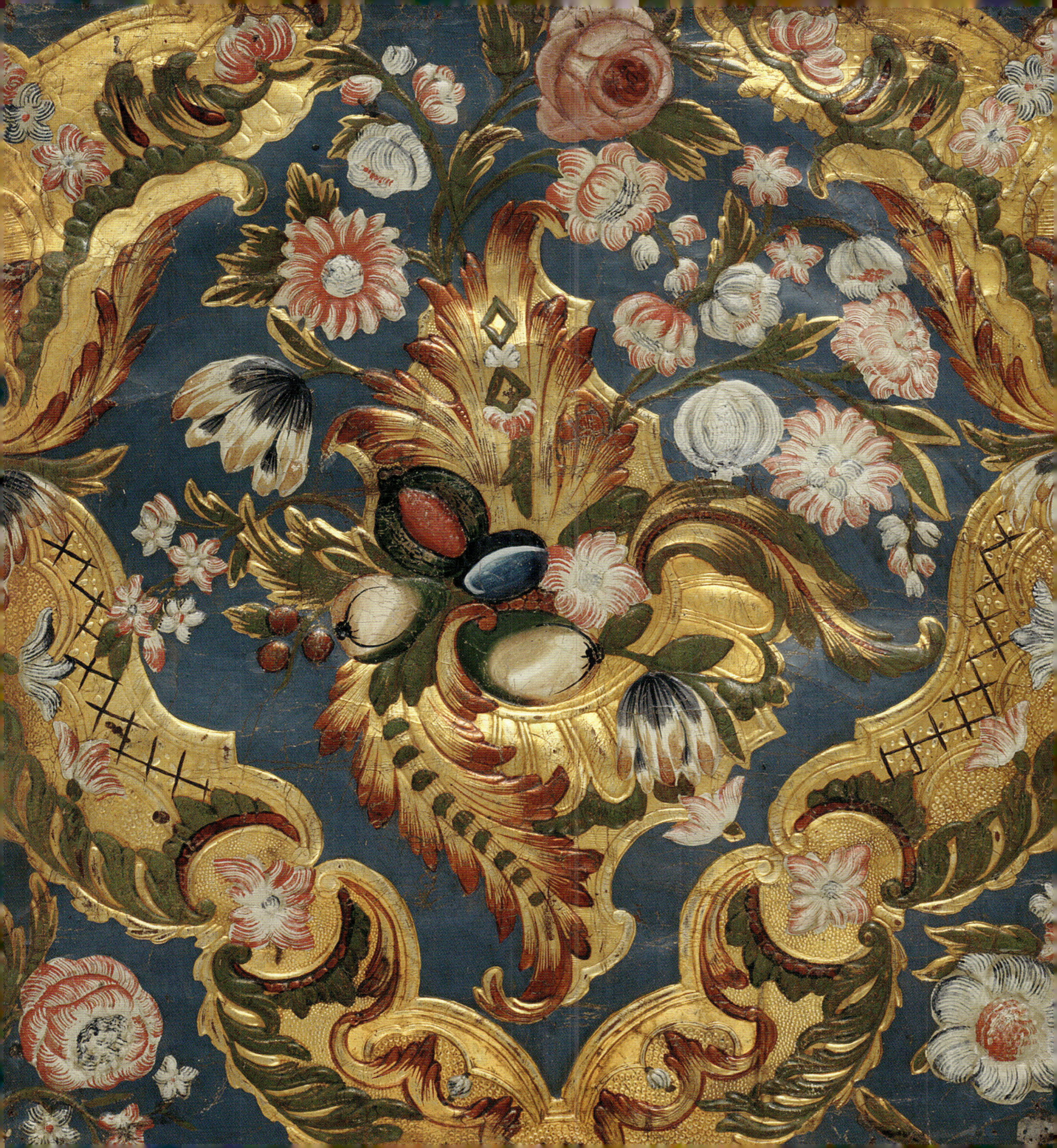

41 Goldledertapete mit Blumen und Vogel auf goldener Rocaille

Niederlande, um 1745–1760

Leder (vermutlich Ziege), versilbert, goldgelb lackiert, punziert, bemalt

75 x 73 cm

Provenienz: 1943 im Kunsthandel erworben

mhk · Deutsches Tapetenmuseum, Kassel, Inv. Nr. DTM 22/22

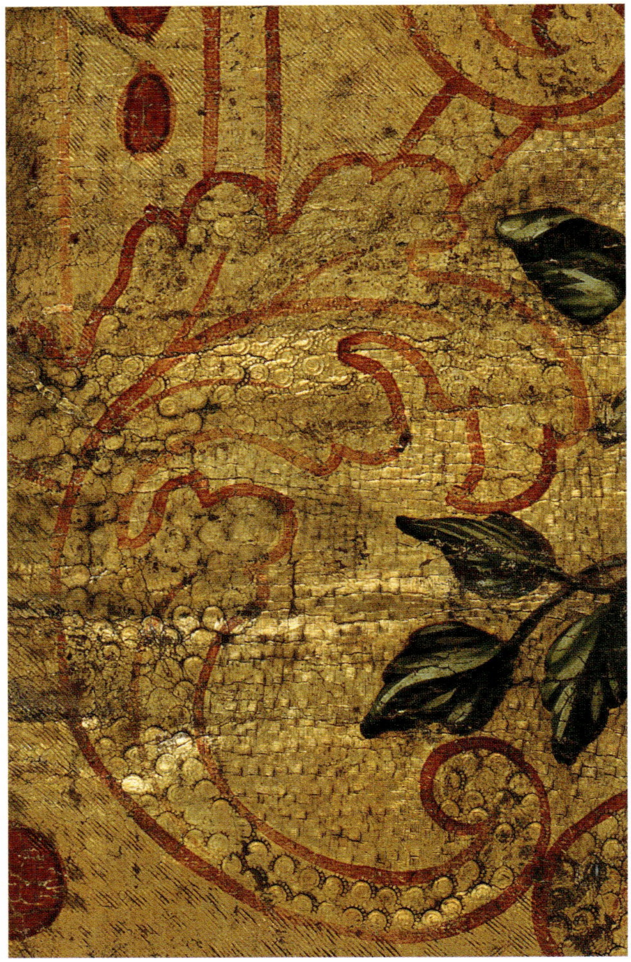

Dieses Karree zeichnet sich insbesondere durch die formale Spannung zwischen plastisch gemaltem Bildmotiv und flächig-ornamentalem Hintergrund aus. Im locker gefügten Blumengebinde sitzt ein Vogel, dessen blau-rotes Gefieder den vorherrschenden Farbakkord wiedergibt. Nach außen wird das Bildfeld von den zarten, roten Umrissen der Rocailleform markiert, die aus geschwungenen Akanthusblättern gebildet ist. In den Randbereichen, die in gleicher Weise asymmetrisch gehalten sind, fügen sich Ornamentsegmente an, die ebenfalls in einem leuchtenden Rot bemalt sind. Der goldene Fond zeigt differenziert punzierte Partien, von denen das Licht unterschiedlich reflektiert wird. Dies führt zu einem changierenden Effekt, der dem Spiel zwischen flächiger und plastischer Wirkung dieser Tapete eine weitere eindrucksvolle Facette verleiht.

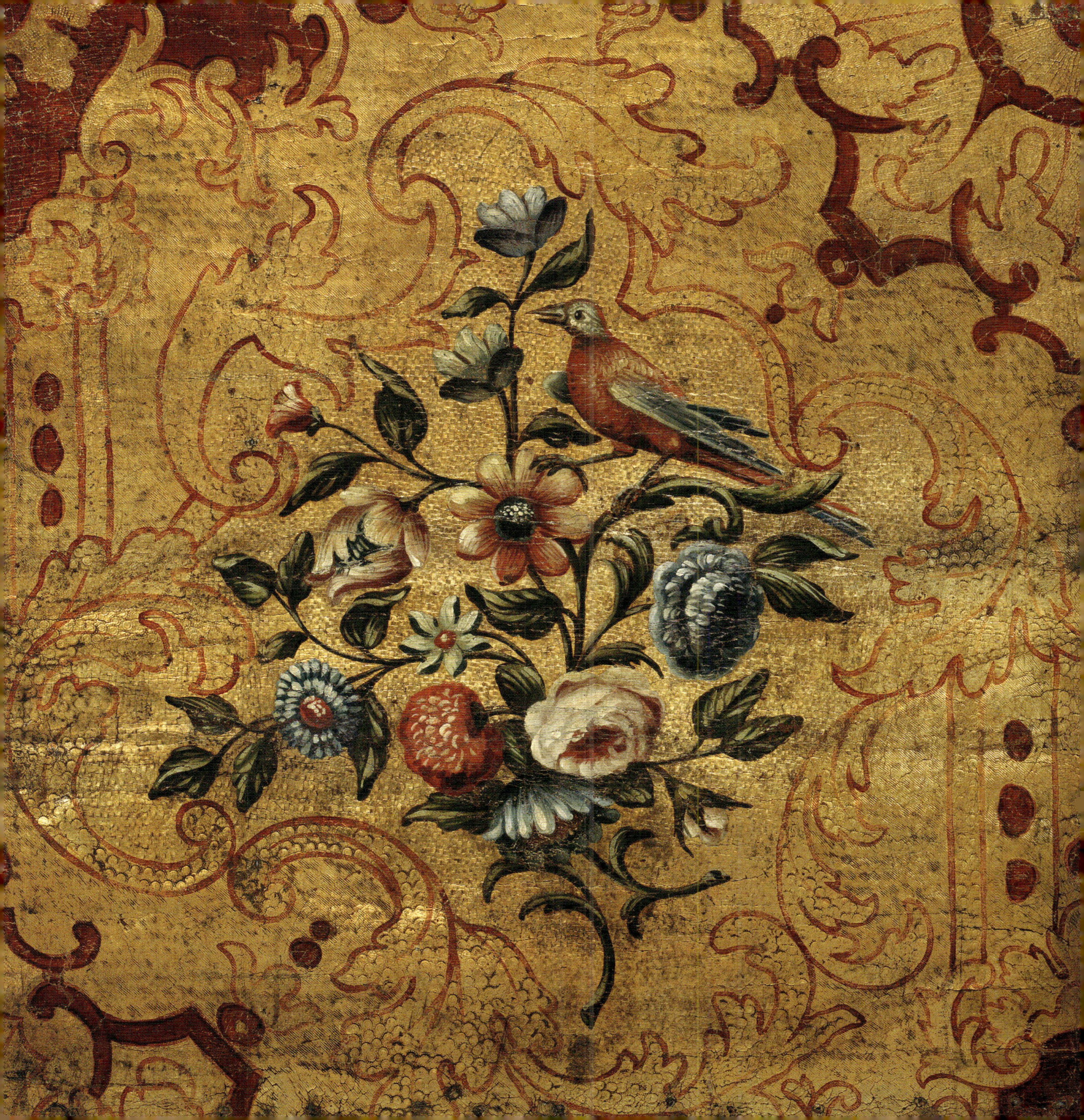

42 Rokoko-Kabinett aus Goldledertapeten mit Drachen

Niederlande, um 1745–1760

Leder, versilbert, goldgelb lackiert, geprägt, bemalt

57 Karrees von je 74,5 x 57 cm

Provenienz: Schloß De List, Schoten (Belgien)

mhk · Deutsches Tapetenmuseum, Kassel, Inv. Nr. DTM 12/112

Vergleichsbeispiele: Deutsches Ledermuseum – Schuhmuseum Offenbach, Schloß Falkenlust (Brühl), Museu de l'Art de la Pell (Vic)

Nur selten haben sich vollständige Goldleder-Panneaux erhalten, und überaus rar sind in Gänze überlieferte Raumdekorationen aus Goldleder. Um so erfreulicher ist die Tatsache, daß das Deutsche Tapetenmuseum ein Kabinett aus fürstlichem Besitz für die Sammlung sichern konnte. Das Goldleder mit wasserspeienden Drachen in Rocaille-Rahmen stammt aus einem Salon des im Zweiten Weltkrieg zerstörten Schlosses De List in Schoten, Provinz Antwerpen (Abb. 24).

Auf der Tapete wird die Rocailleform als Brunnenarchitektur eingesetzt, wie dies ebenfalls auf Stichen von Jacques de Lajoue und François de Cuvilliés zu beobachten ist. Bereits in einer Modellzeichnung des Gartenarchitekten und Erfinders Salomon de Caus (1576–1626) übernimmt innerhalb einer Grottenarchitektur ein Drache die Funktion eines Wasserspeiers.[1] Daß statt des traditionellen Delphins ein Drache Wasser speit, weist einerseits auf den Einfluß der exotischen, chinoisen Motive hin, andererseits besitzt der Drache auch in der europäischen Kunst eine lange Tradition. In Kombination mit dem Muschelwerk und den zierlichen Blütenkaskaden verkörpert das Fabeltier programmatisch den heiteren, spielerischen Geist des Rokoko.

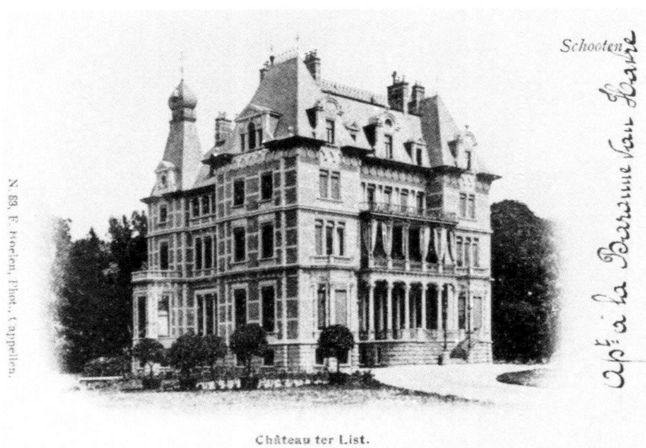

Abb. 24 Schloß De List bei Schoten (Belgien), Kunsthandel Glass, Essen

Für diesen Entwurf zeichnete ein Ornamentstecher verantwortlich, dessen Vorlage möglicherweise auch in anderen Gattungen des Kunsthandwerks Verwendung gefunden hat. Darauf deutet die große Ähnlichkeit der mythischen Wesen auf der Tapete mit den figürlichen Drachen eines silbernen Tafelaufsatzes hin, der von Claude II Ballin in Paris geschaffen wurde.[2]

Literatur: AK Madrid 1955, Tafel LXXXVIII; AK Barcelona 1992, Kat. Nr. 230; AK Essen 1998, Nr. 146, 147; Bulletin van het Rijksmuseum, Bd. 46 (1998), Heft 1, S. 90; AK Amsterdam 2001, S. 75; Thümmler 2004, Abb. 7

[1] Vgl. Kunst der Mechanik 2003.
[2] Vgl. AK Amsterdam 2001, S. 76.

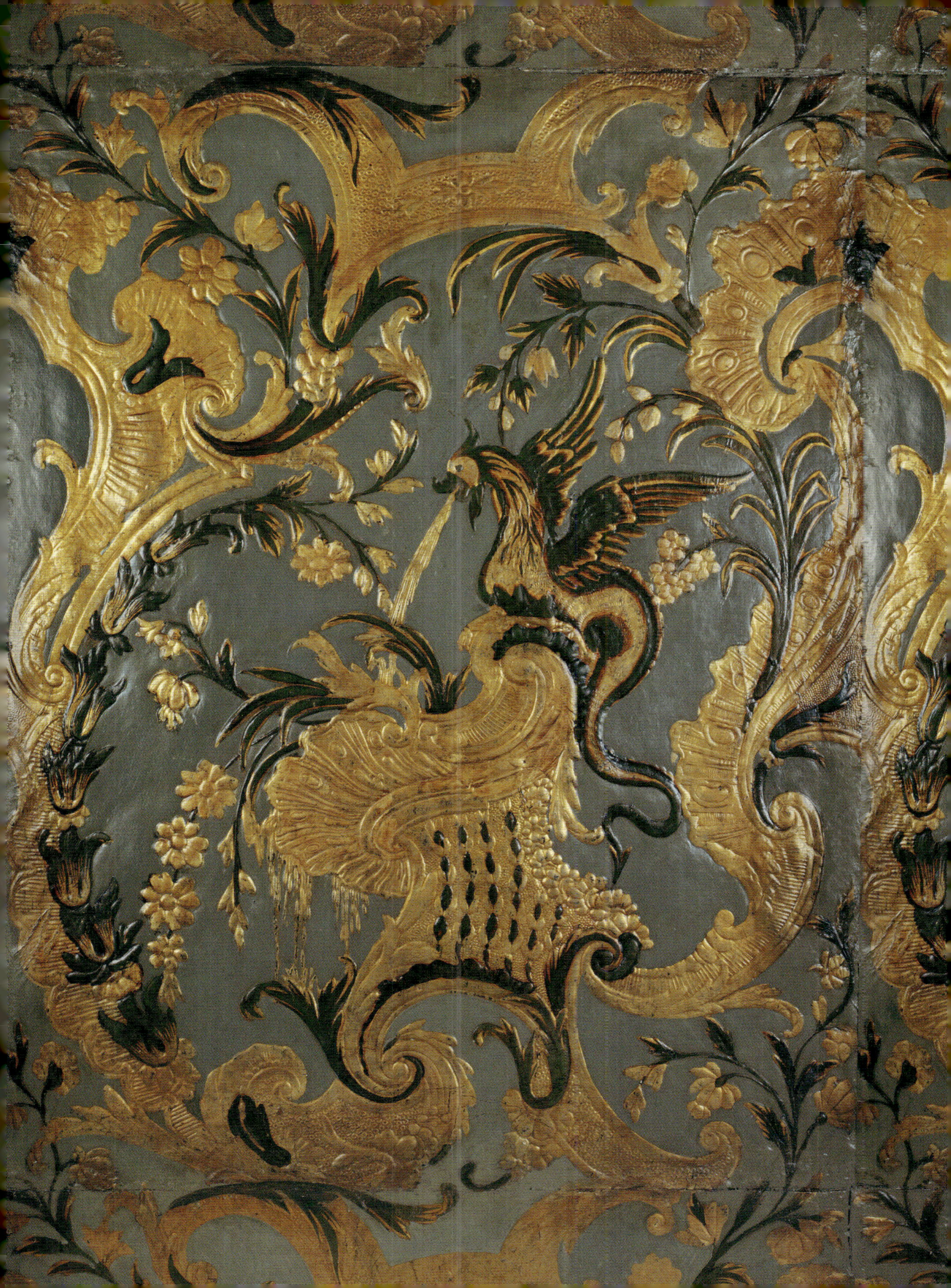

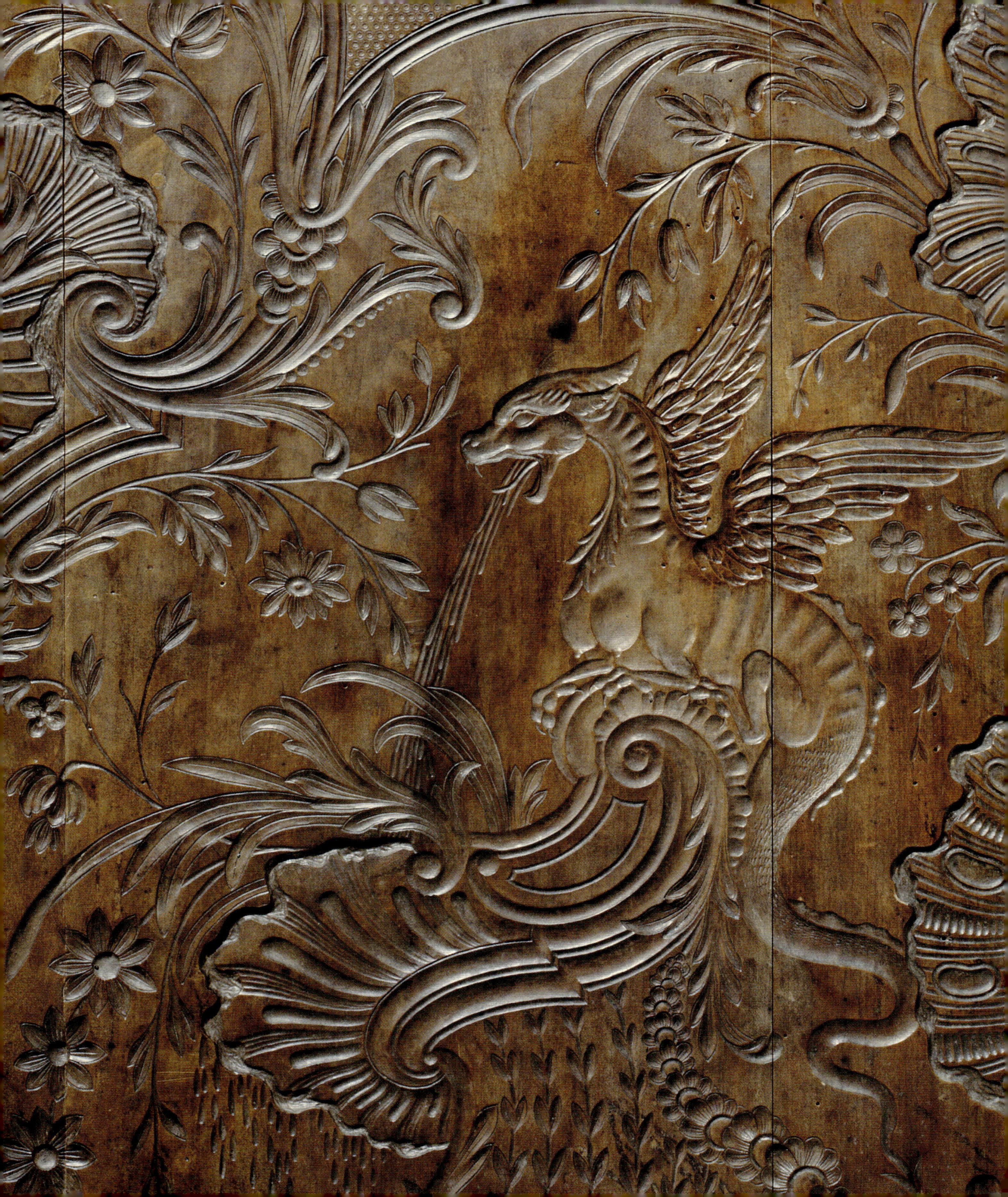

Wiederaufnahme im Historismus

Bereits gegen Ende des 18. Jahrhunderts wurde in den Bereichen Architektur, Inneneinrichtung und Kunsthandwerk neben den antikisierenden Ornamenten auch das mittelalterliche Formenvokabular wieder aktuell. Vollends dann im 19. Jahrhundert wurden folgerichtig auch die übrigen künstlerischen Epochen Europas durchdekliniert: Den neomittelalterlichen Strömungen folgten die Neo-Renaissance, der Neo-Barock und schließlich das Neo-Rokoko. Dabei changierten die Wiederaufnahmen zwischen exakter Kopie und freier Umsetzung in eine gestalterisch zeitgenössische Sprache. Ein wichtiger Impuls für die Rückbesinnung auf die tradierten Handwerkskünste ging von dem Ansinnen aus, den industriell gefertigten Gebrauchsgegenständen mit minderwertiger Qualität hochwertige und ästhetisch anspruchsvolle handwerkliche Produkte entgegenzusetzen. Dieser Entwicklung verdankt auch das Goldleder seit der Mitte des 19. Jahrhunderts seine zweite Blütezeit, die bis zum Ersten Weltkrieg anhielt. Die damals hergestellten Dessins mit traditionellen Mustern und in schimmerndem Gold unterstrichen das prunkvolle Interieur des wohlhabenden Bürgertums, das häufig der fortschreitenden Industrialisierung seinen Reichtum verdankte. Man eiferte dem Adel vergangener Epochen nach und strebte nach einer luxuriösen und repräsentativen Einrichtung, gleichwohl ohne die verfeinerte Lebensart und die hoch entwickelte Festkultur tatsächlich jemals erreichen zu können.

43 Goldledertapete mit Drachen

Niederlande, um 1860–1900

Leder, versilbert, goldgelb lackiert, geprägt, bemalt

75 x 59 cm

Provenienz: Schloß De List, Schoten (Belgien)

Leihgabe Kunsthandel Glass, Essen

Im Historismus entstanden neben zahlreichen Neuschöpfungen auch viele Imitationen von Goldledertapeten zwischen Renaissance und Rokoko. Dank der »modernen« Kopien konnte im belgischen Schloß De List, aus dessen Salon die Drachentapete stammt, die Wandverkleidung aus dem 18. Jahrhundert ergänzt werden (Kat. 42). Das Ergebnis war offenbar zufriedenstellend, wie der Vergleich zeigt, auch wenn die jüngere Tapete weniger plastisch erscheint. In anderen Fällen führte die Nachahmung allerdings zu technischen Problemen, vor allem dann, wenn ein hohes Relief erzielt werden sollte. Das Hochrelief, ein typisches Merkmal des niederländischen Goldleders im 17. Jahrhundert, sollte durch eine Füllung mit Sägespänen erreicht werden. Diese verfälschende Technik wurde angewandt, da trotz der tradierten Anleitungen offensichtlich die benötigten Fertigkeiten nicht mehr vorhanden waren. Eine weitere Möglichkeit, die zudem den Vorteil hatte, preisgünstiger als Leder zu sein, war die Imitation des Goldleders in Papier.

Einen besonderen Glücksfall stellt die Erhaltung des zur Tapete passenden Holzmodels dar (Abb. 25). Üblicherweise wurden die Prägeformen, die während der Prägung einer starken Belastung ausgesetzt waren, aussortiert, nachdem sie unbrauchbar geworden waren.

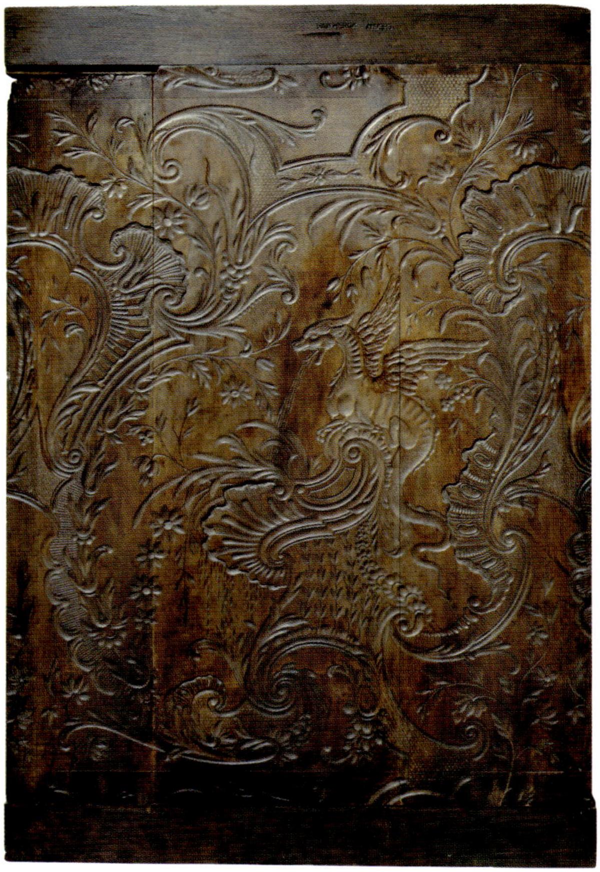

Abb. 25 Holzmodel mit Drachenmotiv, Belgien, um 1860–1900, Kunsthandel Glass, Essen

Literatur: AK Essen 1998, Nr. 148; Bulletin van het Rijksmuseum, Bd. 46 (1998), Heft 1, S. 93; AK Essen 2004, S. 27

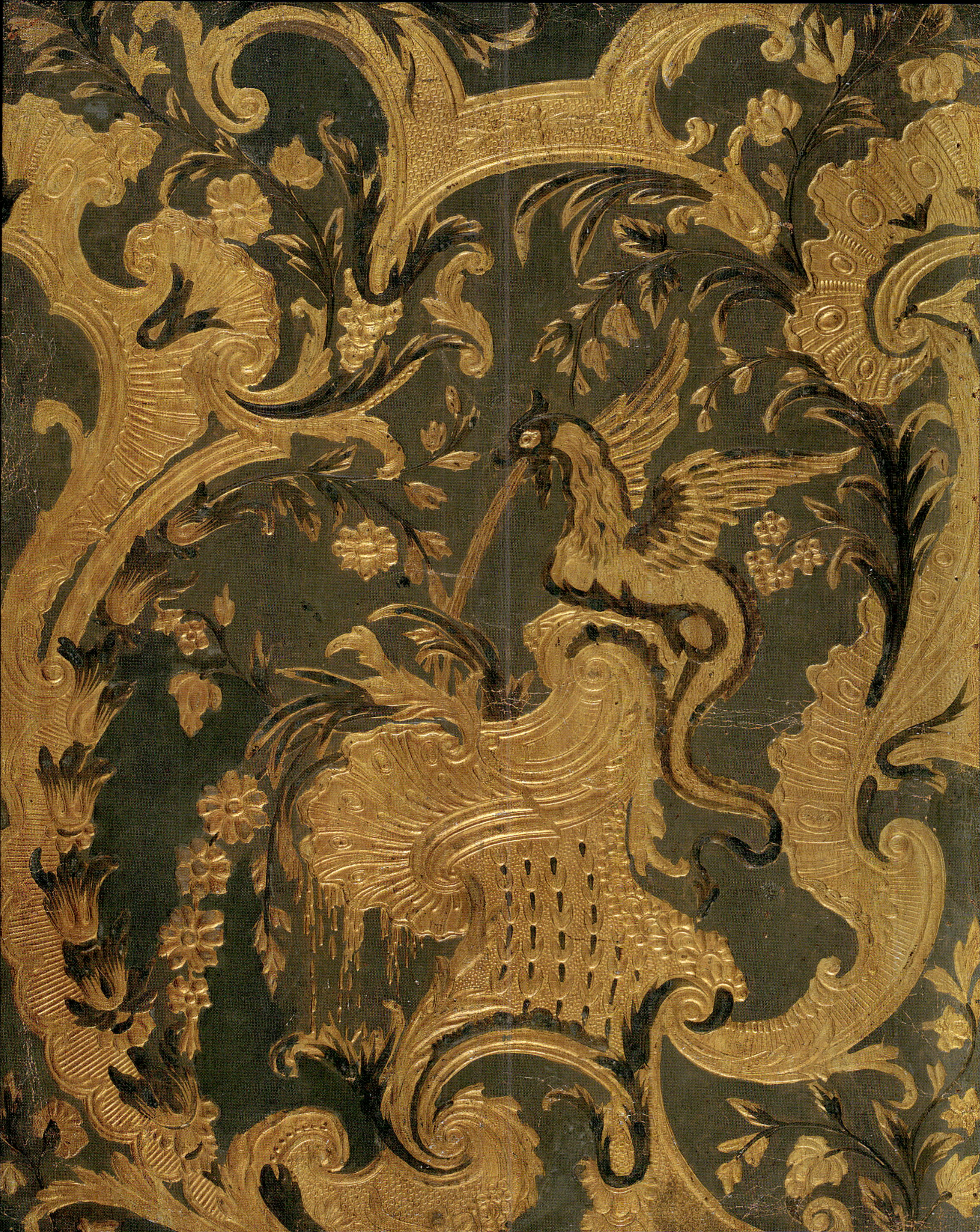

Glossar

Akanthus
Bezeichnung für die stilisierte Darstellung des distelartigen Akanthusblattes

Antependium
lat., vorgehängt; Vorhang oder Vorsatztafel als Bekleidung der Front, gelegentlich auch der Schmalseiten eines Altartisches, meist aus kostbaren Materialien

Antichambre
frz., Vorzimmer, Vorsaal; innerhalb der höfischen Raumorganisation außerhalb der Privaträume des Herrschers liegend

Bizarrer Stil
Stilbezeichnung für Textilmuster aus der Zeit um 1690 bis 1720; zeichnet sich durch meist asymmetrische Kompositionen mit exotischen und abstrakten Bildmotiven in zum Teil widernatürlichen Größenverhältnissen und Perspektivdarstellungen aus

Boiserie
frz., Holztäfelung; geschnitzte und bemalte Wandverkleidung, v. a. in der französischen Innenausstattung des 17./18. Jahrhunderts verbreitet

Bordüre
frz., Borte; ornamentierte Streifen zur Einfassung von (textilen) Wandfeldern

Broschierung
von frz. brocher, sticken; Webtechnik unter Verwendung von Seiden-, Gold- und Silberfäden

Chinciserie
Bezeichnung für dekorative Motive und Stilformen, die in Anlehnung an asiatische Originale oder durch europäische Vorstellungen asiatischer Gewohnheiten in der europäischen Kunst auftreten

Feston
Blumen- oder Fruchtgehänge

Flock
frühere Bezeichnung für → Velours

Fond
Unter- bzw. Hintergrund einer Tapete

Fries
waagerecht ornamentierter Streifen zur Gliederung einer Wandfläche, meist breiter als die → Bordüre

Guadameci
Goldleder und besonders hochwertiges gefärbtes Leder mit primär dekorativer Funktion

Japanleder
in Japan hergestellte Imitation von geprägten Goldledertapeten auf der Grundlage von Pflanzenstoffen

Karree
frz., Viereck; rechteckiges Teilstück einer Goldledertapete

Kartusche
ornamental gerahmte, in sich geschlossene Fläche, oft in Medaillonform, die der Aufnahme von Schrift oder bildlichen Darstellungen dienen kann

Lambrequin
frz., von niederl. lamper, Schleier, abgeleitet; zungenförmiger Fortsatz textiler Behänge; oft mit Glöckchen oder Quasten verziert, kann auch als einzelnes geometrisches Ornament auftreten

Landschaftszimmer
in antiker Tradition mit Landschaftsdarstellungen geschmückte Räume

Leinwandtapete
bemalte, schablonierte und mit Gouache- und Ölfarben bedruckte Tapete

Lüsterfarbe
von frz. lustre, Glanz; transparenter oder halbdeckender schimmernder Farbüberzug auf Blattmetallunterlagen

Musterrapport
→ Rapport

Päonie
lat. Paeonia officinalis, Gemeine Pfingstrose

Palmette
frz., kleine Palme; symmetrisch angelegtes, pflanzliches Ornament mit stilisierten Blättern

Paneel
niederl., Wandvertäfelung; Tafel oder auch Feld innerhalb einer Holzverkleidung bzw. ein → Karree aus Goldleder

Panneau, plur. **Panneaux**
frz., Tafel, Feld, Füllung; aus mehreren Ledertafeln zusammengesetztes Feld; ornamentierte Füllung im Rahmenwerk von Türen

Paravent
von ital. parare, abwehren, und vento, Wind; mehrteiliger Wandschirm, dessen gerahmte Paneele durch Scharniere miteinander verbunden sind und in verschiedenen Winkeln zueinander aufgestellt werden können; die Blätter der Paneele können aus häufig gemusterten Textilien, Papier- oder Goldledertapeten bestehen

Pekingtapete
Sammelbegriff für allerlei Variationen von chinesischen, indischen oder persischen Mustervorlagen, meist Blütenmotive; handbemalte oder bedruckte Baumwoll- bzw. Leinenstoffe, Leinwände und in seltenen Fällen auch Seide oder Papier

Piedestal (auch Postament)
unterer, sockelartiger Teil der Säule; Basis für Statuen

Posament
von frz. passement, Borte, Besatzartikel; Besatz textiler Gegenstände in Form von Quasten, Fransen, Borten oder Kordeln aus Textilien oder Metalldraht

Prägung
breit gefächerter Begriff, der vielfältige Techniken zur Herstellung von reliefartig strukturierten Oberflächen beschreibt; in der Regel werden Ledertapeten mittels Druckplatten geprägt

Punzierung
Technik des Einschlagens von Musterungen mit Hilfe von Metallstiften, den sogenannten Punzen

Rapport
Mustereinheit, die durch regelmäßiges Wiederholen das gesamte Muster ergibt

Retabel
Altaraufsatz, seit dem 14. Jahrhundert in Form gemalter Flügelaltäre

Rocaille
von frz. roc, Fels; asymmetrisches Ornament in Anlehnung an unregelmäßige organische Formen, meist Muschel- oder Felswerk

Schablone
Technik zur Übertragung eines Musters, bei der aus starken Materialien wie Leder, Karton oder Blech die zu druckenden Teile ausgeschnitten werden

Serpentin
von lat. serpens, Schlange; Stein mit meist grünlicher Farbe, der seiner weißen Äderung wahrscheinlich die Bezeichnung »Schlangenstein« zu verdanken hat

Supraporte
ital., »Übertür«; Wandfeld (Malerei oder Giebelschmuck) über einer Tür

Tapisserie
von frz. tapis, Teppich; allgemein verwendeter Ausdruck für gewirkte Bild- oder Wandteppiche

Velours
geschnittene Wolle oder Seide, die auf den Träger aufgestreut wird und auf zuvor mit Leim beschichteten Bereichen haften bleibt

Wachstuchtapete
mit Ölfarben bemalte, schablonierte oder bedruckte Tapete auf Grundlage einer imprägnierten und wasserabweisenden Leinwand

Literatur

Ackermann 2000
Hans Christoph Ackermann: Seidengewebe des 18. Jahrhunderts. Bd. 1: Bizarre Seiden (= Die Textilsammlung der Abegg-Stiftung, Bd. 2), Riggisberg 2000

AK Amsterdam 2001
Reinier Baarsen/Dirk Jan Biemond (Hrsg.): Rococo in Nederland, AK Amsterdam, Rijksmuseum, Zwolle 2001

AK Barcelona 1992
Andreu Colomer Munmany/Mireia Bonàs: L'art en la pell. Cordovans i guadamassils de la collecció Colomer Munmany, AK Barcelona 1992

AK Berlin 1988
Eva Mühlbächer (Hrsg.): Europäische Lederarbeiten vom 14. bis 19. Jahrhundert aus den Sammlungen des Berliner Kunstgewerbemuseums, AK Berlin, Kunstgewerbemuseum der Staatlichen Museen zu Berlin, Berlin 1988

AK Berlin 2001
Lutz S. Malke (Hrsg.): Narren. Porträts, Feste, Sinnbilder, Schwankbücher und Spielkarten aus dem 15. bis 17. Jahrhundert, AK Berlin, Kunstbibliothek der Staatlichen Museen zu Berlin, Leipzig 2001

AK Den Haag/Groningen 1989
Frits Scholten (Hrsg.): Goudleer, Kinkarakawa. De geschiedenis van het Nederlands goudleer en zijn invloed in Japan, AK Den Haag, Haags Historisch Museum/Groninger Museum, Zwolle 1989

AK Dresden 2004
André van der Goes (Hrsg.): Tulpomanie. Die Tulpe in der Kunst des 16. und 17. Jahrhunderts, AK Dresden, Kunstgewerbemuseum, Staatliche Kunstsammlungen Dresden, Zwolle 2004

AK Essen 1991
Horst Glass/Ernst H. Tielker (Hrsg.): Ledertapeten (bearb. v. Eloy Koldeweij), AK Essen, Galerie Glass, Essen 1991

AK Essen 1998
Horst Glass/Ernst H. Tielker: Bedeutende Goldledertapeten 1550–1900, AK Essen, Kunsthandel Glass, Essen 1998

AK Essen 2004
Horst Glass/Ernst H. Tielker (Hrsg.): Druckmodel für Goldledertapeten (bearb. v. Eloy Koldeweij), AK Essen, Kunsthandel Glass, Essen 2004

AK Essen/Wien 1988/89
Christian Beaufort/Petra Kruse/Jürgen Schultze: Prag um 1600. Bd. 1: Kunst und Kultur am Hofe Kaiser Rudolfs II., AK Essen, Villa Hügel/Kunsthistorisches Museum Wien, Freren 1988

AK Frankfurt/Main 1983
Eva-Maria Hanebutt-Benz: Ornament und Entwurf. Ornamentstiche und Vorzeichnungen für das Kunsthandwerk vom 15. bis zum 19. Jahrhundert aus der Linel Sammlung für Buch- und Schriftkunst, AK Frankfurt/Main, Museum für Kunsthandwerk, Frankfurt/Main 1983

AK Girona 2004
Cordovans i guadamassils de la Colleció Ramon Genìs i Bayés, AK Girona 2004

AK Hamm/Mainz 2000/2001
Ursula Härting/Thomas Fusenig (Hrsg.): Gärten und Höfe der Rubenszeit im Spiegel der Malerfamilie Brueghel und der Künstler um Peter Paul Rubens, AK Hamm, Gustav-Lübcke-Museum/Mainz, Landesmuseum, München 2000

AK Hildesheim 1998
Michael Brandt (Hrsg.): Byzanz. Die Macht der Bilder, AK Hildesheim, Dom-Museum, Hildesheim 1998

AK Kassel 1999
Sabine Thümmler/Hans Ottomeyer (Hrsg.): Geschenkt und Gekauft. Neuerwerbungen der Staatlichen Museen Kassel 1995–1999, AK Kassel, Staatliche Museen, Wolfratshausen 1999

AK Kassel 2001
Michael Eissenhauer/Ekkehard Schmidberger/Thomas Richter (Hrsg.): Schatzkunst 800 bis 1800. Kunsthandwerk und Plastik der Staatlichen Museen Kassel im Hessischen Landesmuseum Kassel, AK Kassel, Hessisches Landesmuseum, Wolfratshausen 2001

AK Maastricht 1991
Eloy Koldeweij: Ledertapeten, AK Maastricht, The European Art Fair, Galerie Glass, Essen 1991

AK Madrid 1955
José Ferrandis Torres: Cordobanes y Guadamecies, AK Madrid, Palacio de la Biblioteca y Museos Nacionales, Madrid 1955

AK Mainz 2004
Hans-Jürgen Kotzur/Brigitte Klein (Hrsg.): Die Kreuzzüge. Kein Krieg ist heilig, AK Mainz, Diözesanmuseum, Mainz 2004

AK Münster 1998/99
Monika Kopplin/Gisela Haase (Hrsg.): »Sächßisch Lacquirte Sachen.« Lackkunst

in Dresden unter August dem Starken, AK Münster, Museum für Lackkunst, Münster 1998

AK Portland 2005
Penelope Hunter-Stiebel (Hrsg.): Hesse. A Princely German Collection, AK Portland, Art Museum, Portland/Oregon 2005

AK Riggisberg 1986
Alain Charles Gruber (Hrsg.): Blumen. Textilien mit naturalistischen Blumenmotiven vom späten Mittelalter bis zum 19. Jahrhundert, AK Riggisberg, Abegg-Stiftung, Riggisberg 1986

AK Riggisberg 2005
Anna Jolly: Fürstliche Interieurs. Dekorationstextilien des 18. Jahrhunderts (= Riggisberger Berichte, Bd. 12), AK Riggisberg, Abegg-Stiftung, Riggisberg 2005

Apell/Machmar 1945
Heinrich Apell/Friedrich Machmar: Das Deutsche Tapeten-Museum Kassel mit 500 Abbildungen, masch.schr. 1945

Bärnighausen 2004
Hendrik Bärnighausen: Ledertapeten in Schlössern des ehemaligen Fürstentums Schwarzburg-Sondershausen. Archivalische Befunde und ein Relikt. In: Tagungsband Moritzburg 2004, S. 160–173

Bender 1992
Agnieszka Bender: Złocone kurdybany w Polsce. Z problematyki importu wyrobów artystycznych, Diss. phil. Lubin 1992 (engl. Zsfassung u. d. T.: Gilt leather in Poland. Of the problems of imported decorative art)

Berliner 1981
Rudolf Berliner/Gerhart Egger: Ornamentale Vorlageblätter des 15. bis 19. Jahrhunderts, 3 Bde., 2., wesentl. erw. Aufl. München 1981

Bimont 1770
J.-F. Bimont: Principes de l'art du tapissier. Ouvrage utile aux gens de la profession [et] à ceux qui les emploient, Paris 1770

Bodenschatz 1889
Lorenz Bodenschatz: Ausschmückung und Einrichtung der Wohnräume unter besonderer Berücksichtigung der Wahl der Tapeten, Darmstadt 1889

Bodenschatz 1891
Lorenz Bodenschatz: Die Wandbekleidung unserer Wohnräume in ästhetischer und gesundheitlicher Beziehung, Darmstadt 1891

Bondaroy 1763
Auguste-Denis Fougeroux de Bondaroy: Die Kunst das vergoldete und versilberte Leder zu verfertigen. Ins Dt. übers. und mit Anm. vers. von Johannn Heinrich Gottlob von Justi (= Schauplatz der Künste und Handwerke, Bd. 2,4), Berlin u. a. 1763

Brunello 1981
Franco Brunello: Arte e mestieri a Venezia nel medioevo e nel rinascimento (= Studi e testi Veneziani, Bd. 8), Vicenza 1981

Clouzot 1925
Henri Clouzot: Geschmückte Lederarbeiten, Bd. 2: Korduanleder, Berlin [1925]

Çoban-Hensel 2004
Margitta Çoban-Hensel: Die archivalisch nachweisbare Verbreitung von Goldledertapeten in den kursächsischen Schlössern vom 16. Jahrhundert bis zum Beginn des 18. Jahrhunderts. In: Tagungsband Moritzburg 2004, S. 31–43

Constable 1994
Olivia Remie Constable: Trade and traders in Muslim Spain. The commercial realignment of the Iberian peninsula, 900–1500 (= Cambridge studies in medieval life and thought, Reihe 4, Bd. 24), Cambridge u.a. 1994

Coryate 1611
Thomas Coryate: Coryat's crudities, Glasgow 1905 (Nachdruck der Erstausg. London 1611)

Driel-Murray 2000
Carol van Driel-Murray: Römisches Schuhwerk. In: Die Römer zwischen Alpen und Nordmeer. Zivilisatorisches Erbe einer europäischen Militärmacht, hrsg. von Ludwig Wamser (= Schriftenreihe der Archäologischen Staatssammlung, Bd. 1), AK Rosenheim, Ausstellungszentrum Lokschuppen am Rathaus, Mainz 2000, S. 150–154

Eggeling 1973
Tilo Eggeling: Die chinoise Innenraumdekoration des Barock und Rokoko. In: China und Europa. Chinaverständnis und Chinamode im 17. und 18. Jahrhundert, AK Berlin, Schloß Charlottenburg, Berlin [1973], S. 83–95

Exner 1869
Wilhelm Franz Exner: Die Tapeten- und Buntpapier-Industrie für Fabrikanten und Gewerbetreibende, sowie für technische Institute, mit einem Vorwort von Dir. Dr. Karl Karmarsch, Weimar 1869

von Falke 1913
Otto von Falke: Kunstgeschichte der Seidenweberei, 2 Bde., Berlin 1913 (Textband zu J. Lessing: Die Gewebe-Sammlung des K. Kunstgewerbemuseums zu Berlin)

Fournet 2004
Jean-Pierre Fournet: Les cuirs dorés anciens en France, 11. Bde., Diss. phil. Paris 2004

Fuhring 2001
Peter Fuhring: Gouden pracht in de Gouden Eeuw. Een reclameprent voor Amsterdams goudleer. In: Bulletin van het Rijksmuseum, Bd. 49 (2001), S. 170–177
Fuhring 2004
Peter Fuhring: Ornament prints in the Rijksmuseum, 3 Bde., Bd. 2: The seventeenth century (= Studies in prints and printmaking, Bde. 5,1–3), Rotterdam 2004
Gall 1965
Günter Gall: Leder im europäischen Kunsthandwerk. Ein Handbuch für Sammler und Liebhaber (= Bibliothek für Kunst- und Antiquitätenfreunde, Bd. 44), Braunschweig 1965
Haase 1986
Gisela Haase: Dresdener Möbel des 18. Jahrhunderts, Leipzig 1986
Hamdorf 1986
Friedrich Wilhelm Hamdorf: Dionysos, Bacchus. Kult und Wandlungen des Weingottes, München 1986
Havard 1889
Henry Havard: Dictionnaire de l'ameublement et de la décoration depuis le XIII siècle jusqu'à nos jours, 5 Bde., Paris [1889]
Heppe 1995
Dorothea Heppe: Das Schloß der Landgrafen von Hessen in Kassel von 1557 bis 1811 (= Materialien zur Kunst- und Kulturgeschichte in Nord- und Westdeutschland, Bd. 17), Diss. phil. Kassel 1990, Marburg 1995
Hilsky 2004
Gabriele Hilsky: Die weitere Konservierung und Restaurierung der Ledertapeten im Schloß Moritzburg. Visionen. In: Tagungsband Moritzburg 2004, S. 93–99
Honour 1961
Hugh Honour: Chinoiserie. The vision of Cathay, London 1961
Huth 1937
Hans Huth: English chinoiserie gilt leather. In: The Burlington Magazine (Juli 1937), S. 25–35
Jessen 1892
Peter Jessen: Das Ornamentwerk des Daniel Marot in 264 Lichtdrucken nachgebildet, Berlin 1892
Jessen 1924
Peter Jessen: Meister des Ornamentstichs. Eine Auswahl aus vier Jahrhunderten, 4 Bde., Bd. 2: Das Barock im Ornamentstich, Berlin 1924
Koldeweij 1996
Eloy Koldeweij: The marketing of gilt leather in seventeenth-century Holland. In: Print Quarterly, Bd. 13, Heft 2 (1996), S. 136–148
Koldeweij 1998
Eloy Koldeweij: Gouldleer in de Republiek der Zeven Verenigde Provinciòn. Nationale ontwikkelingen en de Europese context, Diss. phil. Leiden 1998
Koldeweij 2004
Eloy Koldeweij: Zur Entwicklungsgeschichte der Goldledertapeten. In: Tagungsband Moritzburg 2004, S. 13–23
Kretschmar 2004
Frank Kretschmar: Goldledertapeten im Rheinland und die Probleme ihrer Erhaltung. In: Tagungsband Moritzburg 2004, S. 124–137
Krünitz
Krünitz, Johann Georg: Oekonomische Encyklopädie, oder allgemeines System der Staats- Stadt- Haus- und Landwirthschaft, in alphabetischer Ordnung, Berlin 1773 ff.
Kunst der Mechanik 2003
Kunst der Mechanik. Die phantastischen Erfindungen des Salomom de Caus, hrsg. von der Stiftung Kloster Michaelstein, Halle/Saale 2003 (Nachdruck der Ausgabe Franckfurt 1615, Exemplar der Martin-Luther-Universität Halle-Wittenberg)
Kutscher 1995
Barbara Kutscher: Paul Deckers »Fürstlicher Baumeister« (1711/1716). Untersuchungen zu Bedingungen und Quellen eines Stichwerks, mit einem Werkverzeichnis (= Europäische Hochschulschriften, Reihe 28, Bd. 241), Diss. phil. Bonn 1994, Frankfurt/Main u.a. 1995
Lawson 1993
Philip Lawson: The East India Company. A history (= Studies in Modern History), London 1993
Leiß 1970
Josef Leiß: Ledertapeten. In: Olligs 1969/70, Bd. 1: Tapeten-Geschichte (1970), S. 45–91
Markowsky 1976
Barbara Markowsky: Europäische Seidengewebe des 13.–18. Jahrhunderts (= Kataloge des Kunstgewerbemuseums Köln, Bd. 8), Köln 1976
Mick 1983
Ernst Wolfgang Mick: Deutsches Tapetenmuseum Kassel (= Jahresgabe der Hessischen Brandversicherungsanstalt), Kassel 1983
Moroz 2004
Ryszard Moroz: Kurdóybany. Porwnawcza charakterystyka spekán warstwa malarskich i ich problemy konserwatorskie (Goldleder. Vergleichende Charakteristik des

Craquelés der Malschichten und deren restauratorischer Probleme), Diss. phil. Torún 2004, Thorn/Polen 2004

Norbert 1926
Willy Norbert: Das Deutsche Tapeten-Museum zu Cassel. In: Westermanns Monatshefte, Bd. 70 (1925/26), S. 661–672

Olligs 1969/70
Heinrich Olligs (Hrsg.): Tapeten. Ihre Geschichte bis zur Gegenwart, 3 Bde., Braunschweig 1969/70

Ottenheym/van Eck 1988
Koen Ottenheym/Xander van Eck: Daniel Marot. Vormgever van een deftig bestaan: architectuur en interieurs van Haagse stadspaleizen, Zutphen 1988

Pignatti 1976
Terisio Pignatti: Veronese. L'opera completa, 2 Bde., Venedig 1976

Roodenburg 2004
Herman Roodenburg: The eloquence of the body. Perspectives on gesture in the Dutch Republic, Zwolle 2004

Schiaparelli 1908
Attilio Schiaparelli: La casa Fiorentina e i soui arredi nei secoli XIV e XV (= Biblioteca storica del rinascimento, Bd. 4), Florenz 1908

Schmidt 1843
Christian Heinrich Schmidt: Die Papier-Tapeten-Fabrication oder faßliche Anweisung, alle bis jetzt gebraeuchlichen Papiertapeten und Bordueren [...] zu fabriciren, nebst nützlichen Fingerzeigen ueber die bei der Tapetenfabrication erforderlichen Farbestoffe und das Aufziehen der Tapeten (= Neuer Schauplatz der Kuenste und Handwerke, Bd. 10), Weimar 1843

Schnackenburg 1996
Bernhard Schnackenburg (Hrsg.): Gemäldegalerie Alte Meister Kassel. Gesamtkatalog, 2 Bde., Mainz 1996

Schulze 1997
Andreas Schulze: Die Ledertapeten im Schloß Moritzburg. In: Denkmalpflege in Sachsen 1894–1994, hrsg. vom Landesamt für Denkmalpflege Sachsen, Weimar 1997, S. 229–240

Schulze 2004
Andreas Schulze: Der Bestand an ornamentalen Ledertapeten im Schloß Moritzburg einst und heute. In: Tagungsband Moritzburg 2004, S. 44–54

Tagungsband Moritzburg 2004
Hendrik Bärnighausen (Red.): Ledertapeten. Bestände, Erhaltung und Restaurierung. Tagungsband, hrsg. von Staatliche Schlösser, Burgen und Gärten Sachsen in Zusammenarbeit mit dem Landesamt für Denkmalpflege Sachsen, Dresden 2004

Thornton 1991
Peter Thornton: The Italian Renaissance Interior 1400–1600, London 1991

Thümmler 1998
Sabine Thümmler: Die Geschichte der Tapete. Raumkunst aus Papier, aus den Beständen des Deutschen Tapetenmuseums Kassel (Staatliche Museen Kassel), Eurasburg 1998

Thümmler 2004
Sabine Thümmler: Zur Sammlung der Goldledertapeten im Deutschen Tapetenmuseum (Staatliche Museen Kassel). In: Tagungsband Moritzburg 2004, S. 114–123

Tietzel 1988
Brigitte Tietzel: Geschichte der Webkunst. Technische Grundlagen und künstlerische Traditionen (= DuMont Dokumente), Köln 1988

Torre Vasconi 1952
Torre Vasconi, José R. de la: El Guadamecil, Cordoba 1952

Unger 1872
Die Galerie zu Cassel in ihren Meisterwerken. Vierzig Radierungen von William Unger, mit einer Einleitung von Fr. Müller und erläuterndem Text von W. Bode, Leipzig 1872

Waterer 1971
John William Waterer: Spanish leather. A history of its use from 800 to 1800 for mural hangings, screens, upholstery, altar frontals, ecclesiastical vestments, footwear, gloves, pouches and caskets (= Faber monographs on furniture), London [1971]

Werner 1972
Brunhild Werner: Die ornamentalen Ledertapeten in Schloß Moritzburg. In: Sächsische Heimatblätter, Heft 5 (1972), S. 211–220

Wolters 2000
Wolfgang Wolters: Architektur und Ornament. Venezianischer Bauschmuck der Renaissance, München 2000

Wormser 1913
Jacobus Philippus Wormser: Het Goudleder. In: Bouwkunst (Mai 1913), S. 45–87

Zesen 1664
Philipp von Zesen: Filips von Zesen Beschreibung der Stadt Amsterdam: Darinnen von Derselben ersten ursprunge bis auf gegenwärtigen zustand [. . .], Amsterdam 1664

Zimmermann 1895
Ernst Zimmermann: Deutsche Meister des Kunstgewerbes, Bd. 2: Georg Hulbe. Sonderabdruck aus: Illustrirte kunstgewerbliche Zeitschrift für Innen-Dekoration, 6. Jg. (August 1895), S. 121–136

Abbildungsnachweis

Die Reproduktionsvorlagen stammen, wenn nicht anders angegeben, von der Fotografin der museumslandschaft hessen kassel **mhk•**, Gabriele Bößert.

Abb. 6: Landesamt für Denkmalpflege Sachsen, Dresden
Abb. 7: Galleria degli Uffizi, Florenz
Abb. 8: Brandenburgisches Landesamt für Denkmalpflege und Archäologisches Landesmuseum, Bildarchiv, Neg. Nr. 30 c 14/3769.15
Abb. 9: Staatliche Museen zu Berlin – Preußischer Kulturbesitz, Gemäldegalerie
Abb. 10: mhk – Museumslandschaft Hessen Kassel, Gemäldegalerie Alte Meister
Abb. 11: Artothek – Blauel/Gnam, Weilheim
Abb. 12: © Museo Thyssen-Bornemisza, Madrid
Abb. 13: Schloß Moritzburg
Abb. 14: Verwaltung der Staatlichen Schlösser und Gärten Hessen, Foto: Margit Matthews
Abb. 15: SLUB/ Deutsche Fotothek, Dresden
Abb. 18–21: Andreas Schulze, Landesamt für Denkmalpflege Sachsen, Dresden
Abb. 24: Kunsthandel Glass, Essen

Danksagung

Folgenden Leihgebern danken wir für die großzügige Überlassung ihrer Kunstwerke während der Dauer der Ausstellung:

S. K. H. Moritz Landgraf von Hessen/Hessische Hausstiftung, Kronberg i. T.
Deutsches Ledermuseum – Schuhmuseum Offenbach
Kunsthandel Glass, Essen
Kunstgewerbemuseum, Staatliche Kunstsammlungen Dresden

Wir danken Pierre Fournet aus Paris und Andreas Schulze vom Landesamt für Denkmalpflege Sachsen in Dresden für ihre wissenschaftliche Unterstützung.